教育出版融合发展探究

孙真福　著

Research on the Integrated Development of Educational Publishing

江苏凤凰教育出版社
Phoenix Education Publishing, Ltd

图书在版编目(CIP)数据

教育出版融合发展探究/孙真福著.—南京：江苏凤凰教育出版社，2020.8

ISBN 978-7-5499-8933-1

Ⅰ.①教… Ⅱ.①孙… Ⅲ.①教育—出版业—产业发展—研究—中国 Ⅳ.①G239.2

中国版本图书馆CIP数据核字(2020)第168970号

书　　名	**教育出版融合发展探究**
作　　者	孙真福
责任编辑	林　明
装帧设计	张金凤
出版发行	江苏凤凰教育出版社(南京市湖南路1号A楼　邮编210009)
照　　排	南京理工出版信息技术有限公司
印　　刷	南京爱德印刷有限公司
厂　　址	南京市江宁区东善桥秣周中路99号
开　　本	787毫米×1092毫米　1/16
印　　张	20.5
版　　次	2020年8月第1版
印　　次	2020年8月第1次印刷
书　　号	ISBN 978-7-5499-8933-1
定　　价	48.00元
网店地址	http://jsfhjycbs.tmall.com
公 众 号	苏教服务(微信号:jsfhjyfw)
邮购电话	025-85406265，025-85400774，短信02585420909
盗版举报	025-83658579

序 一

出版和教育的联系可以说是与生俱来的。记载人类智慧结晶的出版物的传播，广义上讲，就是教育活动。而教育事业的发展繁荣，从来都离不开出版事业的支持和促进。改革开放以来，教育普及水平空前提高，人才培养质量不断提升，中国不仅成为拥有教育人口最多的教育大国，而且正以坚实的步伐迈向世界教育强国行列。在教育改革发展的这一伟大历史进程中，教育出版发挥了有力的支持促进作用，作出了重要的贡献。教育出版业也随着中国教育的蓬勃发展而不断做大做强。

进入新时代，我国教育改革发展确立了新的宏伟目标。2018年党中央国务院颁发的《中国教育现代化2035》提出，到2035年，我国要总体实现教育现代化，迈入教育强国行列，推动我国成为学习大国、人力资源强国和人才强国。新时代教育现代化是在全球信息化的背景下推进的。信息化是教育现代化的重要内容，也是推进教育现代化的关键途径。

我国教育信息化的全面启动是在21世纪初。2000年，教育部作出两项重要部署，一是在全国中小学开设信息技术课，二是实施中小学“校校通”工程。经过20年的努力，全国广大青少年信息素养普遍提升，各级各类学校硬件环境建设已有良好基础，各种技术手段已经在基础教育、职业教育和高等教育中广泛应用，教育活动形态多样，教育传播方式也日新月异。为加快推进教育现代化，教育要适应信息化不断发展带来的知识获取方式和传授方式的革命性变化，创新人才培养模式；要推动信息技术在教学、管理、学习、评价等方面的应用，推动教育组织形式和管理模式的变革，以教育信息化带动教育现代化。教育现代化的进程，必定是教育与信息技术深度融合的过程。

信息技术的推广应用，教育信息化的不断发展，对教育出版带来的冲击和机遇都是巨大的。教育出版界要顺时应变，在推动出版技术革命性变革的同时，深度参与教育信息化建设，实现纸质教育资源与数字教育资源融合，出版信息化与教育信息化融合。融合发展是教育出版应变突围的路径，更是教育出版创新发展的方向。凤凰出版传媒集团是我国教育出版融合发展的先行者，多年来，探索开拓，卓有成就。孙真福同志在凤凰出版传媒集团分管教育出版工作十余年，他在总结凤凰出版传媒集团实践经验的基础上，组织对教育出版融合发展深入研究，推出了分量厚重的研究成果《教育出版融合发展探究》。这份成果的推出是及时的，也是很有指导意义的。

《教育出版融合发展探究》(简称《探究》)作为国内首部论述教育出版融合发展的专著，它的显著特征是全面系统。书中着力论述的是教育出版的发展，但同时也介绍了教育信息化的态势；介绍教育出版融合发展概况，既关注欧美地区及其地域知名出版企业，又扫描日本、韩国及澳大利亚；对国内发展概况的介绍，则深入到有关国民教育体系的各类教育。对融合产品的生产、营销、版权管理、政策标准及人才队伍建设，列专章论述，建构了阐述教育出版融合发展全程的话语体系。在全面系统的论述中，作者展示了自己的精神境界，有三点给我们留下了尤为深刻的印象。一是直面挑战的勇气。出版业信息化和教育信息化都给传统教育出版带来巨大挑战。这种挑战绝不仅仅是技术层面的，更是多元的、多层次的。从技术、媒质、市场、营销到理念、人才、政策、制度，都有许多需要攻克的难题。《探究》正是以这些现实问题为导向，探索突围之路，探求融合发展的途径，展示了新时代教育出版理论研究和实践工作的责任担当。二是脚踏实地的品格。《探究》对教育出版融合发展涉及的诸多理论问题进行了探讨和阐发，但它没有学术词语的堆砌，不沉湎于书斋式的理论推演，坚持从教育出版业的实践出发，用鲜活的案例、生动的经验分析当下的形势，揭示真实的问题，指明突围前进的路径。一部著作具有如此立足实践、脚踏实地的品格，读者会感到亲切可信，而同行们更会觉得易学好用。三是面向未来的气度。信息化时代出版业发展日新月异，教育信息化更是直指未来。《探究》研究教育出版的改革发展，坚持前瞻的战略眼光，关注教育改革的趋势，关注出版信息化发展的趋势，把探索研究的着力点放在体制机制的创新上。书中提出树立以“课程出版”为核心的出版理念，形成智能出版服务能力，打造全媒体出版形态，构建出版服务新格局，创新融合出版新机制，这是作者展望的教育出版融合发展的美好前景，是凤凰出版传媒集团和中国教育出版业努力开创的融合发展的新局面。这也为我们勾画出了教育出版治理体系和治理能力现代化的生动格局。把治理体系和治理能力现代化作为教育出版融合发展探索和开拓的目标，我们由此深切地感受到作者面向未来的气度。

展读《探究》，我们听到了凤凰出版传媒集团和中国出版界推进教育出版融合发展的铿锵足音。教育出版融合正以坚实的步伐行走在路上。我们坚信，有广大教育工作者和出版工作者的共同努力，有广大教育出版工作者的勇敢探究、不倦开拓，教育出版融合发展之路必定越来越宽广。

王湛

（国家教材委员会委员，国家教育咨询委员会委员，原教育部副部长，原江苏省副省长）

2020 年 7 月 1 日

序　二

出版的本质功能在于传播知识、传递信息、传承文明，推动社会进步。经济发展、教育普及、文化繁荣和技术进步在为出版的繁荣提供前提和条件的同时，也对出版提出了新的需求。一部出版史就是出版人不断积极采用新技术、新理念、新方法服务社会发展的历史。正如俄国文豪赫尔琴所言：“书是和人类一起成长起来的，一切震撼智慧的学说，一切打动心灵的热情，都在书里结晶成型；在书中记述了人类狂激生活宏大规模的自白，记述了叫世界史的宏伟自传。”出版作为永不凋落的朝阳行业，历经数千年，能与社会进步同行，其根本原因在于出版人始终能与时俱进，紧跟社会发展和科技进步，提升出版业水平，服务社会进步。不论是中国还是外国，不论是出版的早期萌芽状态还是当代都是如此。

从中国出版史来看，图书的载体形式，随社会发展和技术进步而不断改进。中国早期的图书以甲骨、青铜器、竹简、帛为载体，正是这些早期的图书，可以使我们见证中华文明的辉煌，可以使我们了解春秋战国时期百家争鸣思想和文化繁荣景象。这些重要图书，至今仍在影响着中国乃至世界的思想进程和社会发展。汉唐以后中国古代文明的发展，更与图书出版息息相关。重视文化教育、盛世修典是中华民族的优良传统。唐、宋、元、明、清都留下大量珍贵的图书、典籍。中国的四大发明中，纸张和印刷术两项源于出版，是中国对世界文明的重要贡献。中国历史上经济文化繁荣的时期，也是出版鼎盛的时期。

从世界出版史来看，技术进步、载体更新同样成为促进人类社会发展的强大动力。古埃及的纸莎草书和两河流域的泥版书的发明和使用，创造了领先世界的文明，出现了像亚历山大图书馆这样系统收集世界重要图书的文化设施。在欧洲，羊皮和牛皮曾经是图书的重要载体，对人类知识的传播起过重要的历史作用。15世纪，机械印刷的使用，更是使世界文明加速发展，成为文艺复兴和工业革命的重要推动力。马克思在评价印刷术对人类文明的贡献时，有这样一段著名论说："火药、指南针、印刷术——这是预告资产阶级社会到来的三大发明，火药把骑士阶层炸得粉碎，指南针打开了世界市场并建立了殖民地，而印刷术则变成新教的工具，总的来说变成科学复兴的手段，变成对精神发展创造必要前提的最强大的杠杆。"

从20世纪中叶计算机的发明与使用开始，信息技术不断进步，促进了出版的繁荣和发展。出版的规模不断扩大，影响日益重要，功能不断增强。激光照排在印刷业的使用，使出版告别了铅与火，实现了光与电，数字技术，特别是按需印刷的应用使出版印刷有了新的发展。在发行领域，书业的信息化使出版与发行之间的信息更加流畅对称，特别是近年来电商的迅猛发展，使出版的发行成本大为降低，读者可以更加便捷地购买图书。编辑作为出版的中心环节，信息技术的运用使出版水平有了大的提升。现在编辑、校对、排版等工作有了专门的软件、工具，极大地提升了编辑效能，使编辑可以更加专注于选择、鉴别的核心功能，在提供精准、权威的知识上下功夫。这些都为融合出版准备了良好条件。

当前人工智能、大数据、区块链等信息技术正在快速地改变出版业的生态，出版融合日益成为出版的发展方向。这既是对传统出版业的挑战，更是出版业发展的空前机遇。关于出版融合发展的现状和趋势，有以下几点值得关注。一是融合可以更好地整合出版、发行、印刷的资源，建设涵盖编、印、发的出版平台，减少中间环节，节约成本，提高效能，用信息技术巩固、拓展传统出版业务的同时，积极发展数字出版，直接面向读者和用户。在教育出版领域，纸质课本现阶段不可取代，而课件和延伸服务已日益数字化。这方面的出版融合大有可为，国内外无论是大型出版集团，还是专精特的独立出版社，都积累了许多有益的经验。二是传统出版和数字出版融为一体，你中有我，我中有你，你就是我，我就是你，已经成为现实。在专业出版领域，国外的一些大型出版集团已经成功实现数字转型，学术期刊，经济、法律、科技信息服务等产品已经数字化，只有用户特别要求才通过按需印刷提供纸本。三是融合出版的理念在深化，在世界贸易组织（WTO）中，出版被定义为服务业。一些世界领先的重要出版集团，已经把出版定义为知识信息服务提供商，自觉地把出版工作融合到科技、教育、文化、社会生活之中，为其提供知识、信息解决方案，提供权威、精准专业的知识和信息，帮助使用者节省时间，提高效率。相信这样的融合会使出版更好地与时俱进。

本书作者主管凤凰集团教育出版工作多年。本书清晰介绍了国内外教育出版融合发展的历程和经验，许多案例和资料值得一读；探讨了教育出版融合发展的现状和趋势，其研究和分析深入；讨论了教育融合出版条件下的产品创新、版权管理、政策、标准、人才培养等问题，其见解值得重视；特别是有关凤凰出版传媒集团在融合出版方面所做的思考和实践，更应关注。

2020年6月30日，习近平总书记主持召开中央全面深化改革委员会第14次会议，强调“推动媒体融合向纵深发展，要深化体制机制改革，加大全媒体人才培养力度，打造一批具有强大影响力和竞争力的新型主流媒体，加快构建网上网下一体、内宣外宣联动的主流舆论格局，建立以内容建设为根本、先进技术为支撑、创新管理为保障的全媒体传播体系，牢牢占据舆论引导、思想引领、文化传承、服务人民的传播制高点”。这对包括教育出版在内的整个出版融合发展进一步指明了方向。由衷希望本书能引发更多的出版人的思考与探索，积极应用新技术新理念推动出版融合发展，不断提升出版水平，为中华民族的伟大复兴贡献出版的智慧与力量。

邬书林

（中国出版协会常务副理事长、原国家新闻出版总署副署长）

2020年7月6日

目录

第一章

绪　论

进入 21 世纪后，随着计算机和互联网技术的蓬勃发展，教育迎来了前所未有的机遇和挑战。MOOC（大型开放式网络课程）、STEAM（科学、技术、工程、艺术、数学的融合教育）、OER（开放教育资源）、APP、AR（增强现实技术）、VR（虚拟现实技术）、MR（混合现实技术）等新兴技术与教育理念不断推动教育的变革与发展。

工业社会对人才的基本需求是符合各行各业标准的劳动者，教育的目标是传授知识和技能。但今天，知识的门类和专业分工的边界越来越模糊，2015 至 2019 年，我国高校实际撤销专业 1291 个，新增专业 10639 个。时代发展变化之快，超乎人们想象。

特别是在互联网时代背景下，由信息技术和系统科学方法、人类脑科学及心理学等现代科学技术共同造就的教育变化，势必引发和推动教育理念、方式、结构等的又一次重大变革。学习资源不再仅限于教师和教科书，更多的教育媒体被引入到学习中。同时，学习环境不断扩展，人们学习的场所日渐丰富，随时随地可学和全球化学习正在成为现实。

2005 年，联合国教科文组织将信息技术与教育教学融合发展分为四个阶段，分别是：信息技术在教育领域发挥影响的起步阶段；信息技术逐步在教育中发挥作用的应用阶段；信息技术与教育教学逐步融合的整合阶段；信息技术全面融入教育教学并引发深刻变革的创新阶段。

在起步阶段，信息技术并没有在学校的管理和教育教学中得到普遍应用，只是教师进行课堂教学的辅助工具。到了应用阶段，信息技术应用于教学的优势已经非常明显，对提升教学质量和提高管理效率大有裨益，但是面临着信息基础设施和资源难以满足需求的障碍。而到了整合和创新阶段，信息技术已经开始革新传统教育模式，促进教学方式变革，催生新型教学工具，助力教学内容创新，营造全新学习环境。

据报道，最早实施公开课计划的是美国麻省理工学院，至今已公布 2000 多门课程。哈佛、斯坦福、耶鲁等高校也都发布了自己的公开课。而随后兴起的开放大学也与信息技术密不可分。据报道，凤凰城大学是美国私立大学中规模最大的开放大学，在各个州都设有学习中心。韩国的国立开放大学在校生超过 17 万人，规模达到了 4 个学院 22 个系。培养学生数超过 300 万的英国开放大学则被誉为世界上最成功的开放大学。

由两位美国化学老师提出的“翻转课堂”则是教育信息化发展出来的又一模式。他们利用软件、录像将教学资源数字化并上传到网上，供学生课前预习，而到了课堂中则鼓励学生提出问题，讨论问题，解决问题，把课堂从以教师为中心转变为以学生为中心，使学生学习更加主动，这一教学模式受到了世界各地师生的欢迎。

2011 年，美国发布了《创建高等教育云》白皮书，其中包括北卡罗来纳州教育云工程和规模更加宏大的教育部数据中心整合计划。同年，新加坡也部署了下一代教育云计算数据中心。一向注重教育信息化的韩国也利用云计算网络实现了中小学教材的数字化改造和网络辅助教学。

在我国，党和政府历来重视教育事业，一直把“教育优先发展”作为改善民生的基本方针，把教育信息化作为教育现代化的主要抓手。“从 2000 年教育部决定在中小学实施‘校校通’工程，到 2012 年开始实施的‘三通两平台’行动计划，为教育信息化的普及发展提供了良好的硬件、软件和经费支持，再到 2014 年中央电化教育馆开展的‘一师一优课、一课一名师’活动，以及 2018 年教育部发布《教育信息化 2.0 行动计划》提出‘三全两高一大’的发展目标，当前已基本建设完成覆盖整个学校教育系统的数字教育网络和终端。”[1] 目前，全国中小学互联网接入率已经超过了 90%，多媒体教室比例达到了 83%，教师和学生网络学习空间数量增加到 6300 万个，教育信息技术正在重新构建教学环境和教育要素，推动各级各类人才培养模式的变革。

近些年，教育部正在大力推进教育信息化 2.0，这必然催生更多教学方式的创新。网络教学模式、混合式教学模式、多媒体辅助教学、移动学习等纷纷出现，微信课堂、MOOC、教育类 APP、AR、VR 等新生教育模式与载体正推动教学内容生产、传播、应用方式的变革。学习需求更加多元化，个性化的终身学习模式正在形成。

教育信息化引发的深刻变革，对教学内容和教育出版的创新提出了新要求。出版单位应积极探索新型教育网络平台与教材教辅内容的数字化，开发相关教育产品，满足数字化教学模式的需求。

---

［1］中国出版传媒商报 . 出版融合发展如何对接教育信息化［EB/OL］.［2019-10-12］. http://www.cbbr.com.cn/article/129818.html.

第一节　教育出版面临的机遇与挑战

一直以来，教育出版都是我国出版业的重要组成部分。根据国家新闻出版署发布的《2018 年新闻出版产业分析报告》数据，2013 至 2018 年，中国教材教辅零售额呈增长趋势，占图书零售总额的比重也逐渐提升。2018 年，中国教材教辅图书零售总额为 609 亿元，同比增长 21.1%，占图书零售总额的 65.0%。不仅如此，教育出版还深深植根于中国的历史进程中，作为教育事业的重要组成部分，培养出了一代代人才，推动着社会的发展与进步。

早在 19 世纪末，伴随着洋务学堂的兴办，清朝官方出版机构就推出了大量新式教育读物，为开启民智与社会变革作出了贡献。进入 20 世纪后，出版与教育的融合愈加紧密。商务印书馆早期负责人张元济认为出版应“以扶助教育为己任”，后期负责人王云五也明确将“教育普及”列为商务出版方针之一。同时期的其他几家出版社，如文明书局、中国图书有限公司等，或本就因出版教科书而成立，或因出版教科书而发展。这股教科书出版热不仅满足了新式学校的教学需求，而且推动了我国教育事业的发展。

教育出版的蓬勃发展还为新文化运动提供了深厚土壤。李大钊、陈独秀、鲁迅等先进知识分子以“民主”和“科学”为口号，以白话文为主要形式，掀起了轰轰烈烈的五四运动，揭开了中国历史的新篇章。在此过程中，教育出版物也紧跟形势，不断创新。随着教育界人士强烈呼吁学校教学采用国语和白话文，中华书局出版的《新式教科书》也部分采用了白话文。1922 年，所有的小学停止使用文言文教科书，中学各科教科书和高等学校的讲义也逐步被白话文取代，这是中国近代教育史上的一次重大变革。

借助教育出版的力量，马克思主义在中华大地广泛传播，有识之士找到了拯救国家、改造社会和推进革命的思想武器，这是新文化运动最重要的成果。大量的革命人才被源源不断地培养出来，投身到中国新民主主义革命的洪流中。他们浴血奋战，把中华民族引上了一条民主的、科学的、通向现代化的道路。

新中国成立后，我国教育出版事业欣欣向荣。以教材为例，1950 至 1977 年的 28 年中，全国累计出版各类教材 6.29 万种，总印数为 177.58 亿册，分别占全国图书出版总品种（46.56 万种）的 13.51% 和总印数（544.74 亿册）的 32.60%。改革开放后，教育出版事业迎来了爆发式增长，1978 至 1996 年的 19 年中，全国累计出版各类教材 18.1 万种，总印数为 487.52 亿册，分别占全国图书出版总品种（116.2 万种）的 15.58% 和总印数（1097 亿册）的 44.44%。这 19 年间，平均每年出版教材 9526 种，印刷 25.66 亿册，比前 28 年年均增加了 7280 种，增长了 324%，印数增加了 19.32 亿册，增长了 304.73%。[1]

新中国成立初期，全国 5.5 亿人口中有 4 亿人是文盲，文盲率超过了 70%，中国农村文盲率更是超过了 95%。而到了今天，2018 年《全国教育事业发展统计公报》显示，中国人的识字率已经达到了 96.4%，这个数字已经接近中等收入国家的水平。教育出版功不可没。

但是，在互联网技术日渐普及、教育现代化不断推进的过程中，教育出版也面临着很多新的挑战。

首先是教育理念发展带来的机遇与挑战。

---

[1] 介子平 . 教材教辅：盘踞中国出版到几时？[J]. 出版广角，2002（5）：22-25.

党的十九大报告明确提出了“要办好网络教育”的目标。网络教育能够实现教育资源跨越时空和地域的调配，进而促进教育信息化，实现教育公平化。教育部在 2018 年 4 月发布的《教育信息化 2.0 行动计划》中提出了“智慧教育”的概念，并将其列为推动教育信息化 2.0 发展的“八大行动”之一。习近平总书记指出：“因应信息技术的发展，推动教育变革和创新，构建网络化、数字化、个性化、终身化的教育体系，建设‘人人皆学、处处能学、时时可学’的学习型社会。”[1]“近年来，云计算、人工智能、‘互联网 +’和大数据在教育领域的应用，不仅推动了以‘数据技术’为核心的智慧校园建设，使学校教育的各项业务正从管理转向治理；而且还面向教学发展出了基于情绪感知的智能教学系统、自动化教学测评、智能教育助理和智能化应用，已开始支撑个性化学习和适应性学习等新学习方式。”[2] 这种变革必将推动我国教育系统发生整体性变化：教育体系结构将从以往的学校教育拓展至终身教育，时间与空间对教育的限制将变小，无缝式、泛在化学习成为可能。评价体系也将逐渐引进综合性评估和以大数据为基础的伴随式评价，更加注重挖掘每一位学习者的潜能和特点，更便于学习者找到自己擅长的领域。

智慧教育系统将会从每个人的学龄前教育、义务教育到高等教育、职业教育不同阶段的教育数据中，分析出个性化的数据档案，包括认知风格、学习偏好、学业成绩等，为人们提供个性化、不间断的教育服务，如分发教育资源和指导就业发展等。系统还能

---

[1] 人民网．习近平：积极推动信息技术与教育融合创新发展［EB/OL］.［2015-05-24］. http://cq.people.com.cn/n/2015/0524/c365403-24982054.html.

[2] 搜狐．郑旭东．人工智能时代发展智慧教育 2.0 的系统考量［EB/OL］.［2018-08-01］. https://www.sohu.com/a/244703040_734486.

汇总透视发生在开放环境中的非正规教育的数据，比如参观博物馆，去图书馆学习等，甚至在交通工具上阅读的行为都可以通过物联网记录下来。每一个公民从生到死所接受的所有教育甚至是信息输入，都可以实现无缝衔接，让每一个人成为真正意义上的终身学习者。

《教育信息化 2.0 行动计划》中还指出，要将建设教育大资源作为主要的目标任务之一，强调基于互联网的大资源观，明确提出“形成覆盖基础教育阶段所有学段、学科的生成性资源体系”，打破教育资源开发利用的传统壁垒，为各级各类学校和全体学习者提供海量、适切的学习资源服务，实现从“专用资源服务”向“大资源服务”的转变。

这也就意味着，对于教育的数字内容资源建设和应用实行的是开放政策，是鼓励社会各方面积极参与建设数字教学资源。这无疑打破了传统教育内容资源，尤其是基础教育内容资源主要由出版社提供的局面，出版社占据绝对市场份额的局面很难在数字教育领域重现。

《教育信息化 2.0 行动计划》中还提出，要结合教育信息化各类试点和“信息技术与教育深度融合示范培育推广计划”的实施，认定百个典型区域、千所标杆学校、万堂示范课例，汇聚优秀案例，推广典型经验，即“百区千校万课引领行动”。通过推荐遴选东中西部不同地区的典型区域，培育一系列教育信息化整体推进的样本区，为同类区域的发展提供参照，引领教育信息化提质升级发展。分批组织遴选 100 所高等学校、300 所职业学校、1000 所基础教育学校和一定数量的举办继续教育的学校开展示范，探索在信息化条件下实现差异化教学、个性化学习、精细化管理、智能化服务的典型途径。汇聚电教系统、教研系统等各方力量，以“一师一优课、一课一名师”活动、全国职业院校技能大赛教学能力比赛、推出国家精品在线开放课程等为依托，设定专门制作标准和评价指标，遴选万堂优秀课堂教学案例，包括1万堂基础教育示范课（含普通中小学校示范课、少数民族语言教材示范课、特殊教育示范课、学前教育示范课）、1000堂职业教育示范课、200堂继续教育示范课，推出3000门国家精品在线开放课程，建设7000门国家级和1万门省级线上线下高等教育精品课，充分发挥示范课例的辐射效能。

不少教育出版企业对于制作精品课程并不陌生，但必定没有出版教育图书那样驾轻就熟。与科技企业、互联网企业相比，则显然不占据任何优势。所以，如何借助互联网技术，实现传统教育出版的数字化，是非常紧迫的问题。

其次是技术发展带来的机遇与挑战。

以互联网为核心的信息技术也为教育出版带来了很多机遇。回顾出版业的发展史，就是一部以技术驱动的信息传播史。但在传统出版时代，出版社的关注点集中在内容上，对于技术不太关心。一方面，因为从 15 世纪中叶德国人古登堡发明西方活字印刷术至今，印刷技术并没有本质上的变化。另一方面，随着社会分工和协同网络的进化，无论是纸质图书的印刷，还是磁带、录像带和光盘的制作，载体加工技术与内容生产基本上是分离的，出版社只需要完成自己的专业分工即可。

但在数字出版时代，内容与技术变得不可分离，技术贯穿了产品的开发、制作、应用、服务全部环节，使出版具备了很多互联网服务属性。信息技术的快速发展也不断推动出版形式的创新，20年前提到的数字出版只是指在电脑上看电子书，但近些年涌现出的移动互联、云计算、人工智能、VR、AR、大数据、物联网、区块链等新技术，无一不对教育和教育出版产生影响。随着移动互联和智能手机的飞速发展，人们的阅读习惯、学习方式、生活习惯都发生了巨大的变化，对教育信息化提出了新需求。

5G 和人工智能技术也为教育出版带来了新机遇和新挑战。5G 技术最基本的特点就是传输速度快，网络峰值速率可达 10 Gbps，由于信号传递时差从 4G 的 50 毫秒缩短到 1 毫秒，所以可满足 1000 亿量级的网络连接。因此，首先音视频资源的需求量将大幅度提升，音视频将实现高端化，网络课程可能成为教育出版数字化转型的重要载体，如在教育培训、技工现场辅导操作、医疗培训等专业应用场景中，专业视频内容将有较大的发展空间。其次，5G 还将使在线教育和在线服务更普及、更快捷，形式更丰富，高清音视频将实现实时传播，可穿戴设备可以打造“身临其境”的沉浸式教学体验。另外，5G 技术也能有效解决目前存在的延时长、网络速度慢、有线牵制等问题，有利于 AR、VR 技术的应用。这些都对教育出版提出了更高的要求，也提供了新的发展机遇。

因此，教育出版的未来之路必定是融合发展之路。

第二节 教育出版融合发展研究现状

欧美国家对于教育出版融合发展的研究起步较早，主要聚焦在数字技术、教育服务、用户体验、平台建设、版权保护等方面。

首先是关于数字出版技术对教育行业影响的研究。Steve Paxhia 在《The Challenges of Higher Education Digital Publishing》[1] 中

[1] PAXHIA S. The Challenges of Higher Education Digital Publishing [J]. Publishing Research Quarterly，2011，27 (4)：321-326.

认为对电脑、Pad、电子书阅读器和智能手机的接受度，现在的学生明显高于过去的学生。现有的印刷类学习产品无法充分满足学生的需求，他们自然而然会去寻找新的替代产品。所以数字学习产品具有巨大的潜力，能够提供个性化解决方案的产品更吸引学生和老师。

Siu Cheung Kong 等人在《A principle-based pedagogical design framework for developing constructivist learning in a seamless learning environment：A teacher development model for learning and teaching in digital classrooms》[1]中着眼于发展建构主义学习方法、21 世纪的数字技术和所需的新技能，讨论了以教师为中心的教学模式和以学生为中心的学习模式的区别。

Matt Turner 在《Reinvention，Revolution and Revitalization：Real Life Tales from Publishing's Front Lines》[2]研究了过去一个阶段中出版业发生的转变。这些变化影响了出版业务的方方面面，囊括了技术平台和产品开发流程。对于如何在保持原有核心优势的前提下开发新的产品，如何通过数据把控用户和市场的全貌以推动出版创新等问题，文中都有所体现。

Inna K. Shingareva 等人在《Relevant Changes in Scientific Publishing in Mathematics and Physics》[3]中指出，数学、物理等

---

[1] SIU C K，SONG Y J. A principle-based pedagogical design framework for developing constructivist learning in a seamless learning environment：A teacher development model for learning and teaching in digital classrooms [J]. British Journal of Educational Technology，2013.

[2] TURNER M. Reinvention，Revolution and Revitalization：Real Life Tales from Publishing's Front Lines [J]. Publishing Research Quarterly，2014（30）：388-400.

[3] SHINGAREVA I K，CELAYA C L. Relevant Changes in Scientific Publishing in Mathematics and Physics [J]. Publishing Research Quarterly，2012.

学科的出版方式正在迅速改变。作者对传统出版物如图书、期刊、档案、论坛和数字出版物如数据库、网络研讨会、数字化学习材料等形式的基本功能进行了定性比较，并介绍了当时最流行、最好用的在线学习工具，这些工具深受科学家、教授、学生、工程师的喜爱。

Elizabeth M. Frye 等人在《Internet Workshop and Blog Publishing: Meeting Student (and Teacher) Learning Needs to Achieve Best Practice in the Twenty-First-Century Social Studies Classroom》[1] 一文中以小学四年级的课堂为案例强调了信息技术可以提高社会研究的教学。作者将博客当作技术工具来使用，发布、展示学生的作品，实现了培养学生高阶思维能力和创造力的目标。

其次是对于教育服务的研究。欧美国家的教育出版集团一向非常重视内容与技术的融合，他们不惜在技术支持上投入巨资，为用户提供教学活动、教材教辅、考试评估等全方位的教学服务，不断优化教育产品。

美国麦格劳·希尔集团前总裁 Robert E. Evanson 认为教育出版集团应该充分运用信息技术为人们提供有效的教学产品与服务，而不是单纯地出售教学产品。2006 年，Robert E.Evanson 在我国举办的首届数字时代出版产业发展与人才培养国际学术研讨会上介绍了一款能实现自适应的在线服务产品——ALEKS。ALEKS 能根据学生学

[1] FRYE E M，TRATHEN W，KOPPENHAVER D A. Internet Workshop and Blog Publishing：Meeting Student（and Teacher）Learning Needs to Achieve Best Practice in the Twenty-First-Century Social Studies Classroom [J]. The Social Studies，2010：46-53.

习速度的快慢、学习效果的优劣提供适应性评价，并且能为学生提供相应的课程定制服务，帮助每一位学生取得学习进步。

Janet Novack 在《Can E-Textbooks Be Both Free And Profitable? Bertelsmann Seems To Think So》[1]一文中分析了科技巨头公司如苹果公司，与以教育内容见长的公司之间的竞争。科技公司力图“重塑教科书”，使用免费开放的内容或开放教育资源取代昂贵的大学教材。开放式许可使得以老师和学生为中心的服务模式中的知识服务性价比更高，使用者可以自由编辑，没有复制限制，对传统教育出版模式构成了巨大的挑战。

再次是用户体验方面的研究。数字出版中的用户体验也是国外教育出版企业一直都很关注的领域。圣智学习集团总裁兼首席执行官 Ronald G. Dunn 认为，圣智学习集团的教育出版转型是在整合已有的优质内容的基础上，以提升学习效果为目标，开发具有自主知识产权的学习定制系统，为用户营造个性化的学习体验。国外教育出版集团经常通过调查研究的方式了解用户的真实需求，进而升级教育产品和服务，优化用户体验，增强客户黏性，形成良性循环。

另外还有关于服务平台建设的研究。国外教育出版企业十分重视服务平台的建设，在客户服务上可谓不遗余力。剑桥大学出版社首席执行官彼得·菲利浦斯认为，成功的服务平台必须能够满足用户随时随地阅读的需求。内容既要丰富，又要能快速检索，还要占

[1] NOVACK J. Can E-Textbooks Be Both Free And Profitable？Bertelsmann Seems To Think So. [EB/OL]. [2012-06-15]. https://www.forbes.com/sites/janetnovack/2012/06/15/can-e-textbooks-be-both-free-and-profitable-bertelsmann-seems-to-think-so/#34166fb534c5.

据较小的设备资源，为用户提供最大限度的便利。

麦格劳·希尔集团打造的创新定向出版平台能为高校教师用户设计个性化的课堂教学内容提供丰富的教学素材。此平台得到了美国弗里德·哈德曼大学戏剧学院院长克里夫·汤普森的高度肯定。他认为创新定向出版平台为教师在制订教学计划方面提供了多种可供选择的教学资源，不仅节约了备课时间，而且教案的质量也得到了显著提高。

此外还有关于版权保护的研究。一直以来，国外数字出版的版权保护体系都是值得我们学习借鉴的。他们版权保护的相关法律法规不仅理论依据丰富，而且内容规定十分细致，相当完善。同时，技术手段也是他们经常使用的合理保护数字内容的利器。

在美国，出版企业可以依据财产权、明示合同、信任（秘密）关系、默示合同和准合同或不当得利这五种理论对所生产的数字内容进行法律保护。德国对教材的使用者在扫描和复印教材方面进行了严格细致的规定。学校老师即使是用于教学也不能复制超过 20 页的教材内容，乐谱则不能超过 6 页，当然更不能上传到网上供学生下载。老师在教学中不能使用超过 5 分钟的网络视频。

国内对教育出版融合发展的研究起步虽然略晚，但是取得了一定的成果，研究热点大致分为五个方面。

第一，有相当数量的文献从不同角度探讨了教育出版的可行性路径，对教育出版转型和机制创新的问题与对策进行了研究。《对教育出版数字化的思考——以人民邮电出版社为例》[1] 一文的作者张

[1] 张孟玮．对教育出版数字化的思考——以人民邮电出版社为例［J］．出版发行研究，2014（4）：62-64.

孟玮认为我国教育出版转型存在五大问题，分别是：教育出版社未主导数字出版产业链、商业模式不清晰、内容资源缺乏深度整合，专业人才缺乏和版权保护问题。《数字时代教育出版企业的战略转型探究》[1]的作者陈永静认为存在定位不清晰、文字篇幅过大、书本搬家、体例混乱等具体问题。《我国教育出版数字化文献梳理与评析》[2]的作者张倩认为出版社对转型处于观望状态，教育出版转型进度不一，教育出版理念落后。关于教育出版转型的对策，张孟玮提出要通过搭建数字内容管理平台、建设基础数据库、构建网络学习平台、更新教学手段等途径来实现教育出版数字化转型。《教育出版数字化转型中的困境与出路》[3]的作者叶奕认为教育出版走出数字化困境可以采取牢牢把握核心资源，提高自身竞争力；以读者需求为导向，探索特色化的教育出版模式；通过差异化竞争实现重点突破。周憬、张小强在《人工智能赋能教育出版的机制特征与创新应用》[4]一文中指出，技术驱动教育的发展，目前已成为国内外发展的共识。人工智能解决教育信息化问题，关键在于数据汇聚、系统融合、服务个性化。王勇安、贺宝勋在《论移动定制教育出版模式的建构》[5]中提出了移动定制教育出版模式的建构路径，以内容

---

[1] 陈永静 . 数字时代教育出版企业的战略转型探究［D］. 开封：河南大学，2012.

[2] 张倩 . 我国教育出版数字化文献梳理与评析［J］. 北京印刷学院学报，2012（2）：44-47.

[3] 叶奕 . 教育出版数字化转型中的困境与出路［J］. 出版参考，2013（25）：37-38.

[4] 周憬，张小强 . 人工智能赋能教育出版的机制特征与创新应用［J］. 科技与出版，2019（8）：65-70.

[5] 王勇安，贺宝勋 . 论移动定制教育出版模式的建构［J］. 出版发行研究，2011（5）：13-16.

服务教育，加强对资源的数字化管理。王豫在《构建满足个性化需求的数字教育出版模式》[1]中提出用定制出版模式、全媒体出版模式、交互和协作模式满足学习过程中的个性化需求。郑炜斌在《MPR技术创新教育出版新模式》[2]中分析了 MPR 出版物的特点和功能，并判断 MPR 技术将会有助于实现传统纸质出版与数字出版的结合。

第二，关于数字教材教辅的出版研究一直是研究的热点，涵盖了数字教材、网络课程、平台工具、多媒体教学、电子书包、电子书等范畴，研究团队也呈现出聚集性。人民教育出版社是中小学教材的编写和出版单位，所以对人教数字教材等自有产品的研究较多。华东师范大学则对电子课本、电子书包的需求、标准、生态环境等方面进行了深入研究。北京师范大学系统地讨论了电子教材的产生、发展、设计与开发等关键问题。首都师范大学对数字教材及资源相关的建模与设计、该环境下的教师发展和学生技术接受度等新问题进行了探索。此外，在《教辅出版数字化转型的内容困境与突破》[3]一文中，于丽丽、周海忠认为教育出版社要想保住原有教材教辅的优势地位，就必须找到数字教材教辅的精准定位。《教辅图书的数字出版策略》[4]的作者曲衍立认为，教育出版企业需要在教育产品与服务的差异化、定制化等方面下力气研究，才能满足人们日益增长的个性化需求。在《"一拖三"模式："教辅类"书籍出版的

[1] 王豫 . 构建满足个性化需求的数字教育出版模式 [J]. 中国编辑，2012（2）：73-76.

[2] 郑炜斌 .MPR 技术创新教育出版新模式 [J]. 出版发行研究，2014（6）：65-67.

[3] 于丽丽，周海忠 . 教辅出版数字化转型的内容困境与突破 [J]. 出版参考，2011（15）：12-13.

[4] 曲衍立 . 教辅图书的数字出版策略 [J]. 出版参考，2013（30）：1.

数字化战略探析——以华中师范大学出版社为例》[1]中，王璇提出教辅出版企业可以采取三种战略拓展教育产品的服务运营，分别是搭建虚拟教育社区、与其他专业网络教育平台合作以及向学习软件企业出售数字版权。《科技出版社专业课教材的数字出版之路》[2]的作者隋彩虹、张静从专业课教材的角度出发，提出了推进数字教材发展的四条路径：开发内容管理系统、建设基础数据库、构建网络营销体系以及创造可持续发展的商业模式。

第三，关于在线教育的研究有以下一些具有代表性的论文。在《教育出版数字化发展探索》[3]一文中，陈洁肯定了教育出版企业建设在线学习平台的举措，认为其既符合出版实际，又能取得一定成效。姜钰在《微课程：在线教育新模式》[4]中对在线教育的内容进行了研究，指出在线教育应具有系统性和完整性，应有明确的定位，同时还要能为用户带来舒适愉悦的体验。《从网易公开课看中国在线教育的发展》[5]的作者池敏则将视频作为研究的着手点，对我国在线教育进行了研究，认为我国未来的在线教育是对线下教育的补充与延伸，需要在充分认识教育本质之后，用互联网思维来重塑教育模式。《出版融合背景下现代纸书商业模式创新探索》[6]的作者贺子

[1] 王璇．“一拖三”模式：“教辅类”书籍出版的数字化战略探析——以华中师范大学出版社为例［J］．华中师范大学研究生学报，2012（2）：104-106+111.

[2] 隋彩虹，张静．科技出版社专业课教材的数字出版之路［J］．出版参考，2013（34）：17.

[3] 陈洁．教育出版数字化发展探索［J］．中国出版，2008（5）：52-54.

[4] 姜钰．微课程：在线教育新模式［J］．出版参考，2014（3）：19-20.

[5] 池敏．从网易公开课看中国在线教育的发展［J］．青年记者，2014（2）：21-22.

[6] 贺子岳，周文斌，刘永坚，等．出版融合背景下现代纸书商业模式创新探索［J］．科技与出版，2018（8）：48-53.

岳等认为，目前国内教育出版社搭建的网络学习平台主要还是作为传统教材教辅的销售渠道，作用有限，仅仅是为传统教材教辅提供增值服务。

第四，商业模式的清晰与否将会影响数字环境下教育出版发展的成功与否，所以对教育出版的新商业模式进行研究的文献也相当多。在《从产品到服务：教育出版商业模式创新》[1]一文中，郑豪杰以奥斯瓦尔德的商业模式要素模型为基础，对教育出版商业模式进行了一定的创新性研究。《高等教育出版的数字化方向》[2]的作者孙素青认为学习平台和教学管理平台是高等教育数字化中最为清晰的盈利模式。《基础教育数字出版盈利模式例谈》[3]的作者朱景福针对基础教育中政府、学校和学生三类服务对象，依次分析了电子书包、数字校园和在线学习平台三种数字出版盈利模式。邓小龙、宋臻的《从教育出版者向供应商的转型——教学整体解决方案与学业生涯管理方案》[4]一文，基于对新媒介环境下的教育出版发展环境的深入分析，提出了“教学整体解决方案与学业生涯管理方案”的模式。

第五，关于教育信息化政策的研究有以下一些具有代表性的论文。《教育信息化进程中基础设施的发展战略研究》[5]中，王瑛、刘鲜等认为教育信息化基础设施建设应采用自上而下的模式，企业参

[1] 郑豪杰．从产品到服务：教育出版商业模式创新［J］．中国出版，2011（13）：32-35.

[2] 孙素青．高等教育出版的数字化方向［J］．编辑学刊，2010（3）：24-27.

[3] 朱景福．基础教育数字出版盈利模式例谈［J］．科技与出版，2012（7）：21-22.

[4] 邓小龙，宋臻．从教育出版者向供应商的转型——教学整体解决方案与学业生涯管理方案［J］．中国出版，2012（6）：13-19.

[5] 刘鲜，王瑛，汪晓东，等．教育信息化进程中基础设施的发展战略研究［J］．远程教育杂志，2014（5）：24-33.

与不可或缺，多种终端设施的普及也必不可少。张小红、熊秋娥在《论高等教育信息化的十大关系》[1]中指出，高校教育信息化应该从面向未来需求、遵循有限目标、强调可持续发展、推进融合创新等方面开展。刘成新、徐宣清在《基础教育信息化资源配置的区域性差异研究：以山东省“十五”期间教育信息化发展研究为例》[2]中指出，由于我国地域差异显著，只有不同区域的教育信息化采用多层次、多样化建设与应用途径，才能保证教育信息化均衡全面地发展。胡小勇在《路径依赖视角下的区域教育信息化可持续发展策略研究》[3]中，在分析了影响区域教育信息化发展的多种因素后给出了一系列解决方案，包括构建区域发展愿景，发挥宏观政策的导向作用，放大局部优势，优化区域投入结构和整合配置效益，鼓励新技术、新方法的实践创新和示范效应，构建以实用为导向的环境等。付岩、张建勋在《大数据时代信息技术与高等教育深度融合的思考》[4]中指出，“深度融合”究其实质，是实现学校内课堂教学结构的根本性变革，包括三个方面：创新教与学的方式、营造信息化教学环境、变革传统课堂教学结构。而在《信息技术与教学深度融合中技术使用问题的哲学分析》[5]一文中，赵慧臣、张华等人说明

[1] 张小红，熊秋娥．论高等教育信息化的十大关系[J]．中国电化教育，2014（12）：43-49.

[2] 刘成新，徐宣清．基础教育信息化资源配置的区域性差异研究——以山东省“十五”期间教育信息化发展研究为例[J]．电化教育研究，2007（6）：10-15.

[3] 胡小勇．路径依赖视角下的区域教育信息化可持续发展策略研究[J]．中国电化教育，2008（11）：1-5.

[4] 付岩，张建勋．大数据时代信息技术与高等教育深度融合的思考[J]．中国轻工教育，2014（4）：9-11+18.

[5] 赵慧臣，张华，文洁．信息技术与教学深度融合中技术使用问题的哲学分析[J]．现代教育管理，2014（12）：60-65.

了在信息技术与教学深度融合中，技术使用的实质是实现信息技术和使用者之间的协调发展，蕴含在信息技术与使用者双向构建的过程中。

相比论文，著作就少得多了。其中比较有研究价值的有宁夏人民出版社出版的《“互联网 +”背景下地方教育出版企业融合发展研究》[1]，作者是施娜。本书借鉴了国内外优秀的教育出版企业在融合发展过程中的问题和趋势等方面的成果，分析了我国地方中小学教育出版行业目前的宏观环境、微观环境。人民教育出版社出版的《中国基础教育数字教材与电子书包发展研究报告》[2]一书对近15年的相关文献、产品、应用案例，以及人教数字出版有限公司和华东师范大学自主研究、开发的成果进行了梳理，是国内第一个对基础教育数字教材与电子书包进行全面研究的成果。不过由于种种原因，书中未将2016年后的新动向和新成果纳入其中。《融合创新 特色发展——2014年浙江省教育信息化案例集》[3]是由浙江大学出版社出版、施建国主编的著作。该书遴选了40个教育信息化应用的优秀案例。它们或是构建探究性、情境性的学习环境和空间，或是应用微课、网络课程等丰富、开放、个性化的教学内容，或是应用技术变革传统的教学策略、教学组织形态，抑或是通过大数据、学习分析等技术创新教学评价和管理。不过研究案例主要聚焦于大学，对基础教育领域鲜有涉及。

[1] 施娜.“互联网 +”背景下地方教育出版企业融合发展研究[M].银川：宁夏人民出版社，2017.

[2] 数字教材与电子书包发展研究项目组.中国基础教育数字教材与电子书包发展研究报告[M].北京：人民教育出版社，2017.

[3] 浙江省基础教育技术中心.融合创新 特色发展——2014年浙江省教育信息化案例集[M].杭州：浙江大学出版社，2015.

由此可见，虽然业界、学界对于教育出版融合发展的研究始终保持着热度，对数字教材、转型升级、知识服务、网络平台、在线课程等热点也给予了足够的关注，但还存在一些遗憾和疏漏。

描述现象多，系统理论化研究少。目前的相关研究有些分散，系统性不足，真正有理论深度的研究偏少，导致教育出版融合发展的理论体系处于空白，方法论建设刚刚开始探索。在宏观政策顶层设计、技术产品应用路径、基础理论构建、商业模式创新建设等方面，理论搭建相对匮乏，所以指导融合出版还缺乏比较成熟的理论体系。

对热点关注多，成体系化的研究少。对知识服务、在线培训等热点现象进行研究的文章较多，但视野相对较窄，成体系有深度的研究较少。论文虽然多，但多是现状——问题——对策的写作模式，对策相似度较高，大多比较抽象，比如加大人才培养力度、从用户需求角度设计产品等。

对民营产业研究多，与出版社结合不够紧密。教育出版融合发展的案例研究，特别是成功的案例分析，往往多聚焦在民营企业。比如这些年先后成功融资的在线教育公司，如传课网、猿题库、一起作业网等。诚然，“出版机构与民营企业相比，在互联网资源、融资机制等方面都有很大欠缺，但在内容资源、区域运营方面则拥有着很大的优势。特别是在基础教育领域，出版机构有机会成为主力军，会有一些能够掌握高端教育资源和地域性市场的出版机构脱颖而出，成为比较大的数字教育服务商”。[1] 但这方面的关注与研究不多。

[1] 宋吉述．传统出版单位做数字教育的关键问题[J]. 出版参考，2016（4）：5-8.

综上所述，对出版社如何推进教育出版融合发展进行研究十分必要，也有较大的现实价值。本书将立足于出版转型发展中的实际问题，以中小学教育出版为研究对象，着重于融合发展实践，从产品创新与营销、版权管理、人才与机制建设等方面进行一些分析，以期为教育出版转型发展提供一些可资借鉴之处。

第二章

教育出版融合发展概况

第一节　国外概况

2007 年，亚马逊正式推出第一代 Kindle，电子书走入人们的视野。2009 年，联合国举办的哥本哈根世界气候大会提出了低碳减排的主题，电子书是符合这一主题的热门产品。2010 年，苹果公司推出 iPad 平板电脑，这个新型的移动电子设备的出现又将电子书的发展推上了高潮。2010 年度的《地平线报告》将 2010 年定义为“电子书元年”，并预测电子书将会在未来的两三年给教育行业带来重大影响。以电子书的发展为基础，电子课本也迅速在全球范围普及，美国、英国、德国、法国、新加坡、韩国等多个国家纷纷试点电子课本项目。

一、欧美地区

（一）主要国家概况

2009 年 5 月 6 日，美国加利福尼亚州州长施瓦辛格发起“免费数字教科书计划”(Free Digital Textbook Initiative)。在这个计划的推动下，加州在州政府的支持下给全州学生提供免费数字教科书，成为全美第一个这样做的州。2012 年 2 月，美国宣布在未来的五年间实现全美大部分学生使用数字教科书。[1]

在技术推动下，美国的专业出版已经基本实现了数字化，但教育出版的数字化却还处在探索之中。美国出版商协会 2018 年年度报告显示，高等教育教科书市场销售额同比下降 7.3%，K12 教科书市场销售额下降 4.4%。从 2014 年到 2018 年的数据变化则更为明显，美国出版业总收入减少 7.7%，其中高等教育出版市场下滑 24%，K12 市场下滑 19%。这种严峻的市场形势必然促使出版商加快数字化转型。与数字教科书相关联，美国教育出版商还做了多种教育数字化服务尝试，开展了多种信息化背景下的教育教学研究与实践，推出教学资源库、在线学习或作业平台、辅助教学系统等多种数字化教学产品。[2]

政府的积极推动和互联网技术的发展，使教育出版数字化的社会环境、技术条件快速成熟。大型出版集团很早就注意到了数字化的必要性和重要性，开始加速推进主流教育读物的数字化。与此同时，互联网技术公司也提供了很多新的教育技术支撑，推动了教育理念与方式的变革，开拓了教育出版数字化的思路。

美国拥有庞大的教材出版市场，教材出版业经历了大规模的兼并与重组，培生教育出版集团、汤姆森学习出版集团、麦格劳·希尔集团、霍顿·米夫林·哈考特集团、约翰·威利父子出版公司、爱思唯尔集团六大集团占据了绝大部分市场份额。教科书是美国综合教育系统的一个重要部分，需要出版商投入大量的时间和金钱，在开发产品的时候还需要兼顾不同风格，适应课程变化，因此开发

[1] 赵志明．重新定义教科书［D］．长沙：湖南师范大学，2014.

[2] 潘志娟．数字化浪潮下传统教育出版的出路探微——以译林出版社为例［J］．出版广角，2018（328）：39-41.

新教材会带来很大的风险。与此同时，二手教材的存在也带来了很大的威胁。对此，教材出版商的策略是将服务教育和促进教育作为自己发展的根本，结合教育环境的变化，将业务重心从教材出版转向基于技术的教育服务。教材出版商结合网络时代的新技术，提供和教材配套、丰富多样的辅助性材料和网上教学工具，不断开发能够通过新技术传授的教学内容。此外，很多出版社还投入相应的力量，对教师和学生进行教学辅导材料和新型教学工具的使用培训，为数字教育产品打下良好的应用基础。

欧洲各国对教育出版数字化转型的态度不一，总体上虽然较为谨慎，但也顺应趋势逐步进行转型。法国虽然对网络电商等征收数字税，但并非不支持互联网发展。在教育出版方面，2014 年 9 月公布的教学数字化战略显示，法国 2016 至 2018 年将投入 10 亿欧元（约合 73 亿元人民币）用于建设“数字化学校”。该计划鼓励学生在老师指导下利用电子设备完成团体作业，老师还利用数码技术为学生打造个性化的学习方案；同时，上线数字化资源数据库，包括电子课本、在线习题、教学视频等，保障学生可以获取优质的文化、教育资源。为推进数字教育资源的使用，2016 年 9 月，法国为 1510 所中学的所有初中二年级学生都配备了一台平板电脑或笔记本电脑，覆盖总人数超过 17 万。[1] 在幼儿教育领域，2015 年法国国民教育部公布的数字教学计划中，甚至要从幼儿园开始推动孩子们在老师的指导下了解并学习使用电脑、平板电脑、照相机等电子产品，并通过这些电子产品进行写作训练或借助互联网进

[1] 新华社 . 法国推进数字化教育将给 17 万中学生配电脑［EB/OL］.（2016-04-23）. http://www.xinhuanet.com/world/2016-04/23/c_1118714334.htm.

行针对性研究；此外，该计划还鼓励老师与孩子进行远程教学交流。但各界人士也质疑，由于缺少系统性的专业培训，很多法国小学和幼儿园教师并不能熟练操作电子设备，数字化教学很大程度上影响教师在课堂的自由发挥，反而不利于教学效果和学生的学习效果。[1]

21 世纪初，英国政府就推出了 E-learning Credits 规划，计划从 2002 年到 2008 年，政府拨给学校 4 亿英镑，用来补助学校在英国课程在线门户 curriculumonline.gov.uk 上购买电子资料。[2] 2015 年，英国教育标准局发布的新学校检查框架中特别要求，中小学教师要保证学生在课堂和家庭中使用的都是高质量的学习材料，在一定程度上鼓励了学校对教学资源投入更多资金。2016 年是英国新一轮课程改革的第三年，改革重点集中在英国普通中学教育证书层面，这让在此领域已经有所成就的那些教育出版社迎来了一波新突破。2017 年，英国政府开始推行学徒税政策（Apprenticeship Levy），该政策计划到 2020 年创造 300 万个学徒岗位。这一政策的推行使得职业教育市场的需求进一步扩大，给职业教育出版领域带来了新的发展空间。

根据 2018 年的年度报告，英国教育出版总收入下降 6%，为 3.19 亿英镑，其中纸质书销售额下降了 13%。英国出版商协会首席执行官斯蒂芬·朗停格指出，在大学图书馆预算压力和学生个人经济压力的综合作用下，传统教育出版市场的发展情况不是很乐观。

[1] 新华网. 法国拟在幼儿园推广数字化教学引争议［EB/OL］.（2020-06-02）［2020-06-21］. http://m.haiwainet.cn/middle/232591/2015/0602/content_28795886_1.html.

[2] 张宏. 媒介融合与数字出版——关于数字出版内在基本模式及路径寻找的另一个视角［J］. 出版广角，2012（1）：70-72.

而且，很多大学不再推荐固定的教科书，而是根据实际情况，提供灵活多样的校本课程材料来辅助教学。

虽然传统教育出版市场比较低迷，但日益扩大的教育出版市场需求和快速发展的数字化技术让教育出版商看到了新市场的可能性，各大出版集团都在不断进行业务调整和数字化转型。德国对教育信息化的投入和建设一直居于世界领先地位。2016 年 10 月，德国政府推出了“数字型知识社会”的教育战略，作为全面促进德国数字化教育的行动框架，内容涉及 5 个重点行动领域，各领域的战略目标统称为“数字化教育世界 2030”。该战略确立了未来 10 到 20 年分别在数字化教育培训、数字化设施、法律框架、教育组织和机构的数字化战略、国际化 5 大领域的数字化发展目标。德国希望通过加强数字化建设，使所有教育参与者都能够使用最新的数字化技术，掌握数字化授课的技能，并保障线上数字化教育课程的不断更新。[1] 2018 年 11 月，德国各党派在联邦议会上讨论修改基本法的决议，其中涉及教育领域的修改引起热议：联邦政府将拨款 50 亿欧元为各州中小学投资建设数字化教学设备。然而，由于联邦政府与各州政府并未达成利益共识，导致该计划搁置。2019 年 1 月，在调解委员会的协调下，联邦政府与各州政府终于在出资比例中达成共识，55 亿欧元的教育改革项目终于启动。[2]

在德国，大家公认的三大教育出版集团分别是：克莱特出版集团、康乃馨出版集团和施普林格出版集团。这三大出版集团都是综

[1] 田园．德国力推数字化教育战略［N］．光明日报，2017-03-01（15）．

[2] 教育改革——德国将耗资 55 亿欧元进行全面数字化教学［EB/OL］．（2019-03-12）［2020-06-21］．https://www.sohu.com/a/300677375_299706.

合性教育出版集团，其主体业务是教育出版，基本涵盖了所有年龄段的教育出版，出版图书的品种丰富多样，在教材教辅、教学参考书之外，它们还出版大众、少儿、学术图书等。它们的教材市场不仅在德国，还覆盖了东欧的很多德语国家。以克莱特出版集团为例，它不仅引领德国教育出版市场，在欧洲也颇具盛名，在17个国家和40个地区设有分公司，每个分公司在教育出版、文化出版、专业出版以及成人继续教育等方面各有特色。面对数字化转型的潮流，德国各教育出版集团大多持谨慎态度，试图与新的数字技术保持距离，但在市场压力下，德国的教育出版集团也都开始缓慢转型。

（二）主要出版集团概况

1. 培生集团

2019年7月，培生集团美国公司宣布，从2020年开始，培生集团在美国市场的教科书将优先更新数字版，而不是纸质版，这标志着在美国高等教育市场份额占比达到23%的培生集团将更加重视数字出版市场。

培生在教育出版数字化转型方面布局很早，在1994年培生集团就推出了My Course Compass。这个平台主要基于网络教学平台技术，结合培生集团自身拥有的优质数字化资源和网络教学课程，为高等学校提供教学支持服务，学生和教师都可以使用该数字化学习平台。MyLab这个网上家庭作业和评测项目的数字化学习工具一经推出，反响极为热烈，据统计，在2006年大约有230万人注册使用培生的MyLab进行在线学习和测试。发展至2014年，仅在北美地区，MyLab的注册量就达到了1100万人次。[1] 据不完全统计，培生的数字化教育服务平台基本情况如表2-1所示。[2]

表2-1 培生教育出版集团数字化教务服务平台基本情况表 [3]

平台名称	平台分类	用户对象	平台功能
eCollege	教育解决方案、学习管理	k15的学生，高等教育、职业教育的教师	与教育机构合作，设计、建立和支持网上学位教育、认证教育、文凭教育和职业发展项目
EnvisionMath	网络学习平台	k12的学生	通过视觉体验，激发学生动手和动脑的能力
Mylab & Mastering	作业管理和评测项目	k12的学生、高等教育	提供个性化混合式学习和作业解决方案，提供学习效果分析数据，学校可通过数据改进教学方式和课程
SuccessENT	在线学习、教学管理	k12的学生、教师	注重及时管理，教师在平台上直接发布作业，在线联系学生，及时了解学生的学习效果

目前，美国教育出版商提供了多种多样的电子教科书，学生可以在网上购买电子书，与纸质教科书相比，电子教科书有相同的内容、版式和更低廉的价格。除了生产对应纸质教材的电子版之外，很多出版商还提供定制服务，教师可以根据教学需要选择定制内容，如选择一本或几本教材中的所需章节、在报纸杂志上发表的文章、自己的备课笔记和教学笔记等，由出版商来制作出个性化教材。有专家指出：这样的教材是一个综合性的教与学的系统，涵盖了印刷材料、多媒体课件以及其他各种技术，以适应新时代

[1] 易琴.数字化教育出版的发展与启示——以培生教育出版集团为例[J].数字传媒研究，2017，34（12）：12-16.

[2][3] 王胡权.浅谈高校教材纸质出版与数字出版的融合与发展[J].传播与版权，2017（02）：60-62.

的教学需求。[1]

培生集团过去 40 年间在美国市场的教育出版收益主要依靠每 2 至 3 年更新一次教科书来实现。教材更新的内容包括这段时间内发生的事件以及该研究领域取得的新进展。每次更新都代表着更高的价格，根据美国公共利益研究小组的成果显示，每册教科书的新版定价平均比前一版高出 12%。这种传统的商业盈利模式随着教育出版市场大环境的变化已经逐渐失去活力。学生，尤其是大学生对数字教材日益强烈的需求让培生集团看到了新的商业模式，也就是从以纸质教材更新换代获得收益向给用户提供数字教材盈利转变，这一模式的主要特点就是“以服务为产品”。培生集团首席执行官范岳涵在声明中说：“我们将提供更为便宜、便捷、个性化的数字教材。数字产品优先的模式将在减少学生对教材支出的同时，增加我们的收入。”在新模式下，数字教材的平均定价为 40 美元，包含了所有数字学习工具的套装平均定价为 79 美元。需要纸质教材的学生可以向培生租用，平均租用价格为 60 美元。培生集团表示，2020 年预计只更新 100 种纸质教材，比 2019 年减少 500 种。范岳涵表示：“未来仍会有纸质教材在被使用，但它们的比重将逐渐减小。”

培生集团英国公司 2018 年度的财务报告显示，2018 年英国培生数字产品收入约占销售总额的 62%，同比增长 5%。范岳涵指出：“学生们都在追求更方便获取、更负担得起的教科书，有 90% 的学习者选择使用不同形式的数字教育工具。”值得注意的是，培生集团 2018 年全球的总收入下降了 9%，为 41 亿英镑，营业利润却增长了 8%，为 5.46 亿英镑。2019 年初，培生集团基于 K12 教材市场在数

[1] 樊晓燕．信息时代美国的高校教材出版[J]．大学出版，2008（2）：45-48.

字化转型中进展较为缓慢的现实，决定出售旗下的美国 K12 教材业务，并最终以 2.5 亿美元的价格完成了出售。这也是培生为加快数字化进程做出的又一次“简化战略”，在这之前，培生集团出售了企鹅兰登书屋的股份，并剥离了英国《金融时报》等品牌资产。

在基础教育领域，培生集团为中小学提供数字化课程，并且在中小学建立在线课程、在线教育平台、在线教学软件、远程教育和虚拟学校等数字化教育产品和平台。它打造的数字教育出版平台，针对学生和教师做了不同的划分：学生可以进行在线学习，获得所需学科的数字教材及相关学习资源，如 PPT 课件、教学辅导参考书、在线作业、测试与模拟练习等，平台可以通过学生的学习行为获得大量学习数据，进一步促进学生的有效学习；教师可以通过在线教学平台掌握每位学生的学习情况，数字教育平台设计的测试和评价系统能够真实有效地反映出学生的学习效果，教师可以根据这个结果为每个学生制订个性化的学习计划；培生集团还为教师自身的进修打造了个人知识库和教师培训课程，这些平台可以帮助教师搜集整合与自身教学、研究、学习相关的资源，使教师通过培训不断提升自我。在整个教学过程中，学生和教师实现了双向互动，一方面学生可以随时随地和教师沟通，另一方面，教师也可以根据学生的学习进度和学习效果调整自己的课堂教学内容。

在职业教育领域，培生教育出版集团的实践可以说是行业的一大突破。培生集团的职业教育数字化业务从创建和收购职业教育在线考试软件、并购相关系统开始，逐步完善了自己的职业教育数字化发展，为集团带来了利润。培生集团斥资 5.38 亿美元收购了远程在线学习服务提供商 eCollege，开展了包括综合大学和职业教育院校在内的在线学位教育、学历教育、证书考试教育和各种职业发展项目等。此外，培生集团还增设了VUE电子考试服务机构和IT认证、国家标准认证和专业认证等各类电子考试服务。[1]

在高等教育领域，培生教育出版集团的数字化重点在学科数字课程的开发、在线课程和数字学习工具的开发。以数字课程的开发为例，培生集团基于高等教育相对灵活且包容的属性，推出了针对学生学习能力和教授不同需求的定制服务，用户可以获得基于自身能力和需求的定制教科书和在线教学服务，强调个性化出版和定制服务。

2. 麦格劳·希尔集团

麦格劳·希尔的融合出版业务在PreK-12、高等教育、专业教育（生涯教育）、国际教育等方面进行布局。PreK-12是其主要业务领域，涉及的主要学科是文学、数学、科学、社会学习、外语、艺术、商科、生涯教育、计算机信息技术、工程、家庭教育消费科学、健康教育。

麦格劳·希尔的融合出版业务有三个鲜明特点：首先，专注于用技术改变学习方式并提高学习效率。麦格劳·希尔收购丹麦、美国等多家科技公司，打造了ALEKS、LearnSmart等学习平台，用其品牌经理南希·许布纳（Nancy A. Huebner）的话来说，麦格劳·希尔不是一家出版社，而是一家学习科学技术公司。其次，其数字产品系列综合全面，覆盖了从教学管理、课堂教学、智能测评反馈到个性化学习的全过程。第三，麦格劳·希尔致力于打造纯数字化的“资源&服务”，其目标是在未来实现产品与服务的全部数字化，以此形成更强大的品牌影响力，使其客户从小学入学到大学毕业后的

[1] 易琴.数字化教育出版的发展与启示——以培生教育出版集团为例[J].数字传媒研究，2017，34（12）：12-16.

社会学习都在麦格劳・希尔的平台上进行，实现麦格劳・希尔式的终生学习。

麦格劳・希尔非常重视用户的个性化定制。不同用户有不同的需求：教师需要进行教学和管理，学生需要达到良好的学习效果，而学校则需要进行教学流程安排和管理、学生管理、教师管理等。此外，同一群体的需求差异也很大，如同一门课程的不同授课教师，在教学目标和教学方法上也有各自不同的想法和设计。因而，麦格劳・希尔针对用户对象的不同需求进行个性化开发，其开发的Custom Solutions帮助教师实现教材和教学内容的个性化定制。通过Custom Solutions，教师可以自主选择和创建上课所需要的内容，通过这一平台制作出个性化的教学产品，实现在线阅读、离线下载、多平台阅读等功能，这种根据实际教学需求的个性化定制服务还能够实现教材的按需印刷，有效降低成本。

麦格劳・希尔注重拓宽产品的营销渠道。门户网站和在线教育平台是美国各大出版商主要的数字出版投放渠道。麦格劳・希尔在全球多个国家设立了专门的教育网站，通过在线注册、订阅来实现产品和服务的销售。

麦格劳・希尔还非常重视对产品的技术投入。随着数字技术对教育出版的影响日益加大，教育数字产品的更新周期加快，内容强调可分解、模块化与自适应性，基于大数据分析进行内容开发受到市场欢迎。麦格劳・希尔成立了一支专门的市场调研团队，负责新兴技术的市场动向，为公司提供并购决策参考。麦格劳・希尔通过资本化运作并购拥有新兴技术的小规模数字技术创业公司，进而实现快速的市场占领。

ALEKS和LearnSmart是麦格劳・希尔的主力自适应性数字学习

产品，它们为学生提供了个性化的学习体验，对于学生的成绩提高有较大帮助。

ALEKS 由麦格劳·希尔旗下一家子公司独立运营，是专注于数学学习的在线人工智能测评系统。目前，ALEKS 学习系统主要为 3—12 年级的学生提供数学学习辅助，同时提供 AP 课程学习。ALEKS 使用自适应学习技术来快速判断学生的知识掌握情况，然后指引学生学习下一个最适合其当前水平的知识点，之后 ALEKS 会定期评估学生的水平，以确认学生的知识掌握情况。实验表明，在 ALEKS 系统中显示的具有良好掌握度的学生，在传统的课堂教学中亦是表现非常优异的。ALEKS 还能够提供全天候 24 小时机器人导师指导，为学校减少了教师人力成本。

与 Knewton 合作开发的 LearnSmart 是麦格劳·希尔针对初中、高中的社会科学、地理、物理、化学、外语等学科的自适应学习系统，其通过对学生做题和答题过程中对答案的信心程度来提供个性化的学习道路，帮助学生开展高效学习。其产品核心是 SmartBook，它是一种自适应支撑技术，旨在改变学生的阅读和学习方式，进而达到智能学习。例如，一个有 30 名学生的班级使用 SmartBook 进行学习，课前 10 分钟预习时，SmartBook 会向每一个学习者提供 10 分钟内需掌握的最重要的知识点，最初的重点知识点文本以黄色标记，系统同时会提供相应的音频和视频等辅助材料。学生先看文本，再在机器人老师的介绍下观看系统提供的辅助视频，视频播放完以后会以文字标题的形式来归纳视频中的内容。学习者阅读完后开始做题目，除了提交答案以外，学生还要提交对答案的信心程度，在“知道”“猜的”“不确定”“不知道，瞎蒙”这四个选项中选择，系统结合答案判断及信心选项，建立学生个人学习档案。如果学生回答错误，则系统自动返回到画黄线的知识点中，通过再读原文来理解并思考答案是什么，然后再返回做题目。系统检测到学习者掌握了黄色知识点后，则推送次重要的知识点并用绿色标记文本，若没有掌握，则学习重点仍为黄色文本部分。使用该自适应智能系统能极大提高学习效率：比如，某章节的知识点的学习需要做 47 道题目才能够完成，若学习者做到第 25 道题目时正确率很高，系统就会发现学习者已经学得很好，后面 22 道题目就不需要再做了（若学习者投机取巧，看了答案以后再做的话，所花费的时间可能比自己做的还要长）。LearnSmart 平台在翻转课堂教学中非常具有优势，学习者不再需要死记硬背，且能保证所学内容被真正长期掌握。

3. 霍顿·米夫林·哈考特集团

霍顿·米夫林·哈考特集团（Houghton Mifflin Harcourt）总部位于美国波士顿，其前身是于 1832 年成立的霍顿·米夫林公司（Houghton Mifflin），是当时非常知名的一家出版社。2007 年，霍顿·米夫林公司以 40 亿美金完成对爱思唯尔集团旗下的 Harcourt Education, Harcourt Trade and Greenwood-Heinemann 的收购，并更名为霍顿·米夫林·哈考特集团。[1] 这次大型并购让它成了全球最大的 K12 教育资源和服务提供商，它在美国的中小学教育市场的份额已经达到了 40%。该集团的业务涵盖了各类教育服务和资源，如教材教辅、测试评估、教学软件和教师培训，旨在为学校和家庭提供优质的全套教育服务。

从 2010 年 12 月开始，霍顿·米夫林·哈考特集团不断开发全学科的数字化产品，一方面由公司自主开发，另一方面集团也和外

[1] 李丽．凭技术创新和“走出去”应对挑战［N］．中国图书商报，2011-06-24（7）．

部的技术公司合作，推出适用于各种移动终端的产品，如针对学龄前儿童发行了可供 iPad、iPhone 下载的游戏软件，以及供学生使用的代数学教材的 iPad 应用软件。在开发过程中，每个产品的核心内容和架构、教师的教学资源等都由集团把握。这些产品大部分由学校统一采购，还有一部分通过实体书店和亚马逊等网站销售。

霍顿·米夫林·哈考特集团电子版教育出版物的价格相对纸质版大幅降低，学生学习的成本大幅降低。在中小学教育领域，数字技术参与到学生的学习环节中，让学生的学习体验得到了很大的提升，如视频和交互内容的增加可以提高学生的学习兴趣。对教师来说，教师可以借助这些数字化平台了解每个学生的兴趣点、学习方法和学习效果，从而进一步改进自己的教学方法。对家长来说，多样的数字化教育产品给他们提供了更多的选择，其在家庭教育中也能发挥很大的作用，与此同时，这些平台的出现还能够让家长、学生、教师、学校之间形成一种社区式的互动。对产品本身来说，用户在使用产品的时候，后台统计的数据可以让集团及时做出产品调整，让产品更加符合用户的需求。在数字化的过程中，集团也在继续生产纸质版图书，将纸质版和电子版打包销售，任由学生选择。对于霍顿·米夫林·哈考特集团来说，数字化进程为其带来新的机遇和新的商业模式，会形成行业长期依赖的出版环境，让学校和学生越来越习惯新的教学方式。

4. 克莱特出版集团

克莱特出版集团在数字出版行业投入了非常多的精力。针对近年来教育出版市场在数字技术冲击下的改变，克莱特出版集团对教育出版市场制定了全新的发展战略，致力于逐步扩展电子教学资源库。对此，克莱特出版集团开发了与纸质书籍配套的在线视频讲解、在线练习以及在线测试等功能，并在纸质教材、教辅中添加对应的链接，使学生能够实时查看到更多网上以及其他多媒体介质中的相关延伸学习内容，将纸质出版物与数字出版物紧密结合。

随着德国使用电子白板教学的学校数量不断增加，克莱特出版集团还为学校提供了相关学科的交互教学资源。除此之外，为了便于学生进行自测以及个性化学习，克莱特出版集团还提供了涵盖所有学科的学习工具和有关资源。目前，在教育出版领域，克莱特出版集团正在开发两个数字产品：一是学科试题库，提供相关学科的历年考试真题与答案；二是阅读能力训练网站，该网站专门用来训练儿童的阅读能力。此外，克莱特出版集团旗下的旁氏公司（PONS）作为德国著名的辞典出版商之一，除了出版纸质辞典以外，近年来大力发展电子辞典，以求开拓新市场。目前，旁氏公司的在线学习辞典能够实现德语、英语、法语、意大利语等 57 种语言的在线相互翻译，并提供全文翻译、机器翻译功能，这已经成为旁氏辞典出版史上新的里程碑。克莱特出版集团通过在数字出版领域的多元化产品发展策略，其数字出版的盈利已经达到集团全年利润的 25%，该集团正在引领德国教育出版中的数字出版潮流。

5. 康乃馨出版集团

德国康乃馨出版集团的数字化发展目前主要集中在三个方面：一是数字教材的开发，二是数字化课堂的建设，三是在线教学平台的开发。

在数字化课堂建设方面，康乃馨出版集团主要在一些学校试点。针对数字化课堂的需要，集团开发了两种数字产品：一种是电子练习册，包括电子习题、电子学习进度存档、测试与自我评估等功能；一种是单词卡，主要用来训练词汇，包括教材中的单词、发音和句型等，同时也有单词测试功能；在在线教学平台开发方面，它为学生、家长、教师开发了一个在线教学平台，其设计理念是从课堂学习扩展到课外学习，逐步实现学习跨电子白板、个人电脑、移动终端等多平台的目标。

康乃馨出版集团在开发数字资源和产品的过程中，强调资源的最大化利用，要最大限度地提升资源的价值，因此，它的产品集成了教学中的讲解、练习、考核三大功能。目前，康乃馨出版集团没有自己的技术团队，他们开发产品采用的模式是编辑部门提供内容和架构，通过技术公司来实现。

6. 施普林格出版集团

施普林格出版集团 1842 年成立于德国柏林，其作为全球领先的科学、技术和医学出版机构，能够为作者、客户和合作伙伴提供丰富的资源，是世界上最大的私营科学出版社之一。施普林格出版集团出版的图书包含许多学科，例如化学、计算机技术、经济与管理、工程技术、环境科学、地球科学、法律、生命科学、数学、医学、药学、物理、心理学和统计学等。[1]

施普林格出版集团的数字化发展经历了四个阶段：初创网络平台（1996—1999 年）、转型为信息服务型企业（1999—2006 年）、快速发展阶段（2007—2010 年）、成为最好的科学出版商之一（2011—现在）。

施普林格于 1996 年正式启动 SpringLink 在线平台，该平台是世界上第一个全文电子期刊数据库，也是世界上最受欢迎的电子出版物平台之一。1998 年，施普林格开始使用基于 XML 的工作流程加工

[1] 李海燕．德国施普林格出版集团的数字化发展历程［J］．内蒙古财经大学学报，2018，16（6）：138-140.

图书和期刊，这涉及稿件接收、编辑和处理等各个方面，可实现在线优先出版。

施普林格出版集团通过资本运营、并购和技术升级，逐步转型为信息服务企业。施普林格出版集团的数字化持续发展，截至 2005 年，施普林格的电子出版物收入已与印刷品相匹配。2004 年，施普林格成功推出新的出版模式“开放选择”。这是一种基于互联网的出版模式，通过网络传播、保存、出版，使用户可以免费获得各种文献，从而促进科学成果的传播，促进科学进步。“金色开放获取”是指学术期刊出版商通过各种开放存取期刊，实现学术内容自由存取的路径。在全球范围内，施普林格发表的研究论文中有 27% 采用了立即开放的“金色开放获取”模式。2006 年 6 月，在线平台 SpringLink 升级到第三代，这是全球首个提供多语种、跨产品的出版服务平台，包括施普林格出版的所有在线资源，例如电子书、电子期刊、电子丛书、大型电子参考书、实验室指南等。2006 年 12 月，在线平台 SpringLink 荣获伦敦最佳 STM 信息产品奖。[1]

在 2008 年底至 2009 年初，在线平台 SpringLink 被重新设计并新增了一些功能，例如文件的语义分析和“look inside”预览功能，“look inside”功能允许读者不必下载就可以查看和浏览任何文件的内容。在 2009 年，由于互联网的影响，施普林格出版集团的发展战略从印刷公司向数字媒体公司转变，并致力于扩大本国和国外的数字营收。

2012 年，施普林格创建了一个电子图书回溯数据库。自 1840 年以来，施普林格发行的所有图书都被包含在在线图书目录中，许

[1] 李海燕．德国施普林格出版集团的数字化发展历程［J］．内蒙古财经大学学报，2018，16（6）：138-140.

多已经绝版的图书将被再次印刷。在线回溯数据库涵盖 11 个学科，约有 10 万册有关科学、技术和医学（STM）的电子书。同年，施普林格出版集团进一步扩展了其“开放获取”计划，该计划将在线期刊扩展为在线图书。施普林格出版集团的“开放获取”计划可以促进非商业科学研究成果的传播和共享。它的所有开放访问内容都将在署名知识共享与非商业性使用许可下发布，免费访问书籍的版权属于作者或编辑者。[1] 2013 年，施普林格为苹果手机和其他一些便携式移动产品专门设计了移动应用程序软件。用户可以免费下载和安装应用程序软件，通过软件可以在移动终端上检索学术期刊和书籍的信息。 2015 年，施普林格与麦克米伦在科学与教育领域展开合作，增加了麦克米伦旗下的 160 种期刊，学术出版实力进一步壮大。

二、其他国家和地区

（一）澳大利亚

澳大利亚地广人稀，对教育信息化基础建设尤为重视，其在全国普及的澳大利亚教育网不仅包括全部高等院校，而且还覆盖全澳大利亚所有的中小学，它帮助各级教学部门师生共享澳大利亚全国乃至全世界的信息。通过其教育网络，澳大利亚政府对接收外国留学生的学校进行严格的课程和教学质量控制，并用立法的形式对课程进行管理和评估。2015 年 12 月，澳大利亚政府发布《国家创新与科学议程》报告，“人才和技能”是这一报告提出的四个关键领域之一，并制定了“提高澳大利亚所有人数字素养与 STEM 素养”计划。

[1] 李海燕．德国施普林格出版集团的数字化发展历程［J］. 内蒙古财经大学学报，2018，16（6）：138-140.

2015年通过并开始实施的《澳大利亚课程纲要（4.0版）》，将“数字技术”列为澳大利亚从基础年级到十年级的八个学习领域之一。2018年12月，澳大利亚工业、创新与科学部发布的《澳大利亚的技术未来——提供一个强大、安全和包容的数字经济》政策文件中提到计划提供140万澳元的专项博士奖学金，用以支持新增的澳大利亚人工智能研究人员。[1]

在此背景下，澳大利亚的教育出版加快向互联网化和多元化方向发展的进程，从最初的教科书出版逐渐转向建立教育服务和在线学习平台，甚至扩展到教育评估。可以说，教育出版商不再局限于教育出版行业，而是扩展到整个教育行业。出版商不仅向学校出售出版物，而且还与学校建立合作伙伴关系，向学校提供信息技术服务。常见的模式是让学生在学校阅读纸质教科书，回家学习并使用数字移动设备完成练习。出版社提供的在线学习资源极大地节省了教师搜索和组织资源的时间，在教师中非常受欢迎。

培生也是澳大利亚重要的教育出版机构，培生澳大利亚公司的经理Barnet说："我们将自己视为一家教育公司，为学习问题提供解决方案，出版只是实现我们目标的一种手段。"培生集团在服务教育的出版理念下，转变为教育服务的提供者，并通过积极参与教育过程为教育提供服务。培生集团利用自身的资源优势创建了“在线学习平台”，它的基本服务包括在线资源库、在线教学区、在线交流平台、在线课程管理工具和在线教师指导。其核心功能是帮助教师解决教科书使用中的问题，为学生提供辅助学习信息，并为学校提供课程管理工具。培生澳大利亚公司60%的利润来自纸质书，40%

[1] 中国教育报．全球“数字化”教育在行动[EB/OL].(2019-11-15)[2020-06-21]. http://zj.people.com.cn/n2/2019/1115/c186327-33545052.html.

的收入来自教育服务和数字服务。Barnet 认为学生对纯电子书不是特别感兴趣，电子书不能解决学习的主要问题，只能解决可移植性的问题。培生的最新产品称为 Pearson Lightbook，该产品在纸质教科书的基础上增加了练习和形成性评估，并为教师提供了学生表现的分析图。目前该产品仅在西澳大利亚州使用，效果相当不错。

澳大利亚在教育出版服务方面还推出了一种新的订阅模式。每个教育出版社都将数字教科书资源出售给版权保护机构 Learningfield 平台。学校可以根据需要，订阅不同出版商的内容，以便将它们合并为新的教科书内容供学校使用。许多著名的出版社也加入了进来，包括圣智学习、牛津大学出版社、约翰·威利等。这种模式非常受欢迎。

澳大利亚的教育出版企业在走向数字化的道路上，与我国教育出版商遭遇了同样类似的考验。例如，用户期望很高，但是资源却很稀缺；数字资源开发非常昂贵，但是用户期望价格低廉甚至免费；数字教材资源面临盗版等问题。[1]

（二）日本、韩国

在数字出版方面，尽管日本、韩国没有像亚马逊这样的知名公司，但由于较小的人口基数、良好的基础设施、丰富的电子产品和高度城市化，日本、韩国仍处于世界前列。政府方面总体上比较积极，起步比较早，2010 年就提出了很多规划。

2010 年，日本总务省启动了“未来校园”项目。这是日本最大的国家级教育信息化项目，旨在通过一对一电脑应用系统为所有

[1] 林妍 澳大利亚出版业数字化创新的启示［J］. 编辑学刊，2017（6）：76-79.

6—12岁的学生提供电子课本和学习资源。2015年，韩国教育部正式公布了小学、初中电子教科书普及方案，方案决定将开发小学3年级至初中3年级的社会、科学、英语的电子教科书。2018年，韩国小学3—4年级，初中1年级的社会、科学、英语教材已经全面由电子教科书代替。该电子教科书为互动E-Book形式，通过互联网下载阅读器实现浏览。韩国教育部计划到2020年逐年普及小学、初中及高中全学段，也会尝试在更多学科大范围推广。[1]

日本在中小学教育阶段还打造了智慧教室。课堂上学生的学习记录主要采用的是传统的手写，下课后，学生可以通过教师办公区的移动设备扫描课堂笔记，笔记会自动整合到学生的笔记本电脑内。教师们会鼓励学生在自己的社交圈上分享自己的课堂笔记图片。这样不仅可以鼓励学生在课堂上更积极地做记录，同时也让教师对学生的课堂学习情况有更充分的了解。

在教材数字化方面，日本更多地集中于外语学科电子教材的应用和研究。2010年文部科学省在“以英语为主的先导性电子教材开发”项目中，对小学英语和日语教材进行了研发，并采用个别学习和协同学习方法开展了教学方法实践研究；大阪大学的“专业日语学习支援”项目则为辅助专业日语的学习开发了各类读写系统，并采用计算机语言学、语料库等功能辅助教学。[2] 2020年4月以后，几乎所有的日本小学教科书上都会出现二维码和教科书编制公司的网址。使用智能手机或平板电脑等移动终端读取二维码，就可以链

[1] 现代教育报[EB/OL].(2019-09-03). https://m.sohu.com/a/338483666_100908.

[2] 夏佳来，李哲，张海.日本数字化教材的应用与研究现状——以日语教育数字化教材为例[J].中国信息技术教育，2016(18)：83-85.

接到教科书编制公司的互联网主页等网站上，看到教学视频。[1]

在线教育方面，日本的出版巨头倍乐生打造了一款“进研讲座”的远程教育产品。学生报名成为会员后，会在每个月初收到倍乐生通过邮政系统寄来的学习资料，包括参考书、练习题和学习方法指导等。学生在学习完成后将自己的习题寄回倍乐生，之后会在两个星期内收到专职批改老师的反馈。2014 年，倍乐生开发了进研模式专用的平板，遇到不会的问题，使用平板即可即时呼叫老师为学生讲解。[2]

韩国的知名培训机构 Megastudy 成立于 2000 年，最初从线下做起，成名于线上，又反过来做线下学习中心。从高考复读做起，Megastudy 的业务线逐步覆盖中小学、大学以及成人，在初中、高中、大学和职业教育（主要是医学和律师考试）领域各有不同的品牌。Megastudy 现在的业务中，线上、线下基本上各占一半，线上学习仍然以录播视频为主。

由于韩国政府和企业对国际化的重视，在职人员语言培训的需求很大，韩国的在线语言培训机构也是百花齐放。成立于 1961 年的 YBM 是韩国最大的教育出版集团，业务涉及英语培训、出版、考试认证等，从 20 世纪 60 年代的英语出版业务，到 90 年代的英语培训学校，再到 2000 年之后的数字化学习，YBM 的业务一直处于增长之中。Engdangi、Hackers 则是这几年兴起的在线英语学习网站，主要

[1] 中国新闻网．日本小学教科书将现二维码　学生可扫码看教学视频［EB/OL］.（2019-03-29）. http://news.cctv.com/2019/03/29/ARTItj3XdoV4cAPYN9tyYVI1190329.shtml.

[2] 芥末堆．面对老龄化严重的日本市场，倍乐生的日子也不好过［EB/OL］.（2015-07-21）［2020-06-21］. https://edu.qq.com/a/20150721/040991.htm.

做短期培训，Engdangi通过“录播视频+BBS讨论”的形式完成学习，以“娱乐版”在线教育著称，把老师当作明星来对待。[1]

韩国的BeNativePro则是专门为白领提供商务英语学习服务的创业公司，他们的模式是：到美国选择一些商业精英进行采访，比如3M、通用汽车公司、哈佛商学院、Box等企业和机构，将拍摄素材编辑、转录到数据库中，通过数据开发软件收集并整理常用的单词和句型，制作成商务英语学习视频，并对其录制相应的讲解视频，编写小测试和单词表，学生通过“录播视频+讲解+练习”的方式来学英语，BeNativePro每周都会更新内容库。[2]

综合各国发展情况，可以看出国外教育出版融合发展有以下特点：

第一，政府重视数字化普及与版权管理，出版融合发展的政策环境较好。各国普遍对文化产业及传统出版实施财税扶持政策，其内容通常也适用于数字出版。各国就出版数字化还专门采取一些财税引导、规范和控制措施。美国信息技术和大型传媒企业实力雄厚，政府主要通过税收和基金支持数字出版产业的非营利组织；欧盟国家则直接或间接扶持数字出版企业；英国较为完善的版权保护体系为新闻出版数字化迅速发展奠定了基础；韩国、日本政府则注重转型时期出版数字化的顶层设计。[3]

---

[1][2] 阿槑．十年之后，除了Megastudy，韩国在线教育还剩什么？[EB/OL]．(2015-10-27)[2020-06-21]．https://www.sohu.com/a/38010223_115563.

[3] 王萌．国外财政扶持出版数字化转型的问题与启示[J]．出版发行研究，2015(5)：79-81.

第二，国外出版传媒集团数字化意识强，投入多，起步早，发展手段较多。国外主要出版集团很早就意识到了数字化的必要性，因此在一开始就抢占了发展的先机和制高点。比如，在基础教育领域，许多国家和地区围绕着教育信息化开展了很多研究和实践，推出了在线学习平台、教学辅助系统、教学数据库等多种多样的数字化产品，并且不断通过资本运作实现跨越式发展。各主要出版集团大多通过资本运作实现了业务重组，增强了自身技术实力。

第三，教育出版数字化已经形成较为成熟的运营模式。如“数字教材”模式、在线学习模式、“维基式”协作出版模式。

“数字教材”模式。这是大部分出版商的主推模式，出版商将教材内容电子化，以多媒体光盘或电子书的方式呈现，供师生通过各种终端阅读器进行阅读。美国麦格劳·希尔集团已经将其 95% 的教科书数字化，爱丁堡大学出版社 50% 的教材也实现了数字化。与此同时，教材电子化也通过教育出版公司间互相合作、出版公司和阅读设备公司合作的方式进行。例如，由美国 14 家主要教科书出版商联手成立的数字教材公司 course smart，为用户提供了品种多样的数字教材。

在线学习模式。在这种模式下，出版公司和互联网技术公司开展合作，开发与教材配套的在线学习软件和工具，学生可以利用这些工具，在没有教师的情况下随时随地进行学习。如圣智学习推出的一款个性化教学软件，在获得学校许可的情况下，可以把不同的内容放在平台上供用户选择。根据各个学校的不同情况，把有差别的内容放在软件上，供用户选择使用。麦格劳·希尔开发的在线教学软件 Connect 和培生集团开发的数字化学习平台 My Course

Compass，用户可以通过这些软件实现观看讲课、浏览笔记、自我测评和在线反馈等。

“维基式”协作出版模式。在这种模式下，不同的教师可以根据自己的需求对教材进行个性化修改。如麦克米伦推出的 Dynamic Books 平台，教师登录网站后可以自行改编教材并署名，无须获得原教材作者或出版商的许可，这种模式既可以满足教师的个性化需求，又可以通过协作编辑的方式让教材内容更加完善，更符合学生的需求。[1]

第四，国外数字化教材的发展进程较国内早，美国加州从 2009 年就开始推进全州教材数字化的进程。韩国政府提出的“智能教育”项目，目标也是希望能够尽快实现中小学教材无纸化，并根据计算机、电子白板、平板电脑等不同的终端设计成不同的互动数字教材。2012 年秋季，德国宣布几乎所有新出版的教材都将配套电子版。

值得注意的是，国外教育出版集团内部各领域的发展并不均衡：专业出版领域的数字化程度最高，如汤森路透的数字化收入占比达到 93%，励讯集团的数字产品为集团带来 72% 的收入；而大众出版领域的数字化程度最低，全球排名第一的企鹅兰登这一比例仅为 23%；教育出版的数字化程度次于专业出版而领先于大众出版，当今全球排名前五的教育出版公司的数字化收入在总收入中的占比普遍在 40%—70% 之间。[2]

---

[1] 曹婷婷.中小学教材出版的数字化转型初探[J].传播与版权，2015（11）：43-44.

[2] 徐丽芳，王心雨，张慧.国外教育出版数字化发展对我国的启示——以培生集团为例[J].出版广角，2019（1）：11-15，32.

第二节　国内概况

20 世纪 90 年代，计算机和网络技术开始应用到出版工作中，传统的编印发出版流程、生产方式和经营管理理念都在数字化影响下发生了深刻的变化。近些年，出版流程和出版企业经营管理都逐步实现数字化，但数字化带来的更深远影响在于出版物的数字化，也就是数字出版形态的产生。[1]

2011 年，国家新闻出版总署制定发布了《新闻出版业“十二五”时期发展规划》，指出新闻出版业需要和新兴科学技术加快融合，并鼓励数字出版、数字印刷和数字发行等新兴业态的发展。2012 年，教育部公布了《教育信息化十年发展规划（2011—2020 年）》，指出要以教育信息化带动教育现代化，强调要在课堂教学中融合信息技术，这对教育出版数字化提出了进一步要求。2012 年 11 月，教育部启动“教学点数字教育资源全覆盖”项目，12 月正式开通国家教育资源公共服务平台。这一系列举措为教育出版数字化提供了政策引导和平台支撑，加快了教育出版融合发展进程。

2019 年 9 月，广东省公布了《广东省义务教育阶段国家课程数字教材及应用服务采购项目》中标情况，采用单一来源谈判方式，投入 1.7558 亿元采购南方出版传媒股份有限公司的数字教材服务。这是迄今为止国内最大的一笔政府采购数字教材项目。

此外，国内很多教育培训机构开始与国外的出版商合作，利用原版教材进行在线课程及配套数字资源的开发，这给传统教育出

[1] 汪曙华．论出版业数字化变革的历程及趋势［J］．电脑知识与技术，2013，9（20）：4766-4768.

版行业带来了新的冲击，促使各个领域的教育出版加快了数字化进程。[1]

一、学前教育

学前教育在教育出版中一直都具有很大的市场潜力。2009年以来，少儿图书在图书零售市场中的比重逐年上升，在我国图书市场的细分品类中，少儿图书已经拥有了最大的市场规模和最快的增长速度。《开卷》数据显示，2017年我国少儿图书销售总码洋接近200亿元，占比较2016年增长了1.3%；2018年我国少儿图书总码洋规模达到235亿元左右，占比同比增长1.6%。从2010年开始，少儿图书销售总码洋增速一直保持在10%以上，超过整体图书市场的增幅，成为带动图书零售市场增长的重要力量。

在纸质图书销售增长的同时，互联网与信息技术的发展也加快了幼儿教育出版的数字化转型进程。尽管幼教各环节都在技术推动下不断发生大的变革，但总体来看，教学课件等内容的数字化是幼儿园教学信息化的基础。这些资源在丰富课堂内容、激发幼儿学习兴趣、拓展教学方式等方面都具有积极的促进意义。特别是对专业能力不是特别强的教师来说，可以使用从市场购买的优质教学课件顺畅地完成教学活动。

因此，近些年大量幼儿读物出版社都进行了数字内容的开发。安徽时代传媒适应学前教育市场的趋势，开发了“豚宝宝电子课

[1] 黄璜，王睿．教育出版变局前奏拉响，作为出版人你一定要重视！[EB/OL].（2019-09-04）[2019-10-14]. https://mp.weixin.qq.com/s/Bm_ATr9BDdb-Hm3resQ1rg.

程”，这是国内首套利用 VR（虚拟现实）技术开发的幼儿园全媒体电子教材。安徽时代传媒同步配套推出了全媒体家庭教育套餐“豚宝宝妙趣盒”，实现了数字出版的衍生价值。

华东师大社打造了“美慧树学前教育全媒体数字平台”，这是一个由华东师大学前教育学院负责规划的平台。该平台的数字化课程以 96 本图画书为基础，包括了上千个数字化课程案例，200 个数字化增强（AR）模型，为教师和家长提供了一个互动平台。搭建“美慧树”平台是华东师大社从提供产品向提供服务的转型。

中国大地出版社（地质出版社）在学前教育出版领域的数字化转型中积极探索和实践，以打造产业链为目标，从传统的纸质书出版向课程研发衍生，研发数字化产品和平台，扩展线下的教育机构，打造品牌。与此同时，出版社还和幼儿玩教具研发机构、幼儿图画书策划机构合作，开发满足幼儿需求的多形态的产品。出版社通过这一系列的实践，致力于从幼儿教育出版者向幼儿教育资源服务商的转变。

对于学前教育出版社来说，数字化进程需要注意两个趋势：一是交互化、智能化。对于学龄前儿童来说，应用 VR、AR、人工智能等技术的交互化、智能化产品更能吸引他们的注意力，如通过搭建智能教育平台、开发智能机器人和 VR 教材等，将抽象的知识点融入趣味动画视频，寓教于乐，加深对知识的具象理解，并以虚拟 IP 形象实现陪伴学习和游戏化互动。[1] 二是精品化、规范化。伴随家庭消费水平的日益提升，“教育要从娃娃抓起”已成为常态，家长越来越重视对子女综合能力的提升。家长对数字教育产品的内容和服务

[1] 王飚．数字教育出版发展趋势浅析［J］．科技与出版，2019（11）：6-11.

质量提出了更高标准和要求，更加注重平台的软实力，即内容质量和师资实力，强调数字教育出版产品内容供给的专业性、权威性。

在学前教育领域，国家管控政策的放松和信息技术的发展让很多互联网公司快速进入学前教育市场并取得了较快发展。“铁皮人”儿童早教机构致力于打造“最好玩”的儿童教育平台，他们在 iOS、Android、Windows、IPTV、电信运营商等平台都投放了自己的产品，其中“叫叫学乐园”是他们的一款线上主力产品。他们认为在 APP 的开发中，内容是占绝对地位的，必须结合用户的需求推出有优质内容的 APP。考虑到目前 APP 市场竞争激烈，铁皮人在不断开发新产品、吸引读者的同时，将这些线上产品制作成实体图书，包括绘本、知识百科等形式，在全球多个国家发行。铁皮人通过这样的方式，实现了线上和线下的同步盈利。

宝宝巴士（Baby Bus）以蒙氏（蒙特梭利）教育作为理论依据，对学龄前儿童进行不同年龄段的划分，针对每个年龄段的特点和学习需求设计产品，推出“年龄 + 能力”的多元产品体系。该公司认为学前教育产品的使用者是孩子，但是买单者是父母，两者的分离使得产品设计必须兼顾父母和孩子的需求。宝宝巴士的盈利来源包括付费下载、免费版本里植入广告和收费预装。其中，收费预装是宝宝巴士和海尔、联想、三星等公司合作，在这些公司的产品终端上预装无广告版的“宝宝巴士”，硬件厂商支付宝宝巴士费用。[1]

2016 年，在上海国际幼教年会的 VR 专题展览中，很多教育行业的企业都带来了应用 VR 技术的教育产品。雅士星达推出了“VR 幼教

[1] 黎雷 . 幼儿教育出版的移动 APP 应用浅析 [J]. 出版发行研究，2014（2）：61-62.

一体机"，这是一款专门为 K12 学生提供 VR 头显功能的产品。VR 技术的出现给学前教育出版模式带来了新的可能性，为幼儿享受学习带来了更多的选择和方式，是寓教于乐理念的具体实践。[1]

互联网、科技公司的介入，使幼儿教育出版社在学前教育中的内容主导地位受到冲击。传统的幼儿教育出版社采用的是制造业的运作模式，以产品为中心，进行图书的编印发工作。[2] 但在目前越来越多元化、个性化的市场环境下，这种模式遇到的挑战越来越多。在互联网时代，年轻父母更愿意让孩子接触新技术产品，也更愿意利用新的教育产品让孩子进行学习。传统出版社必须重新思考自己的核心竞争力，为用户提供更优质、更个性化的服务。出版社可以整合自身拥有的优质内容资源，根据用户的需求，结合新技术开发适合幼儿学习的教育工具和学习软件。在以用户为中心的学前教育出版市场趋势下，传统出版社需要推动传统出版和新兴出版融合，不断创新产品，向用户推出个性化的定制服务，才能在数字化转型中生存下来。

二、中小学教育

中小学教育是国内教育行业最基础、最重要的领域之一，受到社会的广泛关注。目前，九年义务教育已经全面普及，绝大部分适龄儿童和青少年实现了免费入学。无论从学生人数和受教育规模看，还是从政府的教育经费投入来看，中国的教育市场潜力很大，不同

[1] 雷慧杰．数字教育出版对 VR 技术的应用［J］．采写编，2016（3）：115-116.

[2] 代杨．基于教育资源的教育出版社运营战略［J］．出版广角，2011（10）：45-48.

的主体都推出了有自己特色的数字出版产品。[1] 近年来，随着互联网的快速发展，在线教育已经兴起，传统教育的时间和空间限制被打破，共享优质教育资源成为可能。知识的可视化有望使学习变得更有效，而交互式在线教育已成为传统教育模式的有益补充。[2]

经过多年的信息化建设，在广大中小学校里，投影仪、电子白板、集成教学机、计算机、平板电脑甚至智能教室等硬件设备越来越普及。可以实现网络教学互动的数字教学平台和支持教学互动的互联网或局域网正在不断完善。作为对立体化数字教材的补充、支持和扩展，多媒体信息载体、信息传输网络、智能信息处理和教学环境的虚拟化，已经部分实现了实时交互式网络教学和知识的三维展示。特别是近年来已被广泛使用的微教学模式受到老师和学生的欢迎。“翻转课堂”作为一种新的教学形式，正在影响传统课堂教学模式。[3]

与教育变革相适应，中小学教育出版也在互联网技术的推动下加快数字化转型。《新闻出版业分析报告》显示，近年来数字出版继续保持较高增长速度，其中，中小学数字教育读物的销售收入也明显增长，相关融合出版物品种越来越多。综观目前市场上的中小学数字出版产品，传统出版社和互联网公司都利用自身的特点推出了不同的产品，主要的呈现形态包括数字教材及跨媒体电子书、各类软件、在线平台、数字教育服务系统、在线教育培训与咨询等。

---

[1] 陈程．中国基础教育数字出版产品营销研究［D］．长沙：湖南大学，2015.

[2] 王红梅．简析数字教育出版 K12 在线教育的发展趋势——以一起作业网为例［J］．出版发行研究，2016（6）：92-93.

[3] 李建臣，方卿．数字时代教育出版发展战略与趋势［J］．出版科学，2015（6）：42.

（一）电子课本与数字教材

教材是教育的基础资源，也是教育出版的制高点。与互联网公司相比，出版社的优势集中在内容资源方面，特别是以教材为主体的高端资源。此类内容需要经过国家的层层审核，有准入门槛。在数字教育中，教材是教育的核心资源，出版社进军数字教育、强化自身优势的首要工作就是做好数字教材。

国内各教育类出版社也早就启动了数字教材的研发，推出了各种版本的数字教材，例如人教数字教材、凤凰数字教材、北师大版电子教材、时代 e 博 · 电子课本等不同版本的数字教材。其中，人教社因为纸质教材数量多、市场分布广，其开发的数字教材最引人注目。据报道，人教社开发的第二代数字教材支持多终端应用，在设计理念上以学生为中心，通过多媒体形式呈现教材知识。内容涵盖了课前预习、课内教学和课后复习三个环节，为重难点内容提供了多种教学方法，并可以进行一定程度的学习测评。[1] 以数字教材为基础，人教社还推出了综合性的“人教 e 学”产品，主要包括人教数字教材、人教微课、人教测评、人教口语四个模块。

2020 年初新冠肺炎疫情期间，在纸质教材无法送达学生的情况下，数字教材成为刚需。各教材出版社应疫情之需紧急免费提供了大量电子课本。人教社从 2 月 10 日起逐步上线春季各科教材电子版，包括 20 多个学科（学段）近 600 个品种；凤凰传媒 2 月 3 日起陆续上线各学段全学科教材；南方出版集团则通过粤教翔云提供多种版本的电子课本，其他教材出版社也纷纷跟进。据报道，包括教材和部分同步视频在内的“人教点读”APP 截至 2 月 1 日晚 8 点

[1] 易伟兰 . 出版转型环境下我国教育出版数字内容服务研究［D］. 湘潭：湘潭大学，2015.

免费开放 72 小时后，用户数增长超 230 万，服务器访问量达 2.5 亿次。凤凰传媒电子课本疫情期间总访问量达到 22 亿次。这也反映出以多媒体形式呈现的文字性内容仍然是教与学的重要材料。

值得注意的是，这次上线的电子课本绝大多数都是简单的教材 PDF 文件，并没有扩展互动性内容。其原因除了时间紧来不及制作之外，也在于教学的实际需求。实际上，在数字教材的研发中一直存在着是否过度数字化的争论。有些教育专家指出，教材旨在提供最基础的内容，培养孩子的思考、想象等能力，如果把教材内容做得太实太满，有可能限制学生认知。同样，数字教材所提供的习题答案、解题思路等也会影响正常的教学流程。专家建议可根据不同的应用场景提供不同版本的数字教材，并从对教材的多媒体演示转变为对知识的梳理和拓展，强化数字教材的知识归结与延展功能，增强其学习辅助作用。

（二）教育学习平台

在互联网背景下，内容与形式、内容与服务相结合的趋势日渐明显，而内容与服务的界限在不断模糊。一个好的数字化产品，除了优质内容外，必须具有良好的呈现方式，也必须有强大的网络平台进行服务支撑。所以，要真正实现教育出版数字化转型，自主建设、经营的平台不可或缺。当前，综合性平台已基本被大型互联网公司垄断，但专业性很强的数字教育平台仍有很大发展机会。出版机构一方面与传统教材、教辅相结合，另一方面加强与技术公司合作，创建了一些具有地域性、专业化的在线教育学习平台。据了解，外研社基础教育事业群 Unischool 网站，是在已经形成的基础教育阶段教材体系搭建、数字教育产品、教学出版资源、师资职业发展、科研项目引领、学生及教师活动赛事等解决方案体系的基础上，统一建设的门户网站，在服务内容与形式上更加贴近用户的实际需求。南方出版集团搭建了粤教翔云数字教材应用平台，汇聚了海量、优质、专业的课程核心资源，提供义务教育阶段国家课程数字教材，并为翻转课堂、主题探究、问题解决等新型教学应用模式提供全面支撑。凤凰传媒陆续上线了“凤凰云课堂”“凤凰易学”等教育学习平台。

贝壳网是中南传媒湖南教育出版社于2015年打造的K12精准教育互动平台。它是一个针对中小学教学的备课资源库，提供了海量的教学资源，优课大师、优课资源、一课一网的展现形式可以让老师的教学手段更加丰富。

2020年新冠肺炎疫情期间，出版社所建设的在线教育平台发挥了很大的作用。河南大象出版社推出的“大象教育云——大象辅导”平台免费开放了中小学各学段超过50门在线点播课程，每日还开设约60节名师直播课，所上线的中小学全年级全学科各类精品课程达到4000余节，同时，还通过建立线上沟通群为学校提供线上指导服务。河北出版集团旗下的“冠林教育”APP在“微学吧”栏目中推出中小学各年级适用的免费同步课程；河北教育出版社的“冀教学习”APP所有注册用户均可免费使用该社出版的电子课本，免费观看直播课程；方圆电子音像出版社的“方圆微课网”利用全省微课大奖赛积累的海量数字资源，向全省教师和中小学生免费提供微课资源。凤凰传媒推出的“凤凰易学”不仅集中提供所有凤凰版电子教材，而且配套了大量的讲解类音视频。化学工业出版社推出的“易课堂”在线教育平台，支持教师建设慕课、专属在线课程（SPOC）并开展在线教学，可以帮助师生实现在线备课、远程授课、在线学习、在线评测等，提供教、学、练、测、评全流程在线服务。这些都说明了出版社具备多元化教育服务的能力。

在平台建设方面，许多出版社也在探索与互联网公司的深度合作。2020年3月，上海教育出版社与上海进馨网络科技有限公司（纳米盒）签约合作，双方将在教育信息化及创新业务领域开展合作，建设和运营“基础教育学习平台”。新的合资公司中，上海教育出版社占股51%，主要关注、控制内容生产。新公司将设立负责选题的总编辑岗位，总编辑拥有内容一票否决权。

凤凰传媒投资的北京凤凰学易科技有限公司也属于同类性质。2011年，凤凰传媒以51.8%的股份比例并购了该公司旗下已崭露头角的教育资源网站学科网，国有品牌出版企业与民营互联网公司的机制、优势互补，极大促进了公司的发展。2015年，好未来投资3000万美元参股学科网，给学科网带来了新的发展动力。目前，学科网日更新各类教育内容1万多套，全国合作学校达到3万多所，注册会员超过3800万，成为全国领先的教育资源网站。

（三）智慧教辅

各类助学读物是出版社教育产品的主体，在数字化背景下，纸质教辅的转型迫在眉睫，许多出版社都开始探索“智慧教辅”的研发与运营。“智慧教辅”就是利用互联网、大数据和人工智能等技术，在现代教育思想和理论指导下，将教辅图书的固化内容打散并重新组合，创建个性化学习资源。“智慧教辅”通过平台搜集学生的作业和考试信息数据，并对数据进行分析，可以精准评价每一个学生的知识掌握情况，也能对学生的认知水平和学习能力做出评价，平台通过这些评价结果精准推送学习资源。最终达到因材施教、提升教学质量的目的，也可以减轻教师的负担。

从设计层面来看，“智慧教辅”产品分为三部分，自下而上分别为“基础资源”“平台技术”“应用功能”。“基础资源”主要是指数字化的纸质教辅和数字题库，通过特征标识，对基础资源中的内容进行多维度标识，从而归类；“平台技术”主要是指通过图像识别将图片信息提取出来，并汇总为结构化数据，接着对这一部分数据进行分析，得出报告；“应用功能”主要是指产品向教师和家长提供测试、评估、数据统计报表以及个性化推送等服务。江苏凤凰教育出版社基于“智慧教辅”的设计思路，以品牌教辅《凤凰新学案》(高中)、《凤凰数字化导学稿》(初中)作为“基础资源”，开发系统收集、分析用户数据，并根据分析报告向教师及学生提供反馈，提供增值服务，将练习、评价和教学管理进行一体化设计。其他一些教育出版社也大都推出了类似产品，努力推进纸质教辅与线上资源的结合。

(四)互联网公司的教育服务

在教育工具服务软件方面，互联网公司拥有很大优势，所推出的产品也有非常深远、广泛的影响。

百度的优势在于搜索，它整合优质教育资源，着力于改善教学互动体验，从而提供个性化的学习服务。腾讯的优势在于社交，推出了腾讯微讲堂产品，腾讯借助微信平台实现了知识的社区分享和教学互动。通过基于微信平台产生的知识分享与教学互动进军移动互联网教育，极具发展的想象空间。淘宝则推出垂直的 B2C

（Business to Customer）教育网站——淘宝教育。该网站主要提供了一个平台，不管是机构还是个人，都可以在淘宝教育发布课程，或者申请在线直播教学。淘宝教育借助自身的用户、流量优势，为线上线下的教育机构提供了一个教育服务平台。用户在线上购买的课程对教育机构来说是直接的收入，如果用户喜欢这个教育机构提供的课程，还能选择去线下接受辅导，从而实现了线上线下的订单转化。网易在平台型产品的开发方面聚合全球范围内一批优质视频课程资源，未来网易准备在教学互动、社交互动、大数据分析方面进行技术突破。

2020 年的新冠肺炎疫情给大量在线教育平台和工具软件提供了登场展示的机会，比较突出的是在“停课不停学”的要求下，大量网络直播平台进入中小学或培训机构。据报道，除了国家及各省市提供的官方平台之外，其他各类平台更达数十种，不仅小型培训机构，许多学校也选择了这些平台，钉钉就是其中的代表。阿里巴巴宣布，从 2 月 10 日起，全国的中小学生可以免费使用钉钉 APP 在家上课，上课方式既有“大班”式的名师公开课，又有“小班”化的在线课堂。其他大型互联网公司或培训机构也相继推出平台服务。腾讯教育联合小鹅通、拓课云、微吼课堂等合作伙伴成立“不停学”联盟，腾讯课堂推出“免佣金”专项，支持线下机构在线授课；科大讯飞向全湖北中小学免费提供智慧空中课堂；希沃免费开放云课堂线上教学直播方案，等等。

实际上，对于进入公立学校，阿里、腾讯等大型互联网公司早就开始布局，并且按照其原有互联网业务策略，意图通过工具平台入口逐步延伸其在线教育产业链。早在 2018 年 5 月，腾讯就提出了智慧校园战略，强调利用微信、小程序等连接学校管理者、师生和家长等用户，通过多元化的应用覆盖智慧教学、校园管理等场景，并融合众多 AI 能力，打造出智能方案。截至 2019 年 5 月，腾讯智慧校园在全国已服务超过 15000 所学校，覆盖 2100 万师生和家长。阿里也在 2019 年 3 月正式发布“钉钉未来校园”解决方案，并启动“千校计划”，在全国范围内协助 1000 所学校打造“未来校园”示范园区，助力中小学校园教育数字化转型。

（五）AR 新技术应用

增强现实（Augmented Reality，AR）技术，是一种借助计算机图形、可视化等技术，将虚拟信息叠加到真实环境中，从而达到超越现实的感官体验的数字化技术。AR 技术随着移动终端的普及得到了快速发展，在不同领域都有所应用，如医疗、建筑、游戏、新闻等领域。与 VR 技术相比，AR 技术立体化、交互性的特点更加突出，在应用过程中更加便捷。尤其是在基础教育领域，AR 技术的引入可以将视频、游戏、全景图片等多媒体资源融入教材，可以将文字或者平面图片更加立体、直观地展现出来，让学生获得浸入式、交互式的学习体验，同时也为教师提供了多样的教学资源选择，对教育出版社来说则是提供了数字化转型和知识服务转型的探索方向。

基础教育领域的 AR 教材起步较晚，但已经有一些高质量的教材。如 2016 年青岛出版社推出了新版《快乐足球》教材，2017 年人民教育出版社与梦想人科技合作推出了《校园足球（跨媒体 3D 版）》。这两本与足球相关的教材利用 AR 技术，让学生可以从各个角度看到足球比赛中的动作细节，让足球教学变得更为直观和有趣。

基于教材严格的审核机制的要求，部分教育出版社选择在教辅图书、课外读物等出版物上应用 AR 技术作为试点。2018 年北京师范大学出版社推出《AR 学化学：高中化学物质结构与性质》，学生可以旋转化学结构模型，观察纸质书上看不到的细节，另外，学生还能够自主点选元素，生成对应的结构，获得更深层次的交互体验。江苏凤凰教育出版社依据《义务教育小学科学课程标准》编写的《小学科学活起来》，以 4D 动画的形式呈现书本中的知识，同时具备交互功能。

由于教材出版的特殊性以及昂贵的开发成本，现阶段国内基础教育领域的 AR 教材数量和品种都较为有限，研发重点在小学科学、体育等学科；大多数出版社的 AR 教辅图书开发都是试水，未形成体系。在技术应用方面，大多是基础的图像识别，更进一步的建模、交互技术虽有涉及，但还未成熟应用，因此，AR 教材还有很大的发展空间。[1]

（六）在线教育

伴随学习型社会建设和终身学习理念的深入，人们对于获得更加公平、更有质量的教育资源，享有灵活化、多样化、终身化的学习机会与学习服务的需求愈发强烈。在线学习因其可以突破时间与空间的桎梏、整合国内外优质教育资源，逐渐渗透到人们的日常生活中，迅速成为教育领域变革与发展的重要手段。数据显示，2012 年至今，我国的中小学在线教育行业的市场规模增长率基本保持在 30% 以上，并于 2017 年达到 298.7 亿元。[2]

---

[1] 赵晓嫣．增强现实技术在基础教育教材领域的应用现状及发展策略[J]．出版科学，2019，27（6）：93-97.

[2] 艾瑞研究院．2018 年中国 K12 在线教育行业研究报告[R]．艾瑞咨询，2018：13.

总体而言，我国的中小学在线教育平台的形成模式主要有三种：一是传统教育培训机构通过搭建自己的在线教育平台实现转型升级，如新东方在线、学而思网校；二是新型在线教育机构通过建立在线教育平台占据市场份额，如沪江网校；三是大型互联网公司通过建立在线教育平台跨界进军教育领域，如淘宝教育、百度传课、腾讯课堂。目前，我国在线学习用户规模已达 2.01 亿人。[1] 虽然基础教育阶段的在线学习者占比不到 10%，但截至 2018 年底，中小学在校生人数约为 1.89 亿人，[2]《国家中长期教育改革和发展规划纲要（2010—2020 年）》更是提出到 2020 年在校生人数要达到 2.21 亿人，虽然中小学在线教育用户渗透率较低，但仍拥有很多潜在用户。因此，我国中小学在线教育行业仍具有较大的发展空间，必然驱动越来越多的中小学在线教育机构的出现。

综合来看，当前中小学在线教育平台内容主要包括应试辅导、语言培训和兴趣培养三个方面，商业模式存在 B2C、C2C、B2B2C、O2O 四种类型。B2C 模式是指拥有自主课程教育资源的在线教育平台，为直接向学习者提供在线教育服务的模式，其教育资源的所有权和使用权归属于平台商，如 101 网校。C2C 模式是指在线教育平台自身不提供课程资源，只是作为内容供应商与学习者交易，是学习者学习的场所，如百度的百度传课、阿里的淘宝教育以及腾讯的腾讯课堂。B2B2C 模式是指连接内容供应商、平台提供商和学习者的供需需求，为教学过程各环节提供技术、功能、管理等服务，并

[1] 中国互联网络信息中心．第 43 次中国互联网络发展状况统计报告［R］．北京：中国互联网络信息中心，2019.

[2] 教育部发展规划司．2018 年全国教育事业发展基本情况年度发布［EB/OL］．（2019-02-26）［2019-05-06］．https://www.eol.cn/yidong/ydsjxx/201902/t20190226-1646186.shtml?source=yidong.

将课程资源提供给学习者的专业化、体系化的教育模式，其教育资源由平台与内容供应商合作开发，如网易云课堂。相较于B2C模式，B2B2C模式的教育主体包括第三方的独立个人、学校或其他教育机构等，能够聚合多领域、多地区、多类型的优质课程资源，使其更富有开放性。O2O模式是指原有的线下教育机构开展线上教育，或原有的在线教育机构开展线下业务，并使二者相互结合的模式。[1]

三、职业教育与成人教育

国务院发布的《全国职业教育改革实施方案》指出，职业教育与普通教育具有同等重要地位，是我国学历教育的重要组成部分。职业教育的地位和作用随着我国进入新的发展阶段得到了凸显，在教育改革创新和经济社会发展中都应该占据更为重要的地位。[2]出版业在职业教育发展中发挥了重要作用。

在互联网等新技术的发展推动中，职业教育和成人教育出版也面临着数字化转型问题，转型的关键在于从传统的内容提供者向服务提供者转变，转型的路径在于进一步整合新的传播和表达手段，挖掘传统出版的价值，实现原有资源的深度和跨界拓展。

部分出版社经过几年的探索和实践，已经在知识服务方面找到了自己的发展方向，并且推出了一些满足用户需求的产品。

---

[1] 郭平.中小学在线教育培训机构发展的现实困境与策略选择[J].教育与教学研究，2020，34(03)：116-128.

[2] 国务院关于印发国家职业教育改革实施方案的通知[EB/OL].(2019-02-13).http://www.gov.cn/zhengce/content/2019-02/13/content_5365341.htm.

高等教育出版社职业教育核心产品是“智慧职教”，通过参与教育部职业教育专业教学资源库项目，实现对职业教育数字资源成专业体系的全覆盖，80% 的高职院校选择其作为校内教学平台。在 2020 年新冠肺炎疫情期间，“智慧职教”的日活用户达到 260 万。“智慧职教”以教材为锚点，结合平台，进行辐射应用。

高等教育出版社着力打造新形态一体化教材，其教材的发展经历 1.0—4.0 时代：1.0 时代（2012—2014 年）的主要特征是资源标注，对纸质教材中的关键知识词进行标注、圈黑，单列，附上网址链接，学习者可在网站上输入关键词进行检索；2.0 时代（2014—2015 年）的主要特征是通过二维码随扫随学，通过教材上的二维码连接到平台上的数字资源。这个阶段，平台的数字资源还是零散、碎片化的，缺乏课程体系的组织，仅对关键词进行单列描述，资源以微课、测验为主。3.0 时代（2015—2016 年），新形态一体化教材配套的数字资源门类齐全且质量优良，在平台上形成呈课程体系的均衡分布；4.0 时代（2017—2019 年），新形态一体化教材完善了一书（教材）一课（MOOC）一空间（SPOC）的产品形态，借助 SPOC，实现了教育出版企业的教材与学校课堂教学的相互融合。

机械工业出版社打造了机工教育服务网，为用户提供教材查询、课件下载、样书申请、教师培训、选题出版等教育出版服务。针对本科、高职高专、中职技校推荐不同的教材，打造了立体化精品配套系列教材，包括大纲、课本、教案、习题测评、源代码等。

凤凰集团的厦门凤凰创壹软件公司针对职业教育“学练结合”的特点，致力于 VR、AR、MR 仿真软件平台的研制、开发、运用与推广，先后为中国科技大学、哈尔滨工业大学及众多职业院校开发了包含数字工厂、机器人、无人机、高铁、机电、数控等 110 个专业大类，700门VR、AR、MR仿真教学培训精品课程，800多万个VR、AR、MR教学与仿真实训资源，全面支持各类沉浸式VR、AR、MR硬件设备，创新了职业教育模式。

中国海关出版社在职业教育出版领域借助自身的优势，打造了“海关学库”平台，提供了从课前到课堂到课后的综合服务，包括课前准备、课堂教学、测试评估、教师评定等模块。自平台上线以来，已经为多所职业院校提供了服务。[1]

人民卫生电子音像出版社推出了“人卫智网”教学资源集成平台，包括电子书、考试服务、医学教育题库、人卫慕课、人卫教学助手、人卫临床知识库等多个模块，提供医学方面的学习、考试资源，用户可以根据自己的需求获取相应的学习资源并进行在线测评。

人民法院出版社联合中国司法大数据研究院、北京国双科技有限公司共同研发推出了“法信——中国法律应用数字网络服务平台”，这是一个集成各种法律法规知识与全国各地案件实例的大数据服务平台，目标是为法律人士提供一站式专业知识解决方案、类案剖析、同案智推服务，并向社会大众提供法律规范和裁判规则参考。该平台囊括“案例要旨、法律观点、法律图书、法律文件、司法裁判、法律期刊”六大资源库，最大程度上汇聚法官审判办案时所需的法律文献。尤其是借由“同案智能推送”服务，法官可以快速参考同类案件的在先判决，为办案提供“一站式”参考。

人民交通出版社开发了内容涵盖路桥、水运、汽车、土木专业，形式包括在线产品、离线产品的产品体系，开通了“中国交通运输

---

[1] 黎衍芳 . 专业出版社面向职业教育知识服务平台建设探索——以中国海关出版社有限公司“海关学库”为例 [J]. 中国传媒科技，2019（5）：97-99+112.

标准服务平台”“注考网”“中国航海知识平台”“车学堂”“桥梁工程教学资源库”“交通运输专题知识库”等数字出版传播平台，面向交通行业的用户提供专业、快捷的知识服务，致力于由交通图书内容提供者向交通知识信息服务者的转型。

对于融合出版物，虽然职业院校采购方式、采购周期及服务方式与其他教育出版领域有所差异，职业教育出版单位在这一领域尚未形成一定的产品规模，但随着各大职业教育出版单位自身的探索和实践，以及与互联网教育公司的合作，职业教育出版数字化的发展路径已经越来越清晰，职业教育出版单位应该依托自身品牌、资源优势，推进职业教育出版的数字化转型。

四、高等教育

在国家政策推动下，高等教育信息化进程早于基础教育。20 世纪 90 年代末，教育部等部门通过推动鼓励优质教材建设的科研项目，结合新世纪教学内容和网络课程建设等项目，全面启动了各种教学资源的建设。在引进国外一批优秀教材和资源的同时，也逐步建设起我国自己的教学资源库，促进了优质教学资源共享，推动了高等教育从教材到教育资源向立体化、网络化、精品化方向的发展。[1]

MOOC 的诞生进一步推动了高等教育的深刻变革。在线教育的可能性和创新性得到了大众的认可，甚至有人认为高等教育将会被部分或完全替代。在此背景下，教育出版社加快了数字化教育资源研发，积极参与数字化教学活动，一些出版集团还打造了自己的在线

[1] 李艳龙. 现代信息技术条件下微积分教材建设的思考与探索 [J]. 中国大学教学，2007（7）：94-96.

教育平台。从运作模式和数字产品的作用来看，高等教育出版数字化转型主要体现为三种方式：辅助图书销售、独立数字产品销售和共享平台建设。

辅助图书销售主要是通过二维码等方式，将图书与数字产品相结合，在纸质教材的销售中，将网站、微信公众号、直播平台、短视频平台等作为销售的新渠道和推广手段。目前，教育出版社逐渐意识到新媒体传播手段的重要作用，不断拓展自己的推广渠道，打造微信公众号，入驻直播平台。

独立数字产品模式目前主要聚焦在数字教育内容的资源开发与运营上。总体来看有两种做法，一种做法是将现有的纸质版的教材资源进行数字化，如高等教育出版社开发了一个由“纸质教材 + 电子教材 + 在线课程 + 教学资源图书馆”构成的立体教材包，涵盖思想和理论类、理工类、经济与管理类、法律类、体育类、基础教育和中等职业教育等多个学科。另一种做法是开发新的数字化产品，如人民卫生出版社开发了大量的适合各个终端的 APP。

通过共享平台实现各类资源汇聚，是互联网公司的常规做法。出版社要在互联网背景下发挥出内容汇聚、编辑出版作用，也必须注重共享平台建设，应该立足自身内容优势，整合资源，打造资源共享平台。在平台构建中，出版社可以根据实际情况选择独立或合作的方式。如人民法院出版社联合中国司法大数据研究院、北京国双科技有限公司研发了“法信（智答版）”，汇聚了大量法律文书和案例，为全国法院系统提供知识服务。

与基础教育相同，高等教育出版数字化转型的首要选择是教材的数字化，但因为高等教育的专业化、个性化特点，教材数字化形式、特点与中小学教育有很大不同。其教材及教学资源数字化包括原版式数字化教材出版、按需个性化出版、集成教学资源和数据库出版等。原版式数字化教材出版是通过网络或数字媒体分发适合不同终端、不同格式的电子版教材。这种方式模式简单，成本低，为传统教科书出版提供了一种新的传播和发行渠道。按需出版起源于出版商担心数字教科书给纸质教科书带来冲击，因此将教科书拆分开来，以更小、更分散的形式出售。这种新的销售方式逐渐被市场接受，因为这种方式不仅提高了用户选择教材的自主权，而且在一定程度上节省了购买教材的成本，可以只为自己需要的内容付费。在此基础上，一些出版商允许教师重新组织章节和段落，上传自己的教学计划、课堂笔记和视频文件等，定制自己的专属教科书。这种模式最大的特点是每个教师都可以参与教材的修改，集合众人的力量出版教材。集成教学资源是开放教育资源带来的必然结果，通过构建开放、独特的版权教学资源，整合相关教学资源，提高市场占有率和用户黏性。数据库出版指的是通过搭建数字化学习平台，对平台内容实现在线运营。

数字教材出版基本是按照“纸质教材数字化——数字教材个性化出版——高价值教学资源的综合数字出版——数字教材数据库”的方向发展，每种出版模式都是适应不同时期的市场环境而产生的。与国际出版巨头相比，我国出版社的数字出版工作虽然起步较晚，但是，原版式数字化教材出版模式可以帮助我们快速拓展数字教材出版业务，实施高附加值和增值服务相结合的数字教材出版项目，可以确保和提高数字教材的整体市场份额。[1]

人民卫生出版社打造了我国第一套医学数字教材，以新媒体形

[1] 吕红英. 大学出版社数字化教材出版研究 [D]. 重庆：西南大学，2013.

式呈现，内容不断更新，给用户带来独特的学习体验。高等数字教材的出现为大学教师和学生提供了更多的可能性。[1]

清华大学出版社以“书 + 互联网”的立体化教材升级为理念，推出了以“文泉学堂”“智学苑”等一系列数字教学服务平台，这是为整体教育服务的教材转型方案，为高校师生提供教育教学的整体解决方案。其中，“文泉题库”的前身为工科大学物理试题库（第3版），能够根据学校和老师的要求实现智能组卷，并提供知识点管理、习题管理、试卷管理、在线审核的功能，用户还能自己进行在线测评，形成了一个基于知识树构建的专业内容服务平台，为专业人员提供线上服务。

高等教育电子音像出版社设立了数字运营中心、数字技术中心、数字制作中心三个部门，全面负责高教社数字业务的营销、运营、研发、制作。高等教育电子音像出版社依托自身丰富的资源打造了电子图书、数字课程、数字期刊、网络教学资源、网络教育与在线学习、数字音视频（音频、视频、动漫）、数据库、网络出版物、手机出版物等多种形态的数字产品，涵盖理工、文科、外语等多个学科。

网络课程是高等教育出版数字化的又一主体产品。随着MOOC蓬勃发展，大量学校上线网络课程和微视频教育资源，在全世界范围内传播优质课程资源。[2] 其中，“爱课程”网是教育部、财政部“十二五”期间启动实施的“高等学校本科教学质量与教学改革工程”支持建设的高等教育课程资源共享平台，承担国家精品开放课

---

[1] 易伟兰．出版转型环境下我国教育出版数字内容服务研究［D］．湘潭：湘潭大学，2015.

[2] 李建臣，方卿．数字时代教育出版发展战略与趋势［J］．出版科学，2015（6）：42.

程的建设、应用与管理工作，旨在利用现代信息技术和网络技术，推动高校教育教学改革，提高高等教育质量。国内知名的慕课平台还有高教社推出的中国大学 MOOC、清华大学推出的学堂在线、咪咕数字传媒有限公司推出的咪咕学堂等。

如何使用 VR 等新技术是高等教育出版融合发展面临的又一新课题。目前，VR 技术在高等教育领域的实践应用包括虚拟实训基地、虚拟仿真校园、虚拟实验教学等。例如，对于物理、化学、医学等需要实验教学和操作的学科，应用 VR 技术建立的虚拟实验室可以实现更深层次、更细节的实验观察和操作，对学科的发展有积极意义。中国地质大学利用 VR 技术研究晶体结构，西南交通大学将 VR 技术引入工程漫游。VR 技术如何应用到高等教育出版中，有必要在数字化建设中寻找新的突破。技术公司也提供了多种解决方案，如美国的 zSpace 公司是一家 VR 教育解决方案提供商，其研发的 zSpace 产品由一台电脑和一个 VR 显示器组成，并配有一支触控笔，学生可以操作虚拟 3D 对象，增强学习体验。此外，zSpace 公司还建立了 STEM 实验室，每个实验室中可容纳 12 名学生，并配备一名老师，为学生在数学、物理和生物课程的学习方面提供帮助。高等教育出版和 VR 技术的结合，可以弥补传统高等教育教学的不足，对于各学科的发展也有积极的促进意义，同时高等教育出版商和一些互联网技术公司还能从中盈利，开辟新的市场。[1]

总之，高等教育的特点使其对技术发展更加敏感，大数据、人工智能等新技术可以得到更加广泛的应用。高等教育出版不仅要善于利用新技术推进产品转型，更重要的是要加快从单一产品提供升

---

[1] 雷慧杰. 数字教育出版对 VR 技术的应用 [J]. 采写编，2016 (3): 115-116.

级为“产品＋服务”模式，由内容提供者转变为服务提供者，这样才能在数字时代保持竞争优势。

综上所述，从近几年国内教育出版的数字化转型情况来看，出版社对于融合发展的认识不断深化，积极依托自身优势寻求转型，涌现出一批高质量的融合出版产品，并不断探索新的营销渠道和出版形式，努力开拓更大的市场。《2018年新闻出版行业分析报告（集团、上市公司）》中提到，我国出版业正在积极培育和发展新业态，出版一体化取得了新发展，但融合发展中也暴露出一些新问题。

第一，精品数字内容资源匮乏。大量教育类数字出版物内容缺乏创新，同质化严重，缺乏特色和竞争力，削弱了发布单位控制内容资源的能力。除了“数量”压力外，“质量”约束也非常明显。数字出版对知识内容的丰富性、实用性和可操作性提出了很高的要求。

第二，产品形式创新不足。目前，许多教育出版单位已经实现了纸质书和电子书的同步出版，逐步规范了排版公司提交的电子文件格式，并存储了大量的epub等格式的电子书。但在产品形式方面创新不够，很多产品还停留在制作辅助教材、电子书和附赠光盘的初级阶段。与互联网公司相比，技术研发相对匮乏，技术含量普遍不如互联网公司，人工智能等新技术的使用也较少。

第三，行业产业链通畅度不高。数字出版的产业链是数字出版业务模式的基础。作为上游的内容提供商，大多数教育出版单位对盈利能力和产业链分布的现状不满意，对建立数字出版产业链的热情不高。内容提供商的参与不足且功能有限，导致了数字出版的上游内容资源不足，不能形成大规模的数字内容制作能力。由于缺乏高质量的上游内容，中游公司无法充分利用数字出版的最大价值。同时，下游分销渠道太单一。终端制造商和运营商正在考虑垄断产业链，因而导致了恶性竞争。这些都为数字出版市场带来了不良影响。[1]

第四，知识产权保护尚待加强。长期以来，盗版问题困扰着出版单位。数字出版过程中的版权问题也很突出，因为载体的成本变得更便宜，甚至等于“零”，没有了传统盗版活动所需的纸张、油墨和运输等成本，在数字出版过程中只需通过计算机进行简单的复制、粘贴或单击下载就能够轻松获取教育出版单位辛苦研发出来的产品。

第五，编创人才队伍欠缺。在传统教育出版向数字出版的转型过程中，迫切需要相关人才。现有编辑非常精通传统教育出版的制作过程，但是对于数字技术和数字教育产品的研发等并不熟悉。

第六，商业模式还需探索。商业模式的不成熟、不健全是教育出版数字化进程中的核心问题和最大障碍。传统教育出版商迫切需要找到适合自己发展的商业模式，以促进其向数字出版的成功转型，走上可持续发展之路。[2]

[1] 郭华良，陈健.教育出版数字化转型中的问题及对策[J].中国市场，2015(2)：68-69.

[2] 赵滢.浅析传统教育类出版企业的数字出版[J].西安文理学院学报(社会科学版)，2012，15(6)：57-59.

第三章

融合产品研发创新

随着科技的发展、互联网的兴起与自媒体的繁荣，出版业原有的内容优势受到冲击。一方面，名人名师不必经过出版社便可直接向用户提供服务，作品发表渠道日益多元化，不再仅局限于出版社。另一方面，人工智能的进步对出版单位的内容建设提出了新的课题。

尽管由于多种原因，从事教育出版的出版单位仍有较高的市场保有率，但在重重冲击下，市场分化趋势明显。与此同时，读者对教育出版物的需求发生了翻天覆地的变化。互联网公司、硬件厂商也纷纷进入教育出版领域，与出版单位展开激烈的竞争。在这种背景下，教育融合出版面临着产品创新的挑战。

第一节　出版社的定位

在线教育的发展分为校内和校外两条线。在校内，在线教育主要沿着教育信息化路径发展。我国教育信息化建设从 20 世纪 90 年代起步，经过近 30 年 1.0 时代的发展，在基础设施和数字资源方面不断改进，逐步构建起了智慧校园。2018 年教育部提出了教育信息化 2.0 行动计划，标志着教育信息化 2.0 时代的到来。教育信息化 2.0 旨在利用 1.0 时代成果，利用信息技术引发教育的内在变革，培养具有良好综合素养、自主学习能力强、有创新能力的人才。在校外，以流媒体技术为代表的信息技术进一步推动在线培训蓬勃发展。在线培训主要面向学生与成人群体，以各类考试培训和技能培训为主。

通过校内和校外共同发展，在线教育形成了囊括信息化基础设施、信息化资源、信息化应用等方面的完善的生态体系。需要特别指出的是，校内和校外这两条线实际上是从不同层面满足同一群体的不同需求，因此在产业形态上呈现出彼此独立又有所交叉的态势，如图 3-1 所示。

在校内，信息化串联起了硬件、软件与内容资源。无论是数字化校园基础设施，还是教育管理信息化，都通过软件和网络连接起了原本泾渭分明的硬件产品与内容服务类产品，如智能黑板的生产厂商为更好地售卖硬件，同步开发教学系统和教学资源库，低价或免费提供给用户。因此，尽管在硬件装备领域不具备优势，仍有出版社尝试发力，试图参与到该领域的竞争中，避免教育内容服务沦为硬件的附属品，但大多收效甚微。

在校外，除慕课是由高校主导之外，其余在线培训一直是互联网公司和培训机构的天下。这些企业借由丰富多样的数字化产品与服务，抢占用户的注意力与时间，并积极寻求进入校内市场的机会。出版社在这一领域中参与度本就不高，未来还可能面临原有校内教辅市场份额被进一步挤占的风险。

由此可以看出，在当今的教育市场中，产品与产品之间的界限被进一步打破，各种类型的产品都试图利用自身优势切入教育市场，为用户提供服务。出版社面临的是市场份额的萎缩以及跨界竞争者的挑战。

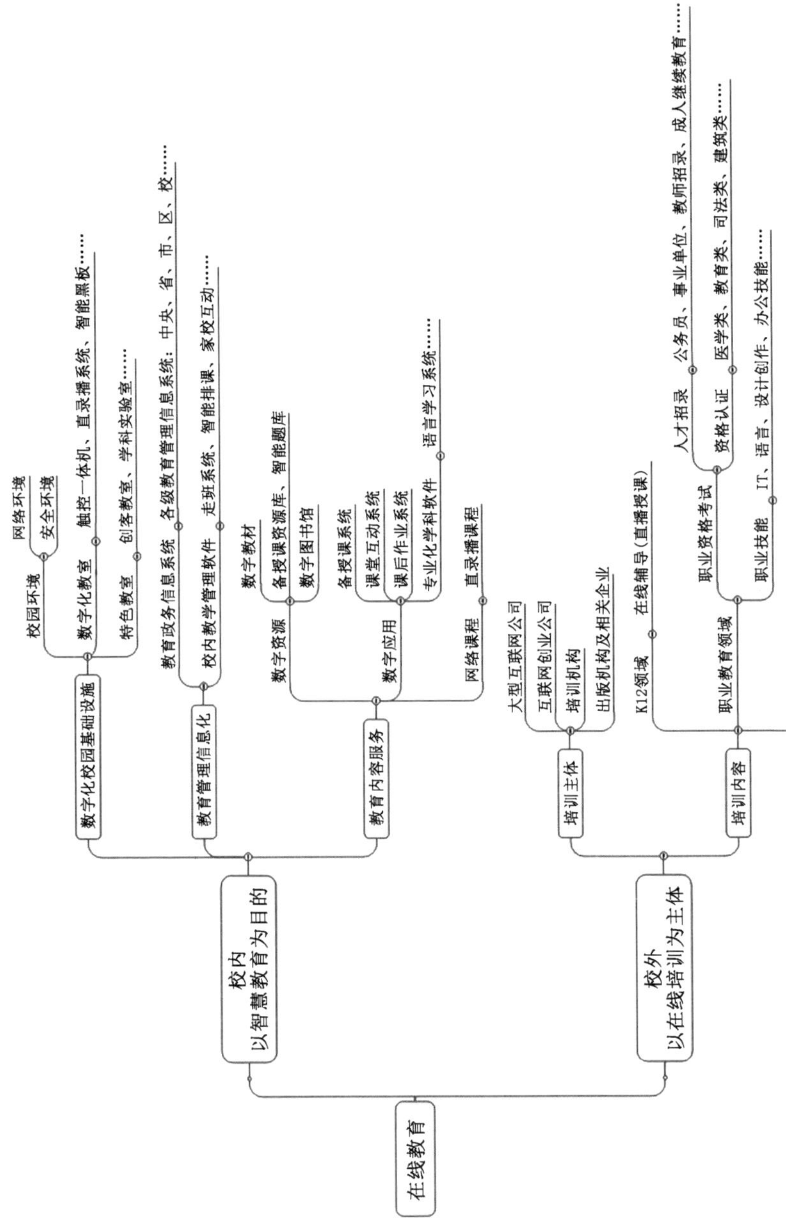

图 3-1 在线教育生态体系

出版社的根基在体系化、规模化的内容生产，教育内容服务才是主战场。教育出版单位要想在激烈的市场竞争中突围，需要以传统出版优势为根基进行融合发展策略的调整，从出版商向内容服务提供商转变。

教育内容服务的直接体现就是教育出版产品。本章选取了四类与出版单位关系最为紧密的在线教育产品，进行创新发展路径的探讨。

第二节　数字教材

在教育学领域，“教材”一词有广义和狭义两个层次的含义，广义上的教材指教师和学生据以进行教学活动的教学材料（Teaching Materials），而狭义的教材仅指教科书（Textbook），[1] 人们习惯上也称其为课本。本章所说的教材类产品指的是数字形态的教材，即数字教材，取的是狭义上的含义。数字教材就是信息化发展催生出的创新产品。

一、历史脉络

数字教材是在电子书的形态基础上发展起来的，是为教育教学研发的特殊电子书。国内中小学数字教材的出现始于 2002 年，人教社与全国九个省市的十所学校签订了手持式“人教电子教材”的试验协议。该电子教材约 32 开大小，采用液晶显示屏，本质上是电子

[1] 康合太，沙沙．数字教材建设的探索与实践——以第二代“人教数字教材”为例［J］．中国电化教育，2014（11）：80-84+100.

书，其内容从文字到插图都是纸质教材的原样翻版。[1]“人教电子教材”在2012年后被人教社定义为第一代“人教数字教材”，是国内最早一款中小学数字教材。

由于当时国内研发出的数字教材产品数量很少，第一代“人教数字教材”并没有在教育领域产生太大影响，真正得到广泛推广的是以光盘为载体的数字教材。因此，本书将数字教材的历史脉络分为光盘版数字教材、多终端版数字教材和网络版数字教材三个阶段。

（一）光盘版数字教材

2009年，在教育部颁布的《2009年基础教育课程标准实验教学用书目录》中开始出现配套CD-ROM光盘。人民教育出版社、教育科学出版社、凤凰出版传媒集团陆续开发了与纸质教材内容配套的光盘版数字教材。其中，凤凰出版传媒集团的数字课堂光盘在2010年至2012年的三年间累计发行2800万张，形成了巨大的市场效益。[2]

数字课堂光盘是“凤凰数字教材”的第一代产品，以凤凰版新课标教材的电子文本为基础，添加音视频、动画等多媒体资源，并根据各学科的学习特点，开发了适合各学科的学习工具，全方位、立体化地拓展纸质教材的内容。此外，用户还可以记笔记，加批注，人机对话，建立错题库、生词本，画图，查找，增减页码等。

至今，光盘版数字教材还继续在全国各地使用。这是因为我国

[1] 沙沙.我国基础教育数字教材中插图的演进[J].科技与出版，2013（12）：83-85.

[2] 姚红.凤凰集团的幸福转型——专访凤凰出版传媒集团、凤凰出版传媒股份公司董事长陈海燕[EB/OL].（2011-12-21）[2019-12-15].http://www.dajianet.com/news/2011/1221/178216.shtml.

的教育信息化基础设施建设水平还没有实现全国范围内的均衡，互联网接入率未达 100%，而光盘版数字教材仍然是接受最为广泛的数字教材产品。因此，国家在规划教材的同时，都会要求同步开发与其相对应的多媒体光盘和网络学习资源。

（二）多终端版数字教材

多终端版数字教材指的是数字教材一次制作、多终端分发，适配 PC、平板、手机，并兼容 Windows、Android、iOS 等主流系统，支持离线 / 在线学习。

数字教材与移动设备的结合经历了一个逐渐发展的过程。数字教材起初只能基于特定的硬件设备，[1] 如上文提到的第一代“人教数字教材”。其原因一是由于当时的移动网络通信技术尚不成熟，智能手机还处在初级阶段，屏幕小，能够承载的应用也较少；二来流式排版技术尚未引入，使得固定版式的数字教材难以应用于智能手机；第三点，也是最重要的一点，当时学校和家长都很反对用手机进行学习。

这种状况随着互联网技术和智能移动终端的快速发展而被打破。移动设备越来越清晰的显示效果、舒适的阅读体验、便捷的获取和支付方式彻底改变了人们获取、阅读信息和学习的习惯。2010 年平板电脑（iPad）一经面世就广受追捧，其 10 寸大屏较当时的智能手机更适于阅读和学习，因此 iPad 一度被认为是数字教材的重要应用载体。

根据艾瑞咨询发布的《2018 年中国互联网流量年度数据报告》

[1] 马玉慧，赵乐，李南南，等．新型移动学习资源——教育 APP 发展模式探究［J］．中国电化教育，2016（4）：64-70.

显示，2018 年，学习教育行业 PC 端月度覆盖人数 2.92 亿，同比下降 0.6%，移动端月独立设备数[1]达 3.9 亿台，同比增长 18.2%，[2]也就是说，将近 30% 的移动设备都安装并使用了教育类 APP。[3]数字教材的生产者也察觉到这种趋势，因而，如今的数字教材大都已经升级为“光盘 + 客户端 + 平台”的形式并出版发行。

图 3-2　凤凰数字教材

例如“凤凰数字教材”多终端版就是与凤凰出版传媒集团出版的新课标教材同步配套的数字教材产品。它以现行教材电子文本为基础，融合多媒体、人机交互等数字技术，配以音视频、动画等多媒体资源。数字教材根据学科特点设置“基础知识点分析”“疑难解释”“动画演示”“提示指引”“拓展资料”“智能练习测评”等模块，全方位、立体化地拓展纸质教材的内容，如图 3-2 所示。

[1] 月独立设备数（Monthly Unique Devices）指的是该月使用过该 APP 的设备总数，单个设备重复使用不重复统计；月活跃用户数量（Monthly Active User）是账号层面的数据，因为一个账号可以在多个设备上登录，一个设备也可以登录多个账号。两个数据都是判断 APP 使用情况的重要指标，有时可作对比分析。

[2] 2018 年中国互联网流量年度数据报告[EB/OL].（2019-02-15）[2019-12-14]. http://report.iresearch.cn/report_pdf.aspx?id=3332.

[3] 截至 2018 年 12 月，我国移动互联网月独立设备数为 13.47 亿台。

在载体形式上，“凤凰数字教材”以传统光盘为依托，同时支持PC、智能手机、平板等设备，可实现多终端阅读。能够在Windows、iOS、Android环境下顺畅运行，满足多样化的需求。2019年起，“凤凰数字教材”已实现全部高中学段品种多终端发行。

（三）网络版数字教材

网络版数字教材与光盘版、多终端版数字教材相比，不再是一次制作成形，发布后还可以不断地更新和维护。在功能设计上，相较于之前的数字教材，网络版数字教材不仅仅提供阅读、检索、批注、收藏、交互等功能，还提供功能更加强大的各类网络辅助学习工具，如智能语音评测，理、化、生虚拟实验室等，此外还搭配有相应的教学资源库。因此，网络版数字教材是复杂的系统级产品，为用户提供的是云服务，具有很强的开放性，需要强大的云端服务作支撑，运维成本较高。

目前，网络版数字教材正朝着数据化的方向大步前进，开始重视建设完整的用户中心和数据中心，对用户行为数据进行记录、分析，据此提供精准服务。在此基础上，网络版数字教材还可与其他教育产品体系实现数据贯通，并与国家各级、各类教育应用平台对接，为用户实现更加智能化、个性化的学习提供保障。

具体说来，网络版数字教材具有以下三个特征：

一是内容结构性更强，结构化粒度更小。考虑到数字教材本身以数据形式存在，其内容结构性越强，结构化粒度越小，就意味着数据中信息可提取程度越高，数据价值密度也就越高。

二是网络版数字教材有内置的数据接口，可以将学生的使用数据记录以特定格式导出。例如，xAPI 等标准化数据接口和采集技术可以将行为人、学习行为、学习结果、学习时间、文本语境等数据分别记录和导出，以供分析应用。

三是网络版数字教材更强调数字教材与教学平台的整合应用。由于数字教材自身及在应用时产生的数据只有汇聚后才能形成具有独特价值的大数据，因此，网络版数字教材通常会依托教学平台使用。[1] 教学平台除了可以聚集不同来源的数据外，还可以提供数字教材应用时所需的师生、生生交互功能以及数字教材之外的课程资源链接或推送。目前，国内这种典型的网络版数字教材还不多，但随着业内数字教材研发机构的认识水平和大数据等技术水平的提高，未来一定会有越来越多的网络版数字教材出现。

二、发展现状

（一）高等教育领域

在国内的高等教育领域，2008 年以后，高校学生规模总体平稳，高等教育教材出版社难以维持过去的业绩增速。并且，大部分教材已经由学校统一购买变为学生自由购买，学生可以从上届学生手中得到旧书，据估计，30%—40% 的学生不再购买新教材。在此情况下，高等教育教材出版社纷纷转向数字教材的研发。

目前，清华大学出版社、高等教育出版社、北京大学出版社、中国人民大学出版社、机械工业出版社、人民卫生出版社等高等教育教材出版社都先后投入了大量的人力、财力和物力进行数字教材

[1] 沙沙，余宏亮 . 我国中小学数字教材的发展历程与技术演进 [J]. 中小学数字化教学，2019（12）：5-8.

的研发，并获得了市场的好评。高等教育领域的数字教材与基础教育领域有很大区别，它主要是通过二维码将传统纸质教材与数字化教学资源关联起来，同时打造基于纸质教材核心内容框架的标准化数字课程，在平台上完成数字课程的更新、维护、监控等，使教学资源和数字课程与纸质教材相辅相成、相互配合。[1]

国外，由于教科书价格居高不下，也面临着纸质教材销量下滑的局面。以美国为例，其大学基础课程所需的新版教材如《现代物理学》《微观经济学原理》《公司财务基础》等，零售价格动辄高达数百美元，高校教材的可负担性问题亟待解决。在此情况下，国外的高等教育教材出现了两种新的模式，可以为国内的教材发展提供一些参考。

一是开放教材（Open Textbook），指通过“开放版权许可协议”[2]授权学生、教师和公众免费（或低价）在线使用的教材。许多开放教材以纸质书、电子书、有声书等形式分发，使用者不仅可以保存并分发开放教材的复制件，还可任意拆解和修改教材内容，并和其他数字教学资源进行重组和混合使用。MERLOT 和 OpenStax 就是其中两个颇具代表性和影响力的开放教材平台。[3]

二是会员制模式，使用者一次性支付一定的费用，就可以使用

[1] 陈晓光.教育出版融合发展的实践与思考[J].中国编辑，2020（1）：4-9.

[2] 开放版权许可协议是开放获取运动中适用的版权许可模式，是协调版权保护和信息自由获取方面的机制。在该协议下，作者保留少数几项权利（如署名权、保护作品完整权、信息网络传播权等）或放弃全部权利后，将其作品以数字化形式存储至网络，允许社会公众免费获取使用，但使用者必须尊重作者保留的部分权利，遵守协议规定。

[3] 徐丽芳，邹青.Top Hat 教材集市：数字教材混合出版新模式[J].出版参考，2019（5）：23-26.

某一平台上的所有学习资源。2018年8月，圣智推出了无限订阅（Cengage Unlimited）服务，使用者只需支付每年179.99美元或每学期119.99美元的费用，就可在相应时间段内使用其数字学习平台、学习工具、数字教材和教辅，大大节省了购买教材的费用。[1]

（二）基础教育领域

2020年春节后，受新冠肺炎疫情影响，全国各类学校都延迟开学，网上学习成为首选。在教育部门的要求下，几乎所有教材出版单位都将自己教材（包括2020年春季学期开学需要用到的新教材）的电子版免费供公众使用。凤凰出版传媒集团也先后上架了167本电子课本以及各类教参、同步教辅等免费学习资源。截至2020年3月10日，凤凰出版传媒集团数字中心电子课本发布平台和教材PDF下载网站的总访问量已达18亿次，教材下载次数达186.6万次。[2]

疫情期间上线的电子课本大多是简单的教材PDF文件，并没有扩展互动性内容。一方面，由于时间紧急，出版社来不及制作，另一方面则是考虑到课堂教学的实际需要。有教师反映，如果学生提前查看了数字教材内的全部配套音视频等教学资源，这些资源再用于课堂授课，学生就丧失了新鲜感，课堂的教学效果难以保证。这提示出版单位要努力探索数字教材的多场景应用以及资源的层次性。此外，疫情期间巨大的平台访问量暗示了在线课堂教学对数字教材

[1] 彭克勇.美国数字教材销售新模式：费用全包访问模式[J].科技与出版，2019（11）：104-107.

[2] 凤凰教育Plus.“疫”路同行|凤凰出版传媒集团教材服务中心全力为广大师生保驾护航[EB/OL].（2020-03-25）[2020-04-05].https://mp.weixin.qq.com/s/iyPS8V5wWvceydYJXHaxJA.

的迫切需求，也让老师和家长认识到了数字教材的价值，这对数字教材的普及推广大有裨益。

当前，基础教育领域的数字教材面临的问题主要有三个方面：

一是数字教材前期研发投入大，交付使用后还需要提供不间断的后续服务，服务周期长、成本高，只有部分实力雄厚的出版企业负担得起，导致未能实现所有版本教材的数字化。

数字教材的研发和运营投入都远远高出传统纸质教材。例如新冠肺炎疫情期间，教育类数字产品及服务网站用户量激增，带来巨大技术压力。出版社不得不迅速启动应急预案，通过扩容数据库、服务器和缓存，投入巨额运维成本，满足用户访问需求；同时，提供专人电话和在线客服，以便做好用户咨询服务。[1] 因此，数字教材资金投入的需求远比传统业务要大得多，尤其其后的平台运营更是需要达到与互联网公司同台竞技的水准。但是目前看来，很多出版社在现有的体制下难以对数字教材项目投入足够的资金，特别是在专业技术研发和运营人员的薪资、内容制作的成本、宣传推广的费用等方面。

二是教育行政部门对软件类产品和其内容资源的价值认可度不够，缺乏相应的政策支持与引导。

目前，中小学数字教材类产品主要有三种销售模式：一是面向C端用户的销售光盘＋网络支撑的数字教材，这类业务较为稳定；二是在教育系统单项招投标中售卖，如人教Pad等；三是政府大规模采购，如河南、广东以不同的方式对数字教材类产品进行了采购。我们可以发现，前两种销售模式都搭载了一定的硬件。事实上，在

[1] 黄璜．疫情之后，数字教材能否驶入发展“快车道”？[J]．出版人，2020（4）：22-24.

招标采购项目中，大部分经费都被用于教学硬件的采购，而对数字教材这类软件及其内容资源的价值认同不高，导致采购项目中数字教材的定价始终偏低，得到的经费也很有限。政府采购模式尽管实现了产品内容的单独售卖，但这种模式的应用范围并不广泛。

在我国，教材建设属于国家事权，纸质教材一贯处于严格的监管之中。相比之下，数字教材则缺乏政策支持与引导，导致其发展中存在不少问题。例如，数字教材诞生至今，与对其管理相关的标准研制工作还较为滞后，其中尤其缺乏能够支持中小学数字教材的内容审定、质量检测和出版发行管理的标准依据。从应用角度看，当行业内缺少相关标准时，中小学数字教材的设计与开发容易出现版本之间的兼容问题。[1] 此外，教育行政部门还未针对数字教材类产品（除光盘外）制订进校园的上表目录等配套准入流程。除了广东和河南等少数省份，其他省份对于纯数字产品的政府采购还没有启动。造成的结果是，数字教材的推广及应用完全依靠出版社推动，推广力度和效果相对有限。

三是应用环境不成熟。当前中国各地区经济发展不平衡，偏远地区计算机、网络等硬件条件跟不上，仍然不具有使用网络化产品的条件。2020 年新冠肺炎疫情期间就有新闻报道，家中没有网络的学生，只能到村委会门口蹭网听课，甚至偏远地区的学生要跑到屋顶甚至雪山顶上才能搜到信号。

不仅如此，长时间使用各种阅读终端确实可能存在损害视力的现象。因而相比数字教材，不少教师和家长还是倾向于认为纸质教材更健康。以上种种都是数字教材推广受阻的原因。

---

[1] 沙沙．中小学数字教材标准化建设的思考［J］．科技与出版，2017（7）：90-93.

三、破局之道

尽管数字教材发展面临着种种困境，但是数字教材仍是未来发展的趋势，是对纸质教材的有效补充。从长远来看，数字教材有广阔的发展前景。教育部发布的《2018 年全国教育事业发展统计公报》显示，2018 年义务教育阶段在校生 1.5 亿人。学生数确定，学科数确定，定价就决定了未来数字教材的产业规模。据了解，河南目前的数字教材定价稍高于纸质教材，按这个定价方式，加上必要的硬件需求，未来数字教材的产业规模将比传统教材还要大。不仅如此，在实际发展中，义务教育阶段的纸质教材并不会被取代，因此，对教育类出版社而言，这部分收入将会是增量。出版单位应积极与教育行政部门沟通，携手促进数字教材的普及。此外，面对互联网公司进军校内市场的挑战，出版单位要想守住自己的优势地位，数字教材也是必须尽快发力的领域。

从国家和社会的角度来看，数字教材最符合教育信息化 2.0 关于优质数字内容资源的要求，可以做到以教材和课堂为核心，最大限度地推动教育公平与教育均衡。人教社王志刚认为，在信息化教学环境下，中小学数字教材可以支持信息化环境下的基本教学活动和多场景应用，可用于教师备课、授课及教研活动，也可为学生提供自主阅读和学习。它的教学内容覆盖了课程标准的全部要求，是最为基础与核心的教学内容，具有其他内容资源不可替代的作用。[1]

目前，各地区各校零散购买的内容资源，相互之间无法很好地

[1] 王志刚．构建以数字教材为内容核心的服务教育新业态［J］科技与出版，2019（11）：12-17.

兼容，不能发挥出最大的价值，也形不成体系，无法做到全覆盖，更无法保证符合国家的出版管理要求。而数字教材配套内容具有系统性和普及性的特性，可以很好地解决上述问题。因此，国家有关部门应对数字教材的发展提出规划，例如可以出台指导性文件，允许地方政府进行数字教材的审定，制订价格规范，安排数字教材上学校采购目录，完善数字内容资源的审核和监管机制等。

在这方面，广东的经验非常值得借鉴。2019 年 7 月，广东省抛出 3 年预算金额共 5.3 亿元的大单——“数字教材全覆盖大规模应用”项目，采购义务教育阶段国家课程全学段、全学科数字教材及应用服务，这是迄今为止中国最大的一笔数字教材的政府采购。在这个项目中，地方政府在纸质教材的采购之外，专门从教育信息化生均经费中拿出一部分作为数字教材的采购经费，用来推动教育信息化 2.0 的落地。但是，各地方政府的经费状况不同，对非实体形态的数字教材的认同程度不同，广东这种生均经费的采购模式是否可以持续，并被其他省份复制，还存在不确定性。

出版单位要想在数字教材领域布局和发力，需要自身做好以下几个方面的工作：

（一）遵循原版原式的数字教材开发规范

大体上，数字教材需要基于纸质教材进行开发，强调原版原式。这是因为《中小学数字教材加工规范》（CY/T125—2015）（简称《规范》）中将数字教材定义为“以经国家教育行政部门审定通过的国家课程教科书为内容基础，并包含相关辅助资源、工具的，用于教学活动的电子图书”。《规范》要求凡教科书中有的内容，如前言、编者按、附录、索引等，对应的数字教材必须全部包括，且目录和正文的结构、次序也需与对应的纸质教科书一致。[1]

数字教材与纸质教材强调一致，有以下原因：首先，数字教材中存在一些难以审定的元素，所以要强调基于已经审定过的教材进行加工。其次，教材肩负着价值导向的作用，具有一定的意识形态属性，承担着落实国家教育方针的战略任务，在难度设置上要尽可能地兼顾最多数量的学生。因此，目前国内数字教材的设计理念都是以纸质教材为蓝本，贴近原貌。

（二）重视研发创新

数字教材最终要接受市场的检验，其实际研发的过程是由出版单位主导、技术公司共同参与，涉及团队内部合作和跨团队的合作，因而要着力以下三点创新：

1. 设计理念创新：内容呈现方式创新、产品形态创新

数字教材在载体形式上从光盘版，到多终端版，再到网络版；在呈现方式上从静态 PDF，到融合了音视频的多媒体，再到可交互的富媒体，带给用户的学习体验不断提升。目前，已有数字教材被开发成微信小程序的形式。未来，随着 5G 技术的不断发展，数字产品的形态存在很大的想象空间。数字教材要在内容呈现方式和产品形态上继续创新，与市面上流行的数字产品保持同步，才能拥有更广阔的市场。

2. 组织方式创新：主要是编辑团队、技术团队、内容制作团队之间的协作创新

对于不同类型的数字教材来说，开发方式与流程差异较大。例

[1] 国家新闻出版广电总局.中小学数字教材加工规范：组成要求 非书资料：CY/T 125—2015 [S].北京：中国书籍出版社，2015：11.

如，静态媒体数字教材最为简单，通常只需要将用于印刷的教科书电子胶片（一般是 PDF 文件）直接转换为用于阅读的中、低精度 PDF，或各类图片格式、Flash 格式的电子图书即可，开发过程较为简单，对团队的协作创新能力要求不高。

而多媒体和富媒体数字教材的开发是通过以静态媒体数字教材为主体，集成数字教材构件的方式来完成，除了数字教材主体部分可以从 PDF 直接转化外，还需要进行资源开发与集成的工作。因此，多媒体和富媒体数字教材在内容设计、内容呈现、交互方式和技术架构上都更为复杂，加之其最终的质量须达到科学、合理、稳定的要求，因此提高编辑、技术、内容制作等团队间的协作创新能力非常重要。

以凤凰传媒为例，凤凰数字教材在开发中，团队的内部人员配置上主要分为核心项目团队（由项目负责人、学科负责人、技术负责人等组成）、学科编辑团队（由各学科组组成，含小学、初中、高中全学段）、制作团队（制作视频、动画等内容素材）、技术研发团队（搭建网络平台、APP 等），合作团队主要为数字教材内容编创团队，由纸质教材编写组领衔。各团队之间分工明确、协作有序，共同保证了数字教材的研发质量。

例如在原型设计与开发阶段，技术研发团队需要全程参与并配合学科编辑，预设各个环节可能出现的问题和影响点，并及时协调解决；对内容编创团队基于学科特性提出的产品功能和表现需求以及实现的方式进行分析，予以确认是否可行。在此阶段，技术研发团队还需要充分考虑到未来数字教材与其他体系产品在功能、数据、环境等方面的对接问题。在组稿与编辑制作阶段，学科编辑团队需要协调各脚本编创团队、动画制作团队、视频摄制团队、音频录制团队等，进行各类多媒体内容的制作加工、合成上传，并保证其准确性、科学性、艺术性等。此外，学科编辑团队也需要依据不同学科的性质，调整产品设计等。

3. 开发流程创新

《教育信息化十年发展规划（2011—2020年）》指出，教育信息化发展的关键之一是技术与教育的融合。[1] 数字教材作为教育、出版、技术三者的结合体，要为学习者提供方便、灵活、个性化的信息化学习环境，因而对数字教材的思考不能仅仅停留在技术层面，还要从课程、教学的视角，在理论与实践层面进一步扩展，促使数字教材的设计、开发更为科学，满足使用者的个性化学习需要。

比如，数字教材可以依据学生测评的结果给出学习建议，推荐针对薄弱环节进行强化训练的学习资源。这就对资源建设提出了更高的要求，需要对资源进行科学分类与标引，使之系列化，具有层次性，才能保证学生在使用时达到效果"增值"的目的。

由于数字教材的以上特点，其开发流程也必然区别于传统的编辑工作流程。不同的数字教材研发单位在开发方式与流程上不尽相同，但总体上都需要关注数字教材的内容、功能和用户体验。

（三）立足教材构建产品生态，提供"纸质＋数字＋服务"的立体化教材服务体系，以大数据推动生态的建立

推动传统出版与新兴出版的融合要以传统出版为根基。在以传统出版为基点的知识生产与服务的融合发展中，传统教材的基础性、

[1] 中华人民共和国教育部. 教育信息化十年发展规划[EB/OL].(2015-06-26)[2019-12-18]. http://www.moe.gov.cn/publicfiles/business/htmlfiles/moe/s3342/201203/xxgk_133322.html.

全局性作用不会改变，变革的关键在于运用互联网思维重新定义传统教材的价值，以技术赋能推动传统教材的升级换代，构建融合发展下新形态教材的研发模式和创新模式。

1. 以纸质教材为基础提供线上增值服务

纸质教材具有结构完整、内容严谨、表达规范等明显优势，在教学活动中的基础性支撑作用在未来很长一段时间内不会改变。但是，传统纸质教材对于学科知识和信息的承载量毕竟有限且单一，无法满足使用者拓展延伸的学习需求，使用者往往想要获得比单一纸质教材更多的信息资源和知识服务。传统教材必须主动适应互联网时代受众的阅读习惯和接收信息的方式，围绕核心知识点及其学习路径，研发形式丰富的线上资源，为学生提供增值内容服务。例如，高教社的《高等数学》《大学物理》等理论性较强的课程教材，通过关联大量的演示程序、动漫、微课等动态资源，有效弥补了纸质教材在表现形式上的不足，形成优势互补。[1]

2. 依托平台建设配套教辅、教学材料等，实现课前、课中、课后教学数据一体化

在传统教学中，需要用到教材、教辅、教学材料等。在信息化环境下，用户仍需要这些资源，且需要能以适应数字化教学的新形态呈现。因此，出版单位应当围绕数字教材构建优质数字内容资源体系，全方位服务教育教学。

但是，单一的数字教材本身功能有限，特别是在基于网络的课堂教学互动、大数据采集与分析等方面存在明显不足，不足以支撑教学活动的全流程需求，其应用依赖数字化教育教学平台的支撑。

---

[1] 陈晓光．教育出版融合发展的实践与思考[J]．中国编辑，2020（1）：4-9.

这就需要将数字教材的研发技术与教育教学平台的研发技术衔接起来，以网络版数字教材为核心，连接教育教学平台、学习终端硬件，组合为一个完整的信息化教学解决方案，并通过对数字教材配套资源、服务的研究和开发，如课堂应用、区域平台应用、用户角色差异性服务等，形成内容丰富、互动性强、易于师生使用、符合读者阅读习惯的教育出版融合发展新业态。

3. 结合区域、学校实际，从国家课程教材拓展到地方教材、校本教材等领域

由于历史原因及地区差别，学校之间差异巨大。这些差异有升学质量方面的，也有文化方面的，不同学校间学生的综合素质参差不齐。可是国家课程标准是统一的，教材几乎是一样的，为了做到因材施教，地方教材和校本教材出现了。

地方教材和校本教材有两类。一是根据区域、学校和学生的特点，以国家课程标准为依据开发的本地化教材。例如，有些学校生源质量很好，参加竞赛的学生较多，就开发出适合竞赛学生使用的教材。有些学校生源质量参差不齐，就需要开发与学生接受能力相匹配的教材。二是结合地方历史、文化、风土人情编写的专题课程教材。例如，北京国粹艺术传承促进会曾编著一套《北京市初级中学地方教材（选修）京剧》，在北京市中小学推广使用，目的是让学生学习京剧中的一些程式化的身段与手势，感受礼仪之美。由于该教材含有大量插图、唱段，因此在实际教学过程中需要志愿者对学校老师进行专业培训。试想，如果有配套的数字资源，此类教材的推广将如虎添翼。

数字教材研发投入巨大，必然需要兼顾发行量。我国幅员辽阔，各地区、各学校发展水平存在差异，地方教材、校本教材对配套数字化资源同样存在巨大的需求，但单品的发行量未必可以支撑研发投入。尽管如此，教材出版单位仍应着眼长远，逐步从国家课程教材的数字化研发拓展到地方教材、校本教材等领域，借助技术手段与创新的产品设计思维，降低成本，实现双效统一。

2019 年 2 月，中共中央、国务院印发《中国教育现代化 2035》，提出未来一个时期我国教育发展的指导思想、总体目标和战略任务，特别是其中的教材建设、义务教育的优质均衡发展、高中阶段的教育普及、信息化时代的教育变革等方面，都与中小学数字教材密切相关。可以说，中小学数字教材的研究与实践必将迎来新的机遇与挑战。

第三节 数字课堂

一、从电子书包到双师课堂

数字课堂类产品，就是将信息技术与课堂教学结合起来的产品。数字课堂类产品的演变与信息技术的发展密不可分。从录音机、幻灯机、闭路电视，到计算机、视频展台、液晶电视、投影仪，再到多媒体中控系统、电子白板、移动终端、智慧黑板、3D 裸眼显示器等，教育媒体的种类越来越丰富，且趋向于智能化、智慧化、交互化，数据的存储、分析功能也愈发强大。以基础教育领域为例，大体上，数字课堂类产品经历了电子书包（Pad 进课堂）、以单个教室内互动为核心的智慧课堂和多个教室互动的双师课堂四个发展阶段。

（一）电子书包

通常认为，教育信息化起步于 20 世纪 90 年代，并且随着信息技术的发展而不断发展。自 20 世纪 90 年代以来，世界各国无一不把教育信息化作为促进各级各类教育改革与发展的重大战略举措。如果按照教育部《教育信息化 2.0 行动计划》的最新描述，那么之前的教育信息化发展过程应称为 1.0 时代（2000—2017 年），我国和世界各国的教育信息化发展过程大致同步，并呈现出明显的阶段性特征。[1]

教育信息化 1.0 阶段以“教学环境变革”为主要特征，注重在课堂教学环节充分利用技术手段提高教学效率。教育信息化 1.0 阶段起步的头 5 年主要以基础设施建设为主。[2]

“电子书包”这一概念于 1999 年在新加坡出现，次年传入我国。当时还没有智能手机，就连台式电脑普及率也不高，电子书包这一宛如从科幻小说中走出来的科技产品给人们带来了巨大的冲击，人们不仅期待着电子书包给教育领域带来巨大变革，还期待着电子书包开辟新的财富战场，带来丰厚的利润回报。2000 年 11 月，教育部颁布《关于在中小学实施“校校通”工程的通知》，电子书包作为教育信息化与数字化的重要终端产品出现在公众的视野中。

2002 年 10 月，辽宁出版集团和台湾碧悠电子工业股份有限公司、北大方正电子有限公司、清华液晶技术工程研究中心共同举行“电子书包联盟签约仪式”，试图共同打造一条完整的电子书包产业链。[3] 但在当时，互联网接入率还很低，昂贵的电子书包也远非普通家庭可以承受，因此直到 2008 年，电子书包都并未真正“火”起来。

[1] 宋亦芳．从 1.0 迈向 2.0：社区教育信息化研究回眸与展望［J］．河北师范大学学报（教育科学版），2018，20（4）：88-96.

[2] 王运武，黄荣怀，杨萍，等．改革开放 40 年：教育信息化从 1.0 到 2.0 的嬗变与超越［J］．中国医学教育技术，2019，33（1）：1-7.

[3] 腾讯教育．电子书包的 20 年：豪言壮志犹在耳边，推行之路道阻且长［EB/OL］．（2019-01-22）［2020-04-06］．https://mp.weixin.qq.com/s/eWV7OjJYeIU6DYQCrE3ACw.

2008 年，随着英特尔《“一对一”数字化学习应用研究项目》启动，冷却的电子书包被激活。紧接着，2009 年 4 月 8 日，在北京英特尔信息技术峰会上，英特尔公司和汉王科技股份有限公司合作推出了一款汉王电子书包，型号为 HCQ890，如图 3-3 所示。

图 3-3　汉王电子书包 HCQ890

随后，支持电子书包发展的政策接连出台。2010 年底，《国家中长期教育改革和发展规划纲要（2010—2020 年）》明确指出，要加快教育信息化进程。接着，新闻出版总署发布的《新闻出版业“十二五”时期发展规划》，把电子书包研发列为六项新闻出版科技创新工程之一。同时，教育部联合全国信息技术标准化技术委员会电子书标准工作组成立“电子课本与电子书包”标准专题组。

随着人们对电子书包认识的深入，电子书包已经不再仅仅被视为传统书包的电子化。2019 年，中国国家标准化管理委员会提出：“电子书包是为电子课本及其他数字化学习内容提供软件和硬件应用环境，整合了学习内容、学习终端、虚拟学具和学习服务的数字化教学或学习系统。”[1]

此后的几年间，电子书包如同雨后春笋般涌现，各大公司纷纷推出自己的电子书包产品，见表 3-1。

---

[1] 中国国家标准化管理委员会. 信息技术 学习、教育和培训　电子课本与电子书包术语　非书资料：GB/T 37716—2019 [S]. 北京：中国质检出版社，2019：8.

表 3-1 国内部分电子书包产品一览

序号	推出时间	品 牌	售 价
1	2009 年	汉王 HCQ890	4780 元
2	2010 年	盈动电子书包	6999 元
3	2011—2018 年	诺亚舟优学派系列	1899—3798 元
4	2012 年	腾云双屏电子书包	报价不详
5		西安立人科技立人 e 百电子书包	
6		MVpen1005 电子书包	
7	2013 年	枣尚电子书包	1990 元
8		鼎师科技 Di-bag 电子书包	报价不详
9	2014 年	联想·知好乐电子书包	报价不详
10	2016 年	蓝帕科技“Kindle 版电子书包”	2500 元左右

在中国教育装备采购网的“政府采购”一栏下，仅 2018 年一年，有关电子书包的采购、招标公告就多达 69 条，平均每 5 天多就有一条有关电子书包的政府采购、招标公告发布。

早期的电子书包大都是厂商自己开发硬件并封装好相关软件，在平台的互联互通、主流 APP 的适配、操作的流畅与便捷方面都难以满足现实需求。因而，电子书包的终端设备逐渐由特定的硬件产品转向了 Pad。各地中小学校开始探索将平板电脑引进课堂，实现教学方式改变的实践研究。其中，苹果 iPad 的出现，被认为是电子书包终端的一个重要发展阶段。

在美国，苹果公司于 2011 年 7 月开始在超过 600 个地区启动“一对一”项目，即教师和学生每人配备一部 iPad，并在上课时使用。澳大利亚、日本、新加坡等国家都有越来越多的学校将 iPad 作为一种新型教学辅助工具。[1] 我国一些城市，如北京、上海、成都、

[1] 李玉顺，杨振涛，史鹏越，等．平板电脑在教育教学中应用发展的现状[J]．中小学信息技术教育，2014（4）：73-78.

深圳等地，在当时也相继开展了平板电脑用于课堂教学的实验。

继苹果 iPad 之后，其他硬件厂商如三星、联想也纷纷以开放性更强、价格更低的安卓平板电脑介入这一市场。

（二）智慧课堂

随着云服务、物联网、增强现实、基于大数据的学习分析等技术的发展和应用，教室的软硬件条件越来越能够支持智能化、个性化的学习。智慧教育这一理念逐渐成为当代教育信息化的一种新境界和新诉求。智慧教育是信息时代我国教育发展的必然选择和重要趋势，是破解教育发展难题的创新举措。[1] 将各种智能新技术与电子书包融为一体，即在现有的电子书包环境建设的基础上，整合各种创新技术来构建智慧学习的环境，这就是智慧课堂。

目前在实践中能落地实现常态化应用的“智慧课堂”构建模式，就是以电子书包的形式，为教师、学生人手配备一台平板电脑，同时将传统课堂中教师用到的黑板、粉笔、课件等课堂资源，学生用到的作业本、错题本、预习视频等学习资源，全部集成到平板电脑中，并与一体机或电子白板等硬件设备实现教室内互联互通，帮助教师灵活教学、学生趣味学习，实现课堂教学全记录、课后作业半自动批改、数据实时反馈等功能。[2] 在学校里，智慧课堂的建设通常以单个教室为主，学校为固定的教室配备智慧课堂装备，每个班级轮流上课，师生使用的平板电脑以安卓系统为主，部分采用

[1] 崔惠萍，傅钢善．新技术与电子书包融合构建智慧学习环境的研究［J］．现代远距离教育，2014（6）：55.

[2] 智学观察．智解读 |“电子书包”助力课堂智慧转型［EB/OL］．（2019-07-08）［2020-04-07］．https://mp.weixin.qq.com/s/Ds5TbdJmWTYkdlFyeFdTbw.

Windows 系统，主流供应商为华为、联想等。

由凤凰数字传媒有限公司和凤凰电子音像出版社共同研发的“凤凰云课堂”是以“教育资源 + 教育应用 + 硬件终端 + 大数据”为支撑的智慧教育平台，如图 3-4 所示。该产品方案包含备授课系统、课堂互动系统和在线作业系统三大板块，打通了课前、课中、课后全流程，支持翻转教学、泛在学习等各类探究式、差异化智慧教育模式，促进了信息技术与教育教学的深度融合，实现了“优质资源班班通、网络学习空间人人通”，构建了一个高效互动、无处不在的智慧课堂。

图 3-4　凤凰云课堂

智慧课堂的架构为“云——台——端”，如图 3-5 所示。“云”指的是智能云服务，包括智能资源服务和智能评测服务。智能资源服务是利用智能管理、智能检索、智能推荐等技术，为智慧课堂提供教学内容资源、数据信息资源等；智能评测服务是利用学习分析、数据挖掘等技术对全过程实时采集的数据进行处理分析，提供对教学的形成性评价、总结性评价和诊断性评价。“台”指的是教室智能平台，主要功能是对课前、课中、课后全过程沟通交流和信息服务提供支持，

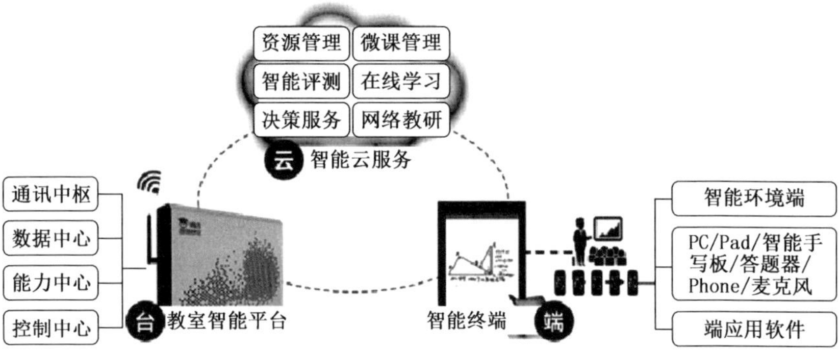

图 3-5 智慧课堂“云——台——端”智能化服务平台

为课堂教学流程提供帮助，是通讯中枢、数据中心、能力中心、控制中心。“端”指的是智能终端，由硬件和软件组成，通常分为教师端、学生端、管理端、家长端、环境端等。硬件包括各类教学应用终端设备，如智能手机、Pad、笔记本电脑、台式电脑、可穿戴智能设备等；软件包括实现教学、学习、管理等各类应用功能的教学应用软件。[1]

智慧课堂“云——台——端”的整体架构，可以为学生创设网络化、数据化、交互化、智能化的学习环境，并支持线上线下一体化、课内课外一体化、虚拟现实一体化的全场景教学应用，从而推动学科智慧教学模式创新，实现个性化学习和因材施教，促进学习者转识为智、智慧发展。

（三）双师课堂

智慧课堂还是以单个教室内互动为核心，解决的都是教学资源和基础设施方面的问题，产品提供的只是一个功能，真正要发挥作用还需要教师来使用。教师作为课堂的核心之一，其教学水平对于

[1] 刘邦奇，李新义，袁婷婷，等. 基于智慧课堂的学科教学模式创新与应用研究[J]. 电化教育研究，2019，40(4)：85-91.

教学质量至关重要。为了解决偏远地区师资落后的问题，促进教育公平和教育均衡发展，也为了给不同地区的教师和学生提供真实课堂的交流机会，双师课堂诞生了。

双师课堂是一种通过师师互动、师生互动和生生互动来创设良好教学情境，达到活跃课堂气氛和培养学生创新精神的课堂。其形式主要有两种：

一种是“名师视频教学＋线下辅导教师答疑”的模式，其中一名教师在远端进行教学指导，另一名教师在实地课堂上进行辅助教学。通过一定的视讯设备，这两名教师包括课堂上的学生都可以实时互动，相互沟通交流。这种模式大多用在拥有优秀师资的学校对偏远地区的教育帮扶上，以及跨国外教与国内教师对学生讲授口语等外语课程上。[1]《这块屏幕可能改变命运》一文描述的就是此类双师课堂的场景，如图 3-6 所示。

图 3-6 成都七中——云南禄劝一中双师课堂

[1] 人民选读 . 双师课堂 未来教育的明星！[EB/OL].（2018-11-22）[2020-04-08]. https://www.sohu.com/a/277136829_100119965.

双师课堂的优势非常明显。首先，它跨越了地区和时间的限制，让多地甚至各国之间的优质教育资源流动。相比单纯的远程授课，双师课堂为每个课堂配置面授教师，有利于监督学生学习，方便二次辅导。其次，它是教师与教师之间互相学习的有效途径。

这种双师课堂最早应用于职业教育领域，近两年才被应用在其他教育领域，而且逐渐被市场认可，越来越多的教育机构开始试水双师教育。新东方成立了全资子公司“双师东方”，已成功在秦皇岛、沧州、邯郸、安阳等十余个地市设立了分校；好未来也紧随其后，2018 年 6 月，好未来发布了以双师课堂为主营业务的“未来魔法校”(Magic School)。双师课堂在教育领域前途大好。

另一种双师课堂主要应用在校内课堂，是由两名同一学科或不同学科的教师通过视频连线，在同一堂课上配合完成教学。教师之间不是主讲和助教的关系，而是互相配合，将各自专业技能中最擅长的部分发挥出来，以此弥补另一位教师的缺点和不足，这样的互补教学比起教师各自努力提高自身素质以弥补不足更为方便快捷。[1] 这种模式打破了教师唱“独角戏”的局面，突破了单一学科的束缚，加深了学生对本学科的理解，使学生的学习状态和学习兴趣得到提升。

例如，两位教师可针对学生的发言，侧重不同方面进行讲解和分析，整个课堂构成了师生多方位全新互动的教学模式。再如，讲授一篇课文时，一位教师负责提问，另一位教师负责点拨，或一位教师负责板书，另一位教师深入各小组参与讨论，通过形式多样的教学方法促进学生在课堂上积极抢答，形成浓厚的课堂氛围。

双师实现了 1 + 1 > 2 的效能。但是，双师课堂的建设成本较为

[1] 陈希莹 . 小学语文双师型课堂教学研究 [D]. 厦门：集美大学，2019.

高昂。建设双师课堂必不可少的是互联网技术以及硬件，需要教室端的传输带宽、高清互动教学云平台，学生端的显示设备、应答器等高科技教学设备。据统计，一个双师课堂教室的硬件投资是10万元起步，网络专线接入成本万元起步，而要想发挥双师课堂的作用，需要同时部署覆盖多个班级，因此整体的经费投入相较只装备单一教室的智慧课堂高出不少。

二、智慧课堂应用现状

目前，人教数字校园、凤凰云课堂、焦点智慧课堂、睿易云课堂、希沃云课堂等应用于课堂教学的产品层出不穷。在我国，“班班通”覆盖量保守估计超过90%的情况下，教师用的授课终端如电子白板、交互大屏、智能黑板等硬件设备为智慧课堂做了很好的硬件支撑。但在实际使用的过程中，智慧课堂类产品存在两个突出的问题：

（一）仅限于在课堂使用，没有实现云端服务

智慧课堂类产品主要是为线下课堂服务的。2020年初新冠肺炎疫情期间，由于不能去学校上课，而学校装备的智慧课堂又无法提供云端服务，不能满足教师课件制作、互动授课、微课录制、批阅作业等教学环节的需求，学校只能临时启用包括阿里钉钉、腾讯课堂等在内的网络教学平台、授课软件。疫情结束后，智慧课堂的形态是否会再次发生变化，目前还是未知数。但可以预见的是，疫情期间发挥了作用的这些网络教学平台和授课软件将会进入智慧课堂的赛道。

（二）公开课使用较多，没有常态化使用

国外已有研究成果表明，iPad 的常态化使用比补充性使用更有助于提升学习效果。在我国，教育信息化基础设施建设已初见成效，但真正全面铺开，做到人手一台设备、全部课程、全时间覆盖、校内外连贯的学校还很少。绝大多数学校只局限在部分班级、部分课程使用，每周授课 2—4 节。这种补充性使用不仅难以发现真正的问题，也难以实现发展的机会。从网上公开的资料看，对智慧课堂的使用效果，特别是成绩的对照提升等可量化的科学数据研究少之又少，这不禁使人对智慧课堂的使用效果存在疑虑，并在一定程度上阻碍了智慧课堂的普及推广。

智慧课堂没有得到常态化使用的原因可以归结为两个方面：

1. 经费有限，不足以为所有学校提供装备

一个智慧课堂的硬件投资通常需要 10 万元以上，还不算网络接入成本，这对于教育经费来说是巨大的压力。还有一个核心问题是学生端硬件由谁买单，是政府买单、家长买单，还是由政府和家长共同分担，以及不同方案涉及设备的所有权、管理权、维护责任等问题。毫无疑问，如果要利用智慧课堂有效开展教学，学校最好将设备管理权掌控在自己手中，才能更好管理安全应用设置、教学资源配置、学生信息跟踪等。目前，学生端硬件以政府采购为主。为了避免维修带来额外的支出，学校一般都要对设备的使用进行严格限制，难以达到常态化使用。

如果由家长参与学生端硬件的购买，虽可将所有权及相应的维护责任归属个人，但情况将变得复杂。[1] 2018 年秋季学期开学前，

[1] 郁晓华 . 美国 iPad 项目及其对中国电子书包的启示［J］. 开放教育研究，2014，20（2）：50-52.

杭州市的一份《“电子书包”告家长书》引起了家长们的热议，这份通知要求家长出资为学生购买电子书包供日常教学使用，暗示若不购买，学生将可能落下学习进度。对此，有的家长不解道："学校开展新式教育，应该理解，但是想不通的是，一个电子书包要家长掏3000多块钱，这是革新还是变相收费呢？"[1]

另一方面，由于经费限制，在2020年新冠肺炎疫情前的教育信息化建设中，大部分的资金被用于硬件采购，导致参与智慧课堂建设的大多是硬件厂商、教育管理信息化公司，出版社因为被采购的数字内容不多而总体参与度不高。这造成了配套内容资源的缺失，在一定程度上制约了硬件设备的使用。

2. 产品设计不足

智慧课堂带来了教学方式和教学理念的改变，有些教师使用不熟练，会出现使用智慧课堂系统的积极性不高的情况，但这不能排除有些产品自身的问题。例如系统复杂、功能太多、上手时间长、使用中容易报错、界面不直观、操作不顺手等；有些需要做的课前准备太多，如需按格式和特定步骤导入课件、引入音视频、进行教学任务发布、进行教学预评估等。这些问题都让教师望而却步。

出现上述问题的原因主要在两方面：一是系统复杂功能多，更易中标。洋洋洒洒几十页功能介绍，显得系统功能既强大又丰富，与功能简单的产品相比，会获得招标方更多的关注。但功能多了，操作就会变得复杂，就会增加用户的学习成本和出错几率。二是不

[1] 腾讯教育.电子书包的20年：豪言壮志犹在耳边，推行之路道阻且长[EB/OL].(2019-01-22)[2020-04-08].https://mp.weixin.qq.com/s/eWV7OjJYeIU6DYQCrE3ACw.

少厂商缺乏真正的用户视角。虽然声称是为了解决用户需求、用户痛点，但通常优先考虑的是如何让产品表现得更炫、更高大上，而不是符合用户的使用习惯。事实上，如果设计产品时应用最小改变原则，顺应用户原有的使用习惯，只改变很少的一部分使用方式，用户会更愿意接受采用。

三、出版社参与策略

（一）结合技术发展趋势进行内容资源开发

要把智慧课堂用于教育教学过程，必须在硬件、软件、资源、网络等各方面实现基本配置。其中，软件指的是智慧课堂系统，主要包括适用于智慧课堂的辅助教学系统和课堂管理系统。系统和智能黑板、移动终端等硬件设备结合起来，能够支持学生签到、教师点名、随堂测验，帮助学生及时回答问题，实现平时成绩记录与统计等，是进行有效课堂教学的重要保障。随着双师课堂的出现，智慧课堂逐渐由产品主导教学向教师主导教学回归，呈现出明显的工具化倾向。在这一硬件 + 软件领域中，技术型公司占主导，强调的是以技术手段提高教学效率。

但是，仅仅有工具是不够的。疫情期间的网络教学，凸显出对各种网络教学平台、各类内容资源的需求。此外，教育公平是教育行政主管部门最为关注的话题之一，教育部 2020 年发布《关于加强“三个课堂”应用的指导意见》，[1] 提出在 2022 年全面实现“三个课

[1] 教育部印发有关“专递课堂”“名师课堂”“名校网络课堂”应用指导意见[EB/OL].(2020-03-17)[2020-05-29]. http://www.moe.gov.cn/jyb_xwfb/s5147/202003/t20200317_432022.html.

堂”在中小学校中的常态化按需应用。三个课堂，即专递课堂、名师课堂、名校网络课堂，这是实现师资均衡、资源共享的有效手段，是未来智慧课堂的重要发展方向。这会促使教育信息化的思路发生转变，由为线下课堂服务向线下线上并举、互相补充的方向发展，对教育教学资源的需求会更多。这必然促使相关互联网企业、内容出版机构的入场。因此，出版单位可以适当退出产品的功能性竞争，专注于内容领域。

内容资源不能孤立地做，要依据产品的趋势来做。当前，智慧课堂产品还未发展成熟，产品形态一直在更新。出版单位要了解技术发展的趋势，与主流技术紧密结合，尽可能开发出适应性广的内容产品。

（二）重视课程内容资源开发

目前实际教学中最需要的是基于智慧课堂的资源和平台建设。课外学习的各种资源都是碎片化的，比如 5 分钟课堂录像、课件、视频、图片等。怎样将上述材料有效组合成一个适合课堂教学的课程化内容资源非常重要。

中南出版传媒集团旗下的贝壳网自 2015 年创建以来，不仅建设了为传统教材教辅提供增值服务的配套数字化资源，还建设了备授课资源、公开课精选、实验精讲、中高考真题等一系列精品内容资源，涵盖小、初、高各学科、各年级，以及大多数主流教材版本，累计内容资源数量超过 600 万个，总量超过 80 TB，为全国 23000 多所学校 400 多万用户提供了精准教育服务。[1]

[1] 贝壳网教育平台.停课不停学！贝壳网向全国中小学生免费开放 2000+节精品课程！[EB/OL].（2020-01-27）[2020-04-07] https://mp.weixin.qq.com/s/0uI8R_RWFswjct1CIGsNTA.

此外，出版单位还可以借鉴职教领域实训软件的经验，开发适合中小学的实验课程，特别是部分具有一定危险性的化学实验，可以通过实训软件的形式呈现。

第四节　智慧作业

作业是承教启学的重要环节，对学生自学能力和实践能力的培养有很大的促进作用，同时也有利于教师改进教学方法。[1]时至今日，中小学的作业问题仍旧复杂且难以解决，且围绕作业产生的问题不仅困扰学生一个群体，而且是多群体。学生面临着作业数量多、难度高、质量低、负担重等问题；教师面临着作业批改工作量大、学情分析难、综合负担重、师生作业沟通困难、低质作业效果影响教学活动等问题；家长则面临着家庭作业不易核查指导，无法掌握学生学习状况等问题。随着教育信息化的快速发展，智慧作业类产品诞生了。[2]

一、产品形态

智慧作业类产品的迅速发展得益于移动互联网的普及和图像识别、文字识别、语音识别等技术的进步。按照功能划分，智慧作业类产品大致可以分为三类：

---

［1］张济洲．中小学作业观：特点、问题与走向［J］．课程·教材·教法，2013，33（7）：25-30．

［2］刘哲鸣．中小学作业APP应用现状与对策研究［D］．开封：河南大学，2018．

（一）拍照搜题类

拍照搜题类 APP 通过图像识别技术把学生拍的题目照片转换为文本，在系统中搜索到答案反馈给用户，形成一定活跃度的社区，然后再通过答疑引流至在线辅导，进行商业变现。根据 QuestMobile 的研究报告显示，2020 年春节假期前后，教育学习 APP 行业日活跃用户规模前五名中，拍照搜题类 APP 有两家上榜，分别是作业帮和小猿搜题，日活跃用户数量分别达 1300 万和 500 万左右。[1]

2014 年，拍照搜题开始成为在线教育领域一个全新的赛道。作业帮的拍照搜题功能脱胎于网络问答。2013 年，作业帮还只是百度知识搜索体系下的一个细分社区，从最初的 UGC 问答圈子开始发展。团队的十几名员工一边负责社区的运维，一边帮助用户分析解题。随后，这种问答模式被搬到学生的作业本上——遇到不会做的难题时，学生用手机拍照或上传文字，就可以向全国的学习高手和老师请教如何解题。2014 年 1 月，作业帮 Android 版正式发布，同年 7 月，拍照搜题 APP 阿凡题正式推出，11 月，小猿搜题横空出世，但在该领域，作业帮始终居于榜首，4.0 版本发布当天，日活跃用户数量首次突破 100 万。[2]

拍照搜题类 APP 搜到问题后除了给出答案，一般还会给出知识点或考点解析，想要获得更多相关知识和服务，就必须开通付费业务；同时，小猿搜题提供了举一反三的功能，在帮助学生巩固知识

[1] QuestMobile 研究院 .2020 中国移动互联网“战疫”专题报告——增长策略研究报告［EB/OL］.（2020-02-18）［2020-04-10］. https://www.questmobile.com.cn/research/report-new/82.

[2] 作业帮 . 作业帮六岁啦，这是属于我们作业帮人的成长故事！［EB/OL］.（2020-01-15）［2020-04-10］. https://mp.weixin.qq.com/s/T5AaJNuD5lW05nkNObETEQ.

的同时，自然地将学生从搜题功能引流到题库和辅导功能，打通了自身的产品体系。[1]

（二）题库类

题库类产品是从题库的容量和结构体系入手，加上自适应学习技术，应用场景从刷题与练习延展到测评。题库可以实现在线组卷、自动批改等功能，减轻了教师的负担。同时，产品提供的学情分析有利于教师把握班级学生的学习情况与薄弱知识点，帮助家长和学生查漏补缺。

题库类产品最先出现在成人教育领域，如四六级英语考试题库、公务员考试题库、司法考试题库等。2013 年后，题库类产品开始出现在基础教育领域，并迅速成为整个在线教育解决方案[2]的重要一环。

2013 年，已经在成人教育题库领域积累了一定经验的猿题库团队经调查后发现，用智能手机的学生远比想象的要多，同时针对学生的解决方案在质量和数量上都不是很让人满意。题库类产品首先有两个基本要求，一是保证题目的正确，二是保证答案的正确。中国的教材版本多，考试题型五花八门，因此全国范围内推广的互联网产品需要满足不同地区学生的需求，这就需要对数据进行结构化处理，以实现个性化匹配。例如，一个江苏省的高三学生在登录题库之初，输入个人的省份江苏与年级属性高三，题库系统会选择江苏省的高考题型来对其进行摸底测试。

---

[1] 鲸 Media. 作业帮、阿凡题、学霸君、猿题库，搜题类 F4 产品分析[EB/OL].（2017-03-23）[2020-04-11]. https://mp.weixin.qq.com/s/YYOC59O1PtGEKcMC2WDXFw.

[2] 在线教育解决方案包括教、练、测三个环节，其中，在线辅导是教，题库是练和测。

猿题库在录入题目的过程中，会给题目做解析、打标签、审核。人工给每道题加上很多参数（考点、难度系数）后，技术部门还会利用算法产生更多参数，比如正确率、做题平均时长等，以此实现数据的结构化。2013 年 9 月，猿题库推出高考题库，正式进入基础教育领域；2014 年 8 月，猿题库发布升级版本的基础教育产品，整合高考、高中同步和初中题库，完成对初中和高中 6 个年级的全面覆盖。[1]

题库类和拍照搜题类产品从不同的学习场景切入市场，彼此联系紧密又各有侧重。拍照搜题功能的实现基础是海量的题库，反过来，题库类产品也可以向拍照搜题延伸。猿题库在完成题库内容建设后，顺势推出小猿搜题，就是最好的例子。不过，猿题库的主打应用场景仍是评测与模考。2020 年 2 月，猿题库推出“百万人在线大模考”。数据报告显示，模考报名人数达 120 多万，覆盖全国各个省级行政区域，参与学校 18745 所。作为互联网原住民，越来越多的学生表示希望用“云考试”进行自我检测与模拟实战。[2]

（三）融合教辅类

与拍照搜题、题库类产品以互联网公司为主导不同，融合教辅类产品的主导机构是出版单位。

在出版领域，全国 80% 以上的出版单位都参与教辅出版。因

---

［1］新经济 100 人 . 猿题库：在线教育让老师站着把钱挣了［EB/OL］.（2016-04-18）［2020-04-11］. https://mp.weixin.qq.com/s/ux0GeJZmq9YdKy-lygEzwQ.

［2］猿辅导星球 . 猿题库百万人在线大模考“战绩”回顾，一张图了解全国趋势！［EB/OL］.（2020-02-11）［2020-04-11］. https://mp.weixin.qq.com/s/jYLlu4RTzCZ6l1_wBvwxZA.

此，教辅出版领域历来竞争激烈，教辅出版机构对新的出版模式、新的出版技术分外敏感。一些教辅出版机构依托内容资源，尝试在数字出版领域进行产业布局：将内容资源数字化，研发数字产品，建设在线教育网站，构建在线数据库……然而，很多出版单位由于难以从数字教育中实现盈利，开始产生观望、退缩情绪。

数字化教育平台短期很难实现盈利，而纸质教辅又是出版业相对较为稳定的盈利点，出版单位不可能轻易放弃纸质教辅。能够让传统纸质教辅和数字化教育平台实现平滑链接的二维码引起了出版商的注意。他们希望通过二维码实现书网融合，温和地进入数字化转型轨道。与此同时，二维码技术在商业应用中走向成熟。二维码在编码范围、信息承载量、容错能力、译码可靠性、保密性、视觉呈现等方面都有明显的优势，因而在商业应用中受到追捧。[1]

采用二维码形式的融合教辅，是在纸质教辅的某些内容旁印上二维码，读者只需扫码即可获取延伸服务，如外语听力音频、重难点讲解视频、考前押题等。

融合教辅大约从 2013 年开始出现。二维码的应用在各学段教辅图书中均有分布，尤以初、高中阶段为多。小学阶段融合教辅的典型案例有华东师范大学出版社的品牌教辅《一课一练》。从 2013 年秋季开始，该社在图书中的难题旁设置了二维码，学生扫码就能观看关于该习题的讲解微视频。在高中阶段，江苏凤凰教育出版社在 2014 年秋季出版的高中纸质教辅《凤凰新学案》中的部分知识点和题目旁边增加了二维码，链接了相关的讲解视频等内容。

[1] 杨平．我国教辅图书中的二维码应用研究［D］．南京：南京大学，2015.

如今，融合教辅的形式已经不再局限于纸质教材 + 二维码，一些教辅出版机构开始尝试利用图像识别、大数据分析等技术，为读者提供自动阅卷、学情分析、电子错题本、同类题推送等服务，朝着更高水平的“智慧教辅”迈进。

二、发展趋势

（一）作业类产品开发者致力于打造“拍照搜题 + 题库 + 在线辅导”一体化联动的产品体系

题库类产品的理念是希望通过少量的精准题目来提升学生的学习效果。但由于各个省市，甚至每个学校的情况都是不一样的，题库所需的资源量十分巨大，并且这些资源需要被精准地分类、提炼，制作投入成本巨大，表面看用户众多，实际收费用户转化率低，赢利模式不明朗。[1] 题库的推送功能也很难做到真正的精准，依托题库的拍照搜题功能，有时也难以与用户需求匹配。

目前来看，题库和拍照搜题类产品仍然不能取代辅导课，各公司也都只是将其作为在线辅导的引流工具。以“小而美”的工具为起点的作业类产品开始从单一的工具向综合性工具演变，尝试在此基础上为用户提供答疑和辅导服务，“拍照搜题 + 题库 + 在线辅导”成为作业类产品的标配。相应地，产品做得越来越重，抢名师、钻教研、做服务，从单纯地用技术手段解决答疑问题，到依赖师资、教研等重人力的服务，原本几十人的互联网团队也扩张到了数百人，发展为一个模式更重的教育公司。

[1] 李婷婷. 融合技术创造智慧——浅谈“智慧教辅”产品的设计和思考[J]. 出版发行研究，2018（8）：38-41.

2016 年 12 月，学霸君上线“君君辅导”，其服务范围从学习工具拓展到在线答疑，再进一步延伸到在线 1 对 1 辅导；2017 年 8 月，作业帮上线“作业帮一课”，课程涵盖小、初、高所有学段；2017 年 10 月，小盒科技推出在线学习品牌“布克学院”，发布“AIOC（AI-Oriented-Content，基于自适应学习场景的内容建设）战略”，其产品布局从工具服务延伸到内容服务；2018 年 12 月，小盒科技宣布完成从校内教学到家庭辅导的布局规划，并发布了全 AI 课程产品“小盒课堂”、拍照批改产品“拍作业”和家校沟通产品“家校盒子”。

目前，多数作业类产品开发者的产品体系已经基本覆盖拍照搜题、答疑、录播、一对一在线答疑、直播课、同步练习等教、学、测、练、评的各种模式，见表 3-2。场景上，产品由校内转向校外，从学校（B 端）转向家庭（C 端）。

表 3-2　头部作业类企业的产品体系

品牌名	产　品　类　别					
猿辅导	猿辅导	猿题库	小猿搜题	小猿口算	斑马 AI 课	猿编程
小盒科技	小盒学生	小盒老师	小盒家长	小盒课堂	小象编程	拍作业
学霸君	学霸君 1 对 1 辅导	君君辅导				
作业帮	作业帮（拍照搜题）	作业帮直播课	中英作文	作业帮家长版		
一起科技	一起小学老师	一起小学学生	一起中学老师	一起中学学生		

（二）融合教辅尝试线上线下结合的商业模式

融合教辅是出版单位在原有纸质教辅的基础上做出的产品创新。它在原有内容之外为用户提供视频讲解、知识点讲解等内容。

纸质教辅一直是大多数教育类出版社的支柱性业务之一。在数字化浪潮如火如荼之际，即使题库类产品早就具备了教辅的功能，但纸质教辅受到的冲击并不大，仍然是出版社及民营出版商的保留节目。这是由基础教育领域用户的特性所决定的。

一方面，纸质教辅的用户主要是中小学师生，到目前为止，纸质教辅仍然是这一领域最为便捷、最能保护视力的助学类产品。另一方面，题库产品往往强调题目数量大，并且能够根据用户属性进行精准推送。但从实践的效果来看，海量题库带给用户的是选择困难，所谓的精准推送还不够精准。相较之下，经过精心编排、打磨的优质教辅书，内容的准确性和科学性有保障，可以让用户用最少的精力达到最好的效果。如，作业帮等搜题类产品帮助用户获得纸质教辅的答案和讲解，实际上提供的是基于纸质教辅的增值服务。因此，许多出版社开始基于原有的纸质教辅开发融合教辅，一方面是为了给用户提供更好的服务，以期保持原有的市场份额，另一方面是想效仿作业帮等互联网公司，挖掘纸质教辅的潜在价值。

但是，此类融合教辅的实际使用效果并不理想。由于基础教育阶段的学生负担重，纸质教辅通常作为课后作业使用，学生完成作业已属不易，无心留意出版方提供的各类延伸服务，二维码扫描率低的情况一直存在。这些精心制作的资源不仅不能创造收益，就连以免费提供带动纸质图书销售的期望都达不到。[1]这在一定程度上说明，出版单位提供的这项服务与读者的实际需求还不够契合。

---

［1］李婷婷.融合技术创造智慧——浅谈“智慧教辅”产品的设计和思考［J］.出版发行研究，2018（8）：38-41.

三、融合教辅

在当下激烈的市场竞争中，出版单位必须在立足内容优势的基础上，深挖其利用价值。由于出版社大多为内容提供商，缺乏将非结构化素材转换为结构化知识从而进行运营的能力，出版社可考虑根据自身在教育产品研发上的深厚经验、对教学发展方向的良好把握、对教学实际的深入研究，寻求与技术商和渠道商的融合，将拥有的优质资源进行拼接、集成、改造，打造适应“智慧教育”需求的融合教辅，达到合作共赢的目的。

具体来说，出版单位可以尝试从以下两个方面发力：

（一）以新技术的实现能力来寻找用户的痛点，充分利用现有的人工智能技术设计产品

在线教育领域对于用户的争夺十分激烈，各互联网公司都处于“烧钱抢市场”的阶段，买回来的用户能不能留存乃至转化，对公司而言是最大的挑战。作业类产品开发者只有在业务体系中挖掘到明星级产品、抓住用户刚需，才能让公司迈过“盈利”这条红线。例如，作业盒子的口算产品就是找准了家长、老师批改大量算数题目的刚需。发展较好的英语类作业产品，也是因为找准了语音作业无法通过纸质教辅完成的痛点。反之，一些融合教辅提供给学生在线作业的功能其应用效果不好，原因就在于没有考虑用户的实际使用习惯。例如，选择题在 Pad 上做起来很方便，但是问答题、计算题和阅读理解题显然在纸质教辅上做起来更顺手。

当前，有公司利用 OCR 文字识别技术推出了阅卷系统。学生上交作业以后，可以通过扫描仪批量扫描，将题目、学生做题情况分

门别类进行统计，老师可以在线批改，批改数据自动进入后台，老师、学生、家长可以查看班级或个人的做题数据。这已经是一种成熟的技术，一些地方的中高考已经采用这种方式阅卷，未来可能会被推广到更多的同步类教辅中。

（二）基于自适应学习理念，以融合教辅为基础，建立教育大数据，提供立体化产品服务

自适应学习是 20 世纪 90 年代在美国提出的概念，主要原理是通过对知识体系的详尽分析和对学生的评估，制订个性化的教学计划，最终生成可规模化的“因材施教”教学产品。

就作业领域来说，存在两个痛点：一是因学生人数多，教学负担重，教师对学生个体的学习情况只有大概印象和粗略了解，深入不到具体知识点，无法对学生做出准确评估。二是学生学习能力不同，学习方案自然应该不同。但在实际教学过程中，教师很难为每个学生制订个性化学习方案，指定单独的练习内容和学习资料。

理想的融合教辅至少应当能够对学生作业及考试信息进行收集并科学分析，准确评价学生的知识掌握情况进而了解其认知水平、自身素质，并可根据评价结果准确推送资源。如此，既能达到因材施教的目的，提升教学质量，又能减轻教师的教学负担。

根据这个设想，融合教辅应当由三部分组成：

1. 资源部分

资源可以理解为内容，如果从形式上划分，可以分为纸质内容和数字化内容。纸质内容是指出版社出版的教辅，而数字化内容则是指以数字形式存在的文字、图片、表格、音频、视频等。对于出版社来说，长处是纸质内容，虽然量不大，但经过精心校对，质量

有保证，也比较契合课堂整体教学要求；短处是除了电子音像出版社外，其他出版社都不是以制作数字形式的产品见长，但是在数字时代，这部分资源又非常重要，它是数据分析和产品应用的前提，也是开发自适应学习、个性化学习产品的基础，应当得到充分重视。

2. 数据部分

数据可分为元数据和使用数据，元数据是指数字资源上面的标签，可以标明内容资源的属性；使用数据是指用户使用资源时产生的数据。

数据处理主要指数据收集和数据分析。数据收集阶段要尽可能多地收集用户在使用产品过程中产生的各类数据，比如具有拍照搜题功能的产品可以收集题目被搜索的次数、题目视频讲解的访问次数、用户停留的时长、购买转化率等数据。数据分析是建立在大数据基础之上的，比如可以通过用户的使用数据形成数据使用特征，进而形成用户画像。这时候，数据挖掘将派上用场。通过统计、在线分析处理、情报检索、机器学习、专家系统和模式识别等诸多方法，可以建立各种各样的数据模型。通过应用这些模型开展学习分析，将学生的学习特点、学习方法、学习习惯、学习兴趣和学习成绩相关联，推送适合学生学习水平的教学内容，并提出智能化的建议，以优化教学路径，提升学习效率。这一步需要做三件非常重要的事情，一是统一数据标准，二是建立数据模型，三是应用学习分析。[1]

3. 应用部分

应用主要包括面向师生和家长提供按需组卷、智能阅卷、作业测评、知识点分析、班级测评列表、分层作业、错题库、智能练习

---

[1] 王瑞书 . 一本教辅的互联网之旅 [J]. 出版人，2015（10）：50-51.

等服务。

搭载智能阅卷功能是融合教辅当前发展的方向。智能阅卷是应用比较广泛的一种产品，最早出现的是网络阅卷，在高考、中考阅卷当中应用比较多，先把试卷扫描进去，然后对题目在试卷中的部位进行图像切块，由老师在网上阅卷给分，最后进行汇总统计，可以比较快地实现阅卷和统计分析，形成各种统计报表。但是这种批阅方式在纸上没有痕迹，对于考试只需要分数的情况下是比较适合的，而对平时检测或者作业就不太合适。后来兴起的有痕阅卷，由老师在试题旁边手写或者在数字上画杠打分数，通过扫描仪扫描或手机拍照上传以后，由系统进行图像识别生成分数，形成统计报表和错题集。这种阅卷方式比较多地用到了人工智能技术，为学生提供学情分析和数据统计报告，可以有效地帮助学生查漏补缺。2017年，江苏凤凰教育出版社融合教辅《凤凰新学案》《凤凰数字化导学稿》就搭载了智能阅卷系统，通过扫描仪将老师改过的学生的答题纸扫描上网以后，可以实现学情分析报告和相关资源推送两大功能。学情分析报告包括个人、班级、学校或地区，同时还可以生成各种层次的学情对比分析报告。相关资源推送主要是针对学情分析报告中的薄弱环节，生成学生的错题集，推送跟错题有关的音视频讲解等。

第五节　网络课程与在线培训

一、发展的三个阶段

远程教育是建立在现代电子信息通信技术基础上的一种教育形

式，随着电子信息技术的发展，远程教育也不断变换新形式。19 世纪中期，依托传统印刷技术、早期视听技术，远程教育最先以函授教育的形式在英国出现，学习形式主要是使用印刷材料，观看幻灯、投影和收听录音等；20 世纪中期，依托单向传输为主的电子信息通信技术，多种媒体教学的远程教育出现，人们开始通过广播电视、光盘、计算机辅助教学进行学习；20 世纪 90 年代起，双向交互的电子信息通信技术蓬勃发展，依托移动通信、计算机网络，开放灵活的远程学习形式出现了，[1] 网络课程与在线培训逐渐成为远程教育中的主流学习方式。发展至今，网络课程与在线培训大致经历了三个阶段：

（一）第一阶段（2000—2011 年）：教育信息化建设推动录播授课

20 世纪 90 年代末的网校是以网络为媒介的远程教育平台，此类远程教育最开始主要依靠录播的形式开展。这一时期，中国教育信息化建设刚刚起步，2000 年，教育部下发了《关于在中小学实施“校校通”工程的通知》，该工程让全国各地的中小学校大体具备了教育信息化的基本条件，有些地区还专门配套建设了教育网台，免费播发“空中课堂”等优质远程教育资源，初步形成了基础教育资源库。

随着互联网的快速发展，在校外领域出现了各大网校，此时的教育资源以录播视频的形式通过互联网在各地传播，促进优质教育资源共享。这个时期的校外在线培训品牌主要有 101 网校、沪江网校等。这些网校作为新生事物，迅速获得了大家的关注，但是其开发的课程种类有限，加上设备的限制，受众面相对较小。

[1] 毕丹丹. 中国网络教育发展二十年述评 [D]. 长春：吉林大学，2015：6.

（二）第二阶段（2012—2015 年）：慕课（MOOC）传入中国掀起远程教育新浪潮

互联网与教育的进一步融合促使了慕课的出现。慕课是音译词，全称为大规模开放在线课程（Massive Open Online Course），是网络课程的一种形式。与网络公开课相比，慕课实现了教学过程的全程参与，包含了授课、练习与评价的完整流程，可以实现完整的学科教育。2012 年，Udacity、Coursera 和 edX 全球三大慕课平台相继成立。受此影响，其他国家和地区纷纷创建自己的慕课平台，如英国的 Future Learn、德国的 Iversity、欧盟的 OpenupED 等，2012 年也因此被称为“慕课之年”。我国也参与其中，教育部高度重视此类网络课程的发展，并将其作为下一步我国高等教育深化改革、提高质量和提升国际竞争力的重大举措。[1]

但必须指出的是，国内外关于慕课的出发点有很大不同。国外的慕课主要针对非学历人群的学习需求，是从知识传播角度发起的市场行为。我国则希望慕课解决教育系统的两个核心问题——促进教育公平、提升教育质量。换句话说，面对中国高等教育优质资源分布不平衡、发展不充分的矛盾，教育系统希望通过慕课找到破解之策，同时兼顾非学历人群的学习需求。

基于对国情的研判，我国开始了慕课的自主探路。从高水平大学率先试水慕课平台建设，[2] 到教育部印发《关于加强高等学校在线开放课程建设应用与管理的意见》，再到认定国家精品在线开放课

[1] 李曼丽，张羽，叶赋桂，等. 解码 MOOC——大规模在线开放课程的教育学考察［M］. 北京：清华大学出版社，2013：13.

[2] 2013 年是“中国慕课元年”，在这一年里，我国“慕课”快速发展，北京大学、上海交通大学、香港中文大学等先后加入 Coursera，清华大学也于 2013 年利用 edX 开源系统建成了“学堂在线”，成为全球首个中文版“慕课”平台。随后，香港科技大学、香港中文大学等也纷纷推出“慕课”课程。

程，慕课从无到有，逐渐壮大。

远程教育浪潮在校外领域也席卷而来。2014 年被称为中国在线培训市场的元年，当时，国内校外在线培训机构以平均每天 2.6 家的速度快速萌发。[1] 激烈的市场竞争推动企业往细分领域发展，出现了早幼教、K12 教育、职业培训等细分赛道，针对目标消费群体提供专业化的服务。这一热潮一直持续到了 2015 年。

在这一时期，由于技术的限制，课程与培训的形式主要还是以录播授课为主，只有新东方、好未来等少数线下培训巨头开始布局直播业务。受网速、带宽、并发用户数量的限制，直播形式以一对多的大班课为主。

（三）第三阶段（2016 年至今）：直播技术、人工智能和大数据技术推动远程教育不断创新

2016 年，秀场直播、游戏直播的火热和变现能力使直播这种形式迅速蔓延至教育领域，线下培训巨头与创业公司都开始大力推广直播业务。新东方与好未来争先开展了大型营销活动，比如学而思网校 2016 年 4 月推出 1 元直播课活动，新东方在线 9 月份举行 99 元网络学习节活动。好未来董事长兼 CEO 张邦鑫表示，直播是远程教育的核心，学而思网校将全面转型直播。[2] 此外，题库和答疑领域的公司如学霸君、作业帮、小盒科技也都做起了直播。

---

[1] 中关村互联网教育创新中心 . 在线教育丨 2016 在线教育大限，“转型捷径”是什么？[EB/OL].（2016-10-06）[2020-04-18]. https://mp.weixin.qq.com/s/zqTPGjk8bpcbcy8qZhLlfg.

[2] 新浪科技 . 好未来张邦鑫：学而思网校将全面转型直播 [EB/OL].（2016-06-25）[2020-04-24]. http://m.haiwainet.cn/middle/3541839/2016/0625/content_30036529_1.html.

直播兴起的背后是互联网技术的发展与成熟。云计算技术的发展，使得依靠其搭建的直播平台最多可以支持千万级的并发、上百PB级（1PB＝100万GB）的存储以及每天过亿终端设备的访问流量。使用者的观看、互动体验也得到了大幅提升，清晰的视频、流畅稳定的直播画面，配以音视频采集、文档教学、聊天问答、互动连麦、录制回放、数据统计等一体化服务，可以说，是技术的发展推动了远程教育领域产品形态的更迭。

远程教育从录播发展到直播，又相继开发出一对一辅导、小班课、双师课堂等教学形式，不断追求的始终是丰富的教学场景、高效的互动和良好的学习氛围。2019年远程教育最大的创新，在于AI互动课。各大远程教育平台在“AI+教育”领域纷纷推出了相关产品，以人工智能和大数据技术为基础，一方面通过语音测评、与AI老师互动等方式，增加课堂趣味，提高学习效率；另一方面以高级算法为核心，通过大数据分析学员的课堂行为、学习效果，建立学生画像，提供最佳的个性化学习解决方案。以AI技术为驱动的个性化教学成为未来在线教育的重要发展方向。

但是，就像电子书的出现并未完全取代纸质书一样，远程教育各个阶段的产品之间也不是替代关系，而是共存关系。例如，受新冠肺炎疫情影响，录播课程再次红火。在延期开学期间，国家中小学网络云平台和电视空中课堂于2020年2月17日开通，免费提供录播形式的学习资源。在高等教育领域，教育部已组织22个在线课程平台免费开放在线录播课程2.4万余门，覆盖本科12个学科门类、专科高职18个专业大类。[1] 录播课程由于缺乏互动受到诸多诟病，但好处也很明

[1] 开放高等教育在线课程2.4万余门 中小学网络云平台17日开通［N］.人民日报，2020-02-13（02）.

显，如对网络环境要求不高，内容经过精心制作，比即时发挥的直播课更为精彩。在职业培训网站中，录播课程仍然占了相当大的比例。可见，录播、直播等产品形式在未来很长一段时间都会是共存的状态，对学习本身也有各自不同的促进作用。

二、蓬勃发展的态势

数据显示，中国远程教育用户规模逐步上升，2019 年达到 2.61 亿人，如图 3-7 所示。用户规模的扩大、下沉市场的开发，使得市场规模也逐年增长，预计 2020 年我国远程教育市场规模将达到 4538 亿元。[1]

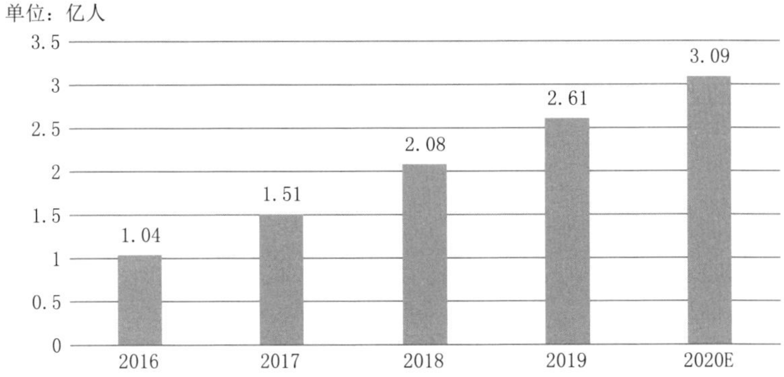

图 3-7　2016—2020 年中国远程教育用户规模及预测

数据来源：艾媒数据中心。

（一）基础教育领域

在校外领域，基础教育市场虽然刚需性强，但是该阶段的学习存在试错成本高的特点，家长和学生对在线培训持谨慎态度，因此

[1] 艾媒报告 . 2019—2020 年中国在线教育行业发展研究报告 [EB/OL]. (2020-02-13)[2020-04-20]. https://www.iimedia.cn/c400/68955.html.

在发展初期占比较低，2012 年占比仅 9%。[1] 但近年来，基础教育市场增长很快。2019 年 10 月，由中国科学院主管、科学出版社主办的商业期刊《互联网周刊》发布了“2019 在线教育未来独角兽 TOP100”排名，[2] 现摘取前 15 名，见表 3-3。

表 3-3 2019 年在线教育未来独角兽 TOP15

排名	企业	业务方向	上课形式
1	VIPKID	专注于 4—15 岁在线青少儿英语	一对一直播 4 人小班课
2	51Talk	分为少儿英语和成人英语，均采用真人外教一对一在线教学模式，帮助学员提升英语能力	一对一直播
3	掌门 一对一	专注为 K12 阶段学生提供一对一定制化辅导	一对一直播
4	作业帮	专注于 K12 教育的拍照答疑 APP，现业务已涉及在线一对一答疑和网络视频课	12 人小班直播课
5	猿辅导	提供 K12 辅导、题库、搜题、作业、编程、2—8 岁少儿英语辅导等服务	直播大课 AI 互动课
6	iTutorGroup	旗下的 TutorABC 是成人在线语言学习平台，VipJr 是 K12 在线全科学习平台	直播大课 1—3 人小班直播课
7	DaDa 哒哒英语	专注于 4—16 岁青少儿英语学习的一对一远程教育平台	AI 互动课
8	一起科技	为 K12 阶段的学校、家庭、社会教育服务的智能教育平台，包括在线作业、智能考试、在线辅导等	直播大课

[1] 艾瑞咨询．2019H1 中国在线教育行业数据发布报告 [EB/OL].（2019-10-15）[2020-04-20]. http://report.iresearch.cn/report/201910/3452.shtml.

[2] 该排名由《互联网周刊》与 eNet 研究院共同选择，从 iPower、iSite、iBrand 三个大方面，营收、管理、业务方法、流量、技术、战略等 15 个细分维度对企业进行评估并排名而来，具有一定的专业性和权威性。

（续表）

排名	企业	业务方向	上课形式
9	乂学教育—松鼠 AI	以高级算法为核心的自适应学习引擎，提供小学三年级至高三年级在线辅导	AI 互动课
10	恒企教育	专注于会计行业人才培养的教育集团	直播大课
11	小盒科技	向公立学校师生提供“小盒”系列教学工具产品，为学生提供自适应学习辅导服务的 AI 课程体系“小盒课堂”	24 人小班直播课
12	学霸君	提供中小学全科一对一在线辅导	一对一直播
13	掌通家园	致力于解决幼儿园与家长沟通难题，推出了开放式的远程视频直播、校务管理系统、安全签到系统和育儿资源等服务	视频点播
14	达内教育	IT 职业教育机构，致力于培养高端 IT 人才以及 IT 人才输送、软件研发等综合服务	视频点播 直播大课
15	火花思维	3—10 岁儿童数学远程教育平台，提供数理逻辑、专注力等视频互动课程	AI 互动课 4 人小班直播课

注 1：“上课形式”以收费课程为主，免费的公开课不计入其中。

注 2：本表统计的企业并非只涉及网络课程与在线培训一类产品，所以不用“远程教育”的称法，后同。

我们可以发现，在这份排名中，前 15 家企业中有 11 家都是来自基础教育领域。这可能是由于新一代 80 后、90 后父母的教育意识和消费能力与上一代父母相比都在提高，新一代 00 后、10 后孩子对互联网天然就很熟悉，外加国家二孩政策催生的新生人口红利，基础教育家长及学生群体对在线教育的接受度正在快速增长，2019 年上半年，基础教育在线教育的占比已由 2012 年的 9% 提升至 20.7%。[1]

[1] 艾瑞咨询 . 2019H1 中国在线教育行业数据发布报告 [EB/OL]. (2019-10-15) [2020-04-20]. http://report.iresearch.cn/report/201910/3452.shtml.

据统计，2018 年底我国处于基础教育阶段的学生人数高达 1.8 亿，预计到 2020 年这个数字将达到 2.12 亿。同时，这一阶段的在线教育在三四线城市的渗透还远远不足，市场的想象空间很大。2019 年暑期，在线教育掀起营销大战，短短两个月砸入超 40 亿元，竞争十分惨烈。值得注意的是，在线教育在盈利前景可观的同时也存在着成本很高的问题。以一对一辅导为例，客单价可达近万元，而获客成本低则三四千，高则七八千。[1] 在获客成本之外，由于家长和学生需要看到实实在在的提分效果，课程的教研成本也很高。

在校内领域，行政主导的名师空中课堂在 2020 年新冠肺炎疫情期间发挥了非常重要的作用。名师空中课堂主要由教育部及各级教育主管部门主导，优势在于教师教研资源非常丰富，名师众多，服务免费，学生可以择优学之。名师空中课堂的录播课程主要由教育部及各省市教育管理机构提供。典型的是 2020 年 2 月 17 日上线的国家中小学网络云平台，该平台包括“战疫”教育、课程学习等 6 大模块的学习资源。其中课程学习模块是从近年来全国开发的课程资源中择优选择，并根据需要由北京等地的骨干教师补充录制，覆盖了初高中 12 个学科。同时，其他各省也都有行动，推出相应的平台和资源。

名师空中课堂虽存在上述优势，但由于是政府主导，其运营情况取决于财政经费。课程平台的资源中心、数据分析、在线答疑、互动课堂、家长课堂等模块的优化升级，以及招生、推荐、题库工具、区域特色等模块的增加，都需要政府继续加大投入，在技术保

[1] 罗世浩．在线教育巨头之惑：盈利难度超出想象［EB/OL］．(2019-06-29)［2020-04-21］．https://mp.weixin.qq.com/s/JDlxMYduvc_nmKxM0h2OlA.

障上持续加强支撑。

总体来看，教育出版单位在网络课程与在线培训领域涉足较少。一方面，这是由于2020年新冠肺炎疫情前的教育信息化建设重视硬件设备采购，轻视平台内容服务，重视信息化手段对线下课堂教学的完善而不注重线上线下互动的状态，导致参与其中的大多是硬件设备、教育管理信息化公司，即使是作为最大教育内容提供商的出版社，也因为被采购的数字内容不多而总体参与度不大。另一方面，出版社的策划能力和作者资源优势均可被喜马拉雅、网易、腾讯之类的平台取代，名师个人也可以通过抖音等自媒体发布自研的课程。因此，出版单位要想参与到网络课程与在线培训中，必须在产品策略上做出相应的调整。

（二）职业教育领域

职业教育包括学历教育（中等职业教育和高等职业教育）和非学历教育，非学历职业教育主要包含职业资格考试和职业技能培训两类。职业资格考试类多以通过考试为目的，根据考试类型不同又分为人才招录考试类（公务员类、事业单位、教师招录、成人继续教育等）和资格认证考试类（金融财会类、医学类、教育类、司法类、建筑类等）。职业技能培训的落脚点则在于获取职业技能或提高工作效率，包括IT类、语言类、设计创作类、办公技能类等。

2019年，我国职业教育市场规模达2688.5亿元，同比增长13.3%。就在线职业教育而言，2019年我国在线职业教育规模为393.3亿元，预计未来将保持20%左右的增速持续增长，如图3-8所示。[1]

[1] 艾瑞咨询.2020年中国在线教育平台用户大数据报告——腾讯课堂数据篇[EB/OL].(2020-01-12)[2020-04-20]. http://report.iresearch.cn/report/202001/3516.shtml.

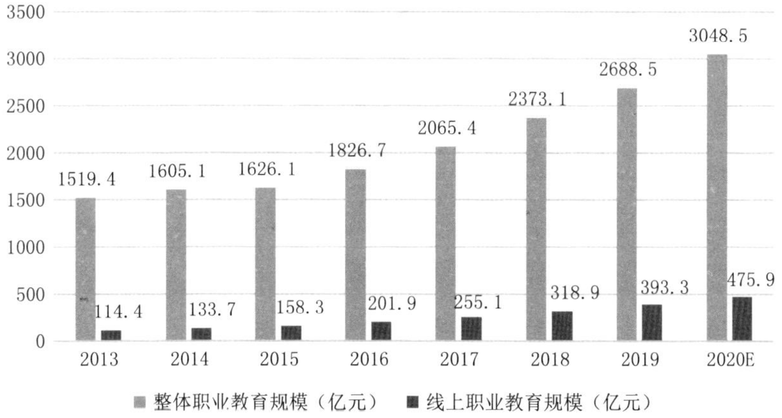

图 3-8 2013—2020 年我国职业教育和线上职业教育市场规模

数据来源：艾瑞咨询。

当前，国家推动高质量发展、壮大实体经济的战略，需要数量充足的技术技能人才作为支撑，因此国家鼓励社会力量举办远程教育机构。2019 年 1 月，国务院印发《国家职业教育改革实施方案》[1]，将遴选认定一大批职业教育在线精品课程；2020 年 2 月，人社部、财政部印发关于实施“互联网 + 职业技能培训计划”的通知（简称《通知》），鼓励支持广大劳动者参加线上职业技能培训。《通知》明确，2020 年将实现“511”线上培训目标——征集遴选 50 家以上面向全国的优质线上职业技能培训平台，推出覆盖 100 个以上职业（工种）的数字培训资源，全年开展 100 万人次以上的线上职业技能培训。2021 年，将继续健全“互联网 + 职业技能培训”管理服务工作，构建线上培训资源充足、线上线下融合衔接、政策支持保障有力、监管有序到位的工作格局，进一步扩大线上培训规模，

[1] 2019 年 1 月，国务院印发《国家职业教育改革实施方案》，提出了 7 个方面 20 项政策举措，涵盖职业院校教学条件、职业教育标准体系、职业教育培训评价组织、产教融合实训基地、“双师型”教师、“1 + X 证书制度”（“学历证书 + 若干职业技能等级证书”）等方方面面。

提高线上培训质量。[1]

当前的在线职业教育市场中，参与企业众多，各细分赛道之间、赛道内部竞争十分激烈。一些头部企业往往会在多个细分领域进行布局，例如，中公教育集团旗下的“中公教育”和“中公考研”，分别涵盖了人才招录类（公务员等）和考研类。平台类产品也数量繁多，如腾讯课堂、网易云课堂、CCtalk 等。这些产品的涌现在一定程度上表明，在线职业教育领域的发展已经较为成熟。在课程类别上，IT 互联网和设计 / 创作是活跃课程中付费占比最高的一类，分别占比 25.9% 和 24.5%，其次为职业考证和升学考研类课程，分别占比 18.1% 和 15.8%。相应地，2019 年度最热搜索词汇为 PS（Photoshop，即俗称的 P 图），此外依次为英语、Java、高数、CAD、Python……[2] 整体看来，用户钟爱职业技能或和升学有关的课程，学习目的性明确。这些课堂里包括直播课和录播课，多以 B2C 模式为主，盈利主要来自课程收费，其次来自广告及增值服务收费。

（三）高等教育领域

高等教育一直是中国远程教育市场的主体。成人自控力强、学习目标明确，因此成为远程教育的主要用户群体，尤其在提升学历、求职、考证等方面，成人的学习需求更强烈。2019 年上半年，高等教育的占比为 49.6%，[3] 如图 3-9 所示。

---

[1] 小天 . 教培机构如何获得：“100 万人次线上职业技能培训”机会［EB/OL］.（2020-03-19）［2020-04-21］. https://mp.weixin.qq.com/s/phNuNoEyGDHSFEKaj6JocQ.

[2] 艾瑞咨询 . 2020 年中国在线教育平台用户大数据报告——腾讯课堂数据篇［EB/OL］.（2020-01-12）［2020-04-20］. http://report.iresearch.cn/report/202001/3516.shtml.

[3] 艾瑞咨询 . 2019H1 中国在线教育行业数据发布报告［EB/OL］.（2019-10-15）［2020-04-20］. http://report.iresearch.cn/report/201910/3452.shtml.

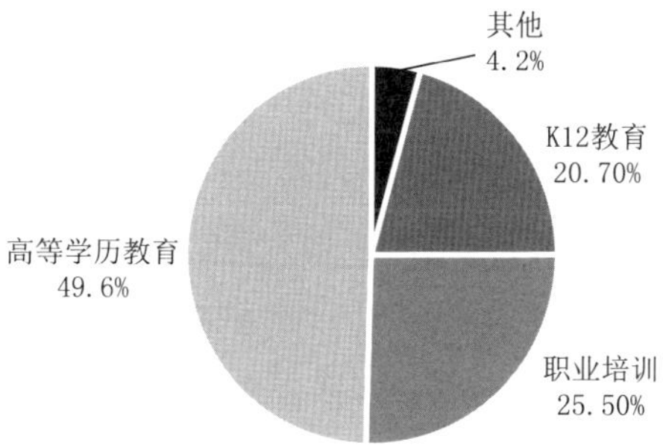

图 3-9　2019 年上半年中国远程教育市场规模细分结构

数据来源：艾媒数据中心。

高等教育领域的网络课程主要形式就是慕课。教育部数据显示，截至 2019 年底，各大慕课平台上线课程已超过 3 万门，慕课选课突破 3 亿人次。[1] 除极少数计入学分的课程收费外，其他均向大学生和社会人士免费开放。

慕课的建设主要依靠高校。高校参与慕课建设，从学校层面来讲，一方面将知识带出围墙，是高校社会责任的一部分；另一方面，高校也借此全面提升校内教学质量。

在慕课教学中，老师需要准备教学素材、录制视频、互动答疑、组织考试，还要在线下课堂发展“强交互”，强化了师生、生生之间的研讨，这样的教学比传统课堂挑战更大，老师的工作量是成倍增加的，但相应的收益却没有随之增加。目前，大部分高校还未建立相应的支撑机制，缺乏对慕课工作量的认定标准，这制约了老师从传统教学惯性中跳出来的积极性，也使维持课程的运营受到影响。此外，校外知识服务平台的涌现也在与慕课争夺本就稀缺的名师资源。有数据显示，在线高等教育类用户偏好调查中，48.6% 的用户

[1] 赵婴，刘苗苗 . 驱动慕课向“金课”还缺什么 [J]. 瞭望，2019 (50)：46-47.

偏好于选择网易公开课，尚德机构和学堂在线紧随其后，分别占比 23.7% 和 19.9%。[1] 如网易和尚德这样的校外知识服务平台必然能以更优势的价格吸引名师。

三、对出版社的启示

高等教育、职业教育领域的网络课程建设已有多年探索，市场格局已基本形成，可开拓的空间很小，而基础教育领域网络课程刚刚兴起，仍有发力的空间。而且，国家对基础教育的管控很严，对相关资质的要求有不断提升的趋势，这有可能屏蔽大量市场化公司，这对资质全、长期提供纸质教材教辅的出版单位有利。

出版单位可根据不同的服务人群进行产品策略定位和产品创新。教育阶段不同，用户核心诉求和喜好也大不一样。例如我们上文中提到，职业教育在线教育领域的用户最喜欢软件学习、编程学习和升学考试相关课程。在学习方式上，以腾讯课堂平台的数据为例，2019 年有 54% 的用户选择使用移动端进行上课，相比 2018 年增加了 28%。在移动端中 H5（H5 指第 5 代 HTML）方式依然最受用户青睐，APP 紧随其后，小程序也占据一定比例。而在基础教育领域，用户面临的主要压力是中高考，故对教与学的效率和效果诉求十分明显。与行业初期不同，如今的基础教育领域直播课不只是老师在屏幕那端讲课，更是一个涵盖完整的课程研发体系，包括主讲老师、辅导老师、班主任在内的多重服务体系。这启示出版单位在进行产品开发时，必须紧跟用户的实际需求，跟随市场趋势，以用户广泛

[1] 艾媒报告 .2019—2020 年中国在线教育行业发展研究报告［EB/OL］.（2020-02-13）［2020-04-20］. https://www.iimedia.cn/c400/68955.html.

接受的产品形态进行呈现。

（一）产品理念上，重在打造体系化网络课程

网络课程不是简单的视频合集，也不是海量的资源，而是按照课程标准要求，以科学的知识逻辑和认知逻辑来组织的有限文字、图片、音视频等内容，达到支撑教育全过程的系统化学习体系，覆盖教、学、练、考全流程。因此，网络课程产品需要成熟的课程教研体系作支撑，来研发配套资源，如教案、课件、素材、音视频等，这是出版社的优势所在。

当前，出版单位主要的教育内容都是文字性的，少量的音视频资源往往是配套个别图书或个别活动所积累的，不仅体系性差，而且内容陈旧，风格不统一，无法满足线上学习需要。出版社应加强策划与营销，以体系化、课程化的理念，加强网络课程建设，依托传统纸质产品的优势，推出线上线下相结合的课程产品。江苏凤凰电子音像出版社出品的网络课程《初高中衔接课程》系列就运用了这种思路。这个系列的产品是以纸质书为投放载体，搭配线上学习平台（包含网络课程资源与在线作业系统），向用户提供学练测评一体的网络课程。

需要指出的是，网络课程的形式可以多种多样。传统的录播课程，近年来兴起的直播课程，或是直录播相结合的课程形式，都可以承载网络课程。从市场上的直播课程来看，直播课的主要作用往往是广告和答疑，而录播课程仍然是实质上的课程主体。出版社在设计网络课程时，也可以融入直播元素，拉动用户活跃度。

此外，出版社可以借助多年来的内容资源积累，适当涉足在线教育，将静态的课程转化为训练营等形式的培训课程。专业出版社

可通过加强垂直化专题策划，深度介入。集团类教育出版社可通过资本运作，尝试并购或投资在线教育机构。

（二）组织方式上，以讲述者为中心

网络课程领域的讲述者应优先选择名师和名人，课程内容的组织也应以名师名人为核心，而非简单地以教学内容为核心。无论是在校内还是校外领域，单纯的内容资源价值在减弱，名师资源成为抢夺的重点。

讲述者对于课程的重要作用在知识服务领域体现得尤为明显。喜马拉雅拥有大量头部KOL（关键意见领袖，Key Opinion Leader）[1]资源。当央视《诗词大会》掀起诗词热潮时，喜马拉雅平台邀请了蒙曼、郦波、康震等诗词名家解读诗词；2019年喜马拉雅冠名播出《声临其境2》时，同步邀请演员刘敏涛播讲节目。其多数上榜课程都有头部KOL加持，如马东、吴晓波、蔡康永等，这说明了头部KOL在课程中发挥的巨大作用。入驻平台的KOL常常会同步在微博、微信等平台宣传自己的课程及其所在平台，与知识付费平台形成良性互动。这些方式能够覆盖大部分目标受众，起到强势宣传的效果。

此外，在课程讲述方式上，还要注意利用各类新媒体技术，如虚拟场景、视频特效等，增加视觉效果，以快节奏吸引目标受众。

（三）产品开发上，强化在线课堂的互动功能和管理功能

互动是学习的关键环节，也是课堂的重要组成部分。网络课程

---

[1] 关键意见领袖通常是某行业或领域内的权威人士，在信息传播中，他们不依赖其自身活跃度，容易被承认和识别出来。

与在线培训，尤其是大班课，常被人诟病的一点就是互动性差。疫情期间，中央广播电视总台“中国之声”在新浪微博发起了一项调查，调研同学们上网课后的感受。共有 8.2 万人参与，其中，3.4 万人选择了“效果欠佳，控制不住我自己”。另据艾媒咨询的数据显示，45.1% 的用户认为在线素质教育的劣势在于学习氛围差；39.8% 的用户认为在线素质教育缺乏场景性，如图 3-10 所示。[1]

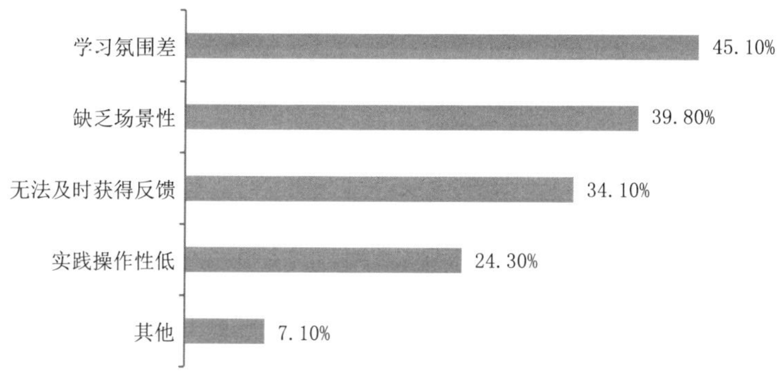

图 3-10　2019 年中国在线教育用户对在线素质教育的劣势感知调查

互动即是解决上述问题、提升在线课堂效果的有效手段，如今市场上的网络课程产品大多提供互动功能和课堂管理功能。例如，“新东方云教室”为用户提供专题课程的同时，还提供互动问答、互动答题、授予“小星星”奖励等功能，丰富课堂内容，保障授课效果；有道精品课则通过 AI 伴学功能来激发学习兴趣，同时配以课堂随测进行深度互动，带给用户更好的授课体验。

综上所述，在教育信息化的进程中，教育公平和均衡发展一直是教育部门关注的重点。教育出版融合发展产品的策略和创新，不仅是

[1] 艾媒报告 .2019—2020 年中国在线教育行业发展研究报告［EB/OL］.（2020-02-13）［2020-04-20］. https://www.iimedia.cn/c400/68955.html.

出版单位面对读者需求和市场竞争环境变化所作出的应对之策，也在客观上促进了优质教育资源的普及，推动了教育公平和均衡发展。

本章结合一些实例，探讨了教育出版融合发展产品的创新路径。教育领域的出版单位数量庞大，个体间的差异巨大，但总体来说，在制订产品策略时应当从三个方面统筹考虑：

1. 根据产业地图和自身情况进行定位

数字教材、智慧课堂、作业、网络课程乃至其他类型的产品，是全面开花还是各个击破？是继续深耕校内市场还是大力开拓校外市场？不同的出版单位有各自擅长的领域，资源优势也大不相同，必须根据自身情况寻找不同的切入点。例如凤凰传媒 2020 年的融合出版重大项目——“凤凰易学”“凤凰职业教育课程服务云平台”，就是基于自身专业化教材教辅的优势而打造的。

2. 加强与教育界、IT 界的交流与融合

教育出版本身涉及教育、出版、技术三个领域，从融合的角度出发，其发展必然要建立在三者的深度互动交流基础之上。

首先，出版单位应当关注教育政策的变动。教育是一个受政策影响十分明显的行业。一方面，教育有着自身的特殊性，不能完全进行产业化，需要政策进行强干预；另一方面，教育政策作为政府的调控手段，在一定程度上反映了教育改革的力度和方向。教育出版作为教育的内容和服务提供行业，其变革一直与教育发展息息相关，因此出版单位必须密切关注教育政策的变动。

其次，出版单位应当关注技术的发展。对于教育出版来说，考虑到其规模性和公平性，更有价值的技术并非是高精尖的先锋技术，相对成熟、应用相对普遍的技术对出版单位来说更为适用。出版单位应当多提供基于数字内容资源与技术融合后能够击中用户需

求痛点的功能型/学习型知识服务。同时也要注意，对技术的关注不是摒弃传统出版，相反，传统出版的教材教辅等助学读物是不可动摇的根基。出版单位要想巩固现有市场地位，深度介入当下教育革命的浪潮中去，就必须放大传统出版的优势，在人工智能技术等领域实现内容、技术与服务的多重融合，为未来激烈的市场竞争做好准备。

3. 精准定位读者需求，做好自身产品的创新

产品的创新包括多个方面，如内容本身、表达方式、审美意趣等。出版单位要紧跟时代潮流做好创新，让自己的产品符合细分读者群的需求。新冠肺炎疫情期间，面对突如其来的线上教育资源需求，大多数出版单位的线上内容资源并不成体系，在满足用户多样化的诉求时显得“捉襟见肘”。而在整个知识服务领域，细分化、垂直化的需求将持续。因此，坚持特色，不求大而全，增强内容策划和产品创新能力，打造垂直领域流量高地，或许不失为一种突围方式。

此外，出版社还要看到，数字教育产品与以往的图书类产品在服务上存在极大的差异，产品的服务从前期咨询工作开始到后期运维服务，战线拉长，由此带来了产品设计与运营方面本质性的变化。前期，由于数字教育产品涉及学校硬件设施、数字化平台兼容性等，出版社需要与用户深入交流，进行技术评估、产品演示等。后期，数字教育产品交付后服务才真正开始，如智慧课堂类产品，交付后需要保证用户三年的正常使用，这就包括了服务器的维护、带宽等网络费用的投入以及客服人员的现场服务等。这些服务较图书要复杂、繁重许多，成本也高。相应地，产品团队在产品设计之初就要考虑到后续的运维问题，并提出切实可行的方案，需要产品、营销、

运维团队之间相互配合。

回顾教育信息化的发展历程，我们发现，对于教育产品来说，新的政策、新的技术等外部大环境的变化都会引起用户需求、用户习惯的改变。教育出版单位不仅要着力满足用户现实的学习需求，更要因势利导、顺势而为，引导用户的消费习惯，不断打造能够满足用户潜在需求的融合创新产品，实现高质量可持续发展。

第四章

融合产品营销创新

互联网时代，信息技术的进步推动了教育形态的变化，在校内校外领域，智慧教育和在线培训蓬勃发展，用户的学习模式随之变化，由传统的课堂学习，转为线上学习或线上线下相结合的混合式学习，由此，教育产品的形态、到达用户的方式、产品的使用场景都发生了变化。

此外，众多的民营教育产品代理商与新兴的互联网创业型企业纷纷进入教育出版领域，与出版社展开激烈的竞争。如何选择适合自身特点的教育产品营销策略对出版单位至关重要，只有在合理的市场营销策略的指引之下，出版单位才能增强其市场竞争力，实现可持续发展。本章将结合具体案例，对融合教育产品的营销理念、商业模式和营销方式的创新进行探究。

第一节 营销理念创新

一、以用户为中心的营销理念

营销理论是营销策略的基础。随着时代的进步，营销理论也在不断地丰富与发展。从 20 世纪 60 年代提出的“4P”(即产品 Product、价格 Price、渠道 Place、宣传 Promotion)营销理论到 21 世纪初提出的“4V”(即差异化 Variation、功能化 Versatitly、附加价值 Value、共鸣 Vibration）营销组合理论，营销的侧重点从产品转向市场，以用户为中心的营销理念被广泛认可，这一点在国家的政策文件中得到了充分体现。

2015 年 3 月，国家新闻出版广电总局发布的《关于推进传统出版和新兴出版融合发展的指导意见》指出：在营销服务理念和策略上，出版企业要“强化用户理念和体验至上的服务意识，既做到按需提供服务、精准推送产品，又做到在互动中服务、在服务中引导，不断增强用户的参与度、关注度和满意度”；在营销和推广方式上，要“利用社交网络平台，建立出版网络社区等传播载体，打通传统出版读者群和新兴出版用户群，着力增强黏性，广泛吸引用户”；在营销渠道建设上，要“探索以用户为中心的全渠道服务模式”。

可以说，随着互联网的发展，以用户为中心的营销理念不断强化，形成互联网思维的典型特征。

互联网思维包括四个核心观念和九大思维方式。四个核心观念即用户至上、体验为王、免费的商业模式和颠覆式创新，九大思维方式即用户思维、简约思维、极致思维、迭代思维、流量思维、社会化思维、大数据思维、平台思维、跨界融合思维。互联网思维要求在产品价值链的各个环节都及时乃至实时地关注用户需求，贴近用户心理，把产品、服务和用户体验做到极致，超越用户预期，使产品能在短时间内抓住用户眼球，使用户产生购买、使用的意愿，并在用户的参与和反馈中逐步改进、完善产品，提升用户留存率和转化率。

对出版单位来说，在传统的编辑出版流程中，选题策划习惯于按照市场的趋势进行，但对于用户的精准关注还不够。熟练的编辑能够精准地预测每本书的大致销量，对于用户的使用情况却知之甚少。面对教育融合产品，教育出版单位需要由传统的以产品为中心的营销理念向以用户为中心的营销理念转变，落实在具体工作当中，就是要重视用户运营。

在教育融合产品营销中，用户运营的重要作用主要体现在以下三个方面：

（一）用户运营是出版社开展知识服务的基础

对出版单位来说，数字化转型过程中的最大难题莫过于，有了好的资源和好的产品，但是不知道怎么去吸引用户和盈利。[1] 一直以来，出版社都是把主要的精力放在内容生产上，与用户直接接触的经验不足。过去，教育产品的销售在商品交给用户之后就结束了，而且很多时候，出版单位面对的是经销商、批发商这样的中间团体，无须与使用者接触，因此谈不上到达用户以及用户的积累，无形之中失去了一些阵地。

例如，作业帮的兴起是基于纸质教辅，从用技术手段解答作业难题发展到提供师资、教研等重人力服务的课程辅导，打造出了互联网教育产品中用户量最为庞大的品牌。根据 QuestMobile 公布的数据，2020 年春节假期前后，作业帮 APP 日活跃用户数达到了 1400 多万。[2] 喜马拉雅、得到等平台提供的“喜马讲书”“每天听本书”等书籍解读服务，也是基于纸质图书进行的知识的二次售卖。

图书是消费周期较长的特殊商品，这意味着用户付费的间隔可

[1] 林进．数字出版：一切好的运营都迎合了人的七宗罪［N/OL］．出版商务周报，2016-07-21. http://www.cptoday.cn/news/detail/1506.

[2] QuestMobile 2020 中国移动互联网“战疫”专题报告——增长策略研究报告［EB/OL］．(2020-02-18)［2020-06-19］. https://www.questmobile.com.cn/research/report-new/82.

能会非常长。如果出版社只提供纸质教辅产品，那么花大功夫进行营销、辛辛苦苦争取的客户，也许只是购买了一本教辅，在这本教辅做完之前这个读者基本不会再消费。而用户在纸质教辅之外产生的其他需求，则被作业帮、喜马拉雅等能够提供延伸服务的企业所满足。

当用户的使用习惯养成，付费就不仅仅是为了知识本身，还包括了便捷性在内的系列服务。而服务的价值要远远超过传统教育产品。例如，图书定价往往不超过百元，教育类图书定价更是在 20 元上下，但知识服务则是百元起步。用户往往认为书贵，却不认为课程贵，但课程里提供的内容价值未必真的比一本书的容量大。造成这种结果的一大原因就在于，知识付费产品提供的是更精细化的服务、更便捷的使用场景，以及更大的学习社群。

此外，作业帮等为用户提供的延伸服务把用户的消费周期缩短，消费频率提升，可能会挤占图书类产品原有的市场空间。因此，出版社可以积极寻求在延伸服务领域的拓展。在大数据时代，要做到这一点，就要重视用户运营。

（二）用户运营是充分发挥教育资源价值的重要途径

出版单位在探索教育出版融合发展的道路上已经做了很多努力。围绕书籍的内容和名师资源，许多出版单位和相应的技术服务机构做了大量工作：内容的碎片化，建立领域本体，知识的推荐和关联机制，制作微课、题库等海量学习资源，有的还加上了知识答疑、百科、论坛等功能，不仅仅有 PC 版，还做了许多 APP 等，但是使用者寥寥，投入和产出不成比例，原因就在于没有对用户进行运营。

建立起用户运营的营销理念，可以帮助出版社盘活存量资源，激发用户活跃度，更好地树立品牌形象。同时，用户运营也能帮助出版社了解用户的阶段性需求，进而优化升级产品，或是挖掘出新的用户需求，或是创造引领用户潜在需求，进一步积累用户，开发新的选题，充分发挥内容资源的价值。

（三）用户运营是延长产品生命周期的有效手段

在传统的图书销售领域，流行着“15 天黄金销售期”理论，即新书上架的 15 天内是其最佳销售时机，后续难以有大的销量突破。而用户运营可以延长产品的生命周期。通过运营，出版社可以制造热点，营造话题，吸引用户关注某类产品。以学习类产品为例，通过产品运营、用户运营、内容运营，出版社可以将选题直接投放给用户，或是在一个周期内集中推荐一类产品，针对不同选题建立不同的学习社群，打造长销品。

总的来说，用户运营可以帮助出版社建立与用户的直接联系，更加精准地进行产品定位，投放营销活动。用户运营同时也是一种服务，唯有做好这个服务，建立口碑，才能最大限度地巩固和扩大用户群体。

江苏凤凰电子音像出版社研发的“江苏省中小学语音学习系统”目前已有超过 580 万用户。该系统利用人工智能技术，强调通过听、读、练、测、评，切实有效地提高学生的英语水平。该系统在用户运营方面进行了三个层次的开拓：一是服务教育行政部门的管理人员，向其提供全省语音学习大数据分析服务；二是面向学科教师，向其提供班级学情分析服务，与教师用户建立联系；三是通过完备的客服系统深入每个用户，根据用户反馈及时优化产品，并与用户建立起联系。这三个层次确保了产品功能的充分发挥，为出版社做好立体化教材服务提供了保证。

二、“四段六步”的运营方式

《运营之光》一书曾对“运营到底是什么”有过总结，其中提及：运营，本质上是为了帮助产品与用户之间更好地建立起关系。体现在具体工作方向上，运营有两大导向，一是拉新、引流、转化，二是用户管理和维系。[1]

对出版社而言，用户运营的最终目的是通过树立品牌价值，扩大用户池，提高粉丝数量，定义用户画像，挖掘用户需求或创造需求，来提升用户活跃度，实现续费和使用升级。要实现这个目的，就必须在运营的各个关键节点采取有效措施。这个过程，我们可以将其总结为“四段六步”，如图 4-1 所示。

（一）四个阶段

如图 4-1 所示，用户形成初次购买决策和重复消费的四个心理阶段，是对用户进行价值转化的主要节点。对其进行分析是开展后续营销活动的出发点和依据。

用户在决策是否使用产品、使用什么样的产品、什么时候能收到效果等问题上往往会反复思考，因此，为了寻找、留住目标用户，企业会关注用户购买决策的每一环节。前期（注意阶段和兴趣阶段），以品牌曝光活动为主，目的在于吸引用户注意，促进用户参与，激发用户兴趣；中期（意愿购买阶段），通过内容和活动相结合

[1] 黄有璨.运营之光 我的互联网运营方法论与自白 2.0 [M].北京：电子工业出版社，2018：37.

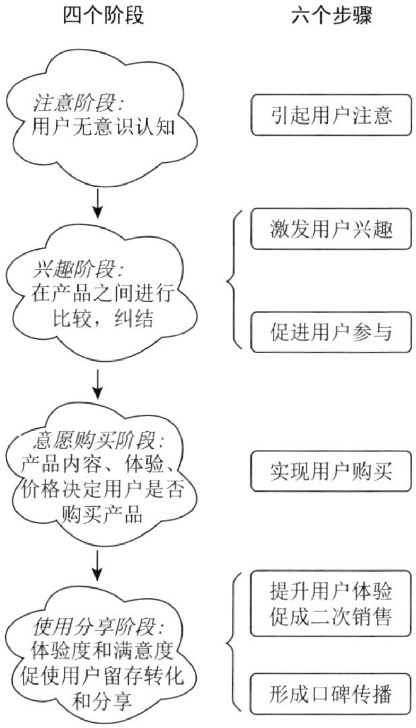

图 4-1 “四段六步”的运营方式

的策略，引导用户进行快速决策，购买相关产品；后期（使用分享阶段），做好用户运营，加强与用户的联系，通过个性化定制为用户提供针对性服务，形成用户口碑传播，以实现客户留存、复购、拉动等目标。

1. 注意阶段

在清晰定位产品服务的用户之后，我们需要做的是尽可能地吸引目标用户，让其注意到我们的产品或服务。这一时期，用户还处于无意识的认知阶段，营销主要是通过线下、线上的品牌曝光和内容运营两种方式，让用户产生印象。品牌曝光活动常见的形式有广告牌、综艺节目植入等；线上运营要在目标用户常用的平台进行，推动用户的注意力逐渐进入兴趣阶段。

2. 兴趣阶段

用户在做出购买决策之前，会在产品之间做比较，以选择适合自己的产品。针对用户感兴趣但纠结的心理特征，教育出版企业一方面要适时为用户提供免费服务，让用户有机会深入了解产品；另一方面要通过相关活动引导用户加入互动，扩大产品的传播效能，推动目标用户进行下一步决策。

3. 意愿购买阶段

进行了注册或试用的用户，并不一定产生购买行为。用户对教育产品的购买受多方面因素的影响，产品内容决定用户是否对该产品有需求；产品体验决定用户是否信任该产品；产品价格也是影响用户是否选择该产品的重要因素。因此，在意愿购买阶段，应该从用户最关心的内容、价格和服务三个方面制定营销策略，找到能够刺激用户转化的节点，帮助用户做出购买决策。

4. 使用分享阶段

用户的使用和分享是新消费形成的源头。用户购买了产品并不意味着产品营销的结束，而意味着新的开始，用户实现了从信息接收者到信息参与者，最后成为信息传播者的角色转化。因此，在使用分享阶段要强化用户策略。在用户使用过程中，要保持与用户的积极沟通与互动，以提升用户的体验度；在用户使用后，要针对不同用户的使用情况和效果推出不同的激励机制，以提升用户的满意度，从而进行留存转化。[1] 对于产品来说，维护一个初始用户的成本居高不下，反之老用户的维护成本会越来越低，所以需要对处在这个阶段的高价值用户格外重视。在服务完善且用户氛围优秀的产

---

[1] 艾瑞咨询. 2019 年中国在线教育产品营销策略白皮书 [EB/OL]. [2020-01-13]. https://mp.weixin.qq.com/s/9Hn71AKyrdXAndfkfyj_Yw.

品环境下，很容易发生高浓度的用户口碑传播效应。这样，用户或进行新一轮的产品复购，或通过自己的使用效果、体验的分享，引入新的客户。

（二）六个步骤

具体来说，对处于上述四个不同阶段的用户进行运营的步骤可分为六步：

1. 引起用户注意

直播营销、短视频营销、社群营销、二维码营销、广告营销、明星代言等方式，是互联网时代增加教育产品曝光度、吸引用户注意、传播产品信息、建立用户品牌认知的有效途径。

在宣传《3D西游记》图书时，安徽少年儿童出版社采用短视频营销方式，营销视频选择《西游记》中家喻户晓的插曲为背景音乐，熟悉的音乐声中图书翻页，呈现花果山、天宫等立体纸艺。视频的真实感与代入感促使用户产生共鸣，引起用户的注意，获得了高达60万的点赞量。

2. 激发用户兴趣

邀约用户免费或低价使用教育产品，在用户使用过程中逐步展示产品的独特性，锁定目标用户并定向推送个性化信息，让目标用户参与产品测试等方式有助于激发用户兴趣。

在网络课程营销中，试听课的邀约是建立用户感知最关键的一环，只有保证足量的试听课用户，才有机会实现付费用户的转化。网络课程流量转化通常以免费公开课、低价体验课、正价课的三级转化体系实现。

免费公开课针对非付费用户提供基础服务，以社群运营为主、销售个人号为辅的方式引导用户向低价体验课转化。有道精品课利用定期分享、长期养护的免费课社群，以 QQ 群为载体将之前积累的所有用户沉淀在同一社群中，高效率地反复触及沉淀用户。学而思网校利用听课奖励机制激励用户持续参与免费公开课学习。

低价体验课以师资配置、课程体系、规划落实、引导转化四轮驱动为用户提供超预期服务。课前环节中，掌门 1 对 1 在安排体验课前，助教会询问用户某一学科的学习情况与疑难点，再个性化匹配授课教师；猿辅导在沟通学习情况后针对薄弱环节给出针对性的解决方法。课后环节中，宝宝玩英语采取了发布考勤名单、提供课后报告与批改课后作业的方法。引导转化环节中，核桃编程使用了每日练习打卡、学情答疑、课后知识点巩固、公布优秀学员榜单、结课时集中推广营销的方法，引导用户由低价体验课向正价课转化。

3. 促进用户参与

通过社交平台，利用熟人社交传播途径，促使用户转发活动信息至其他用户，是激发用户参与产品体验的有效方式。

2018 年初，网易云课堂的开年大课《网易运营方法论》在朋友圈疯狂刷屏。上线不到 16 个小时，售价 39.9 元的课程售出超过 10 万份，荔枝微课也通过这次活动狂吸 20 万粉。尽管隔天该课程的传播手段因有大范围“诱导分享”的嫌疑而被终结，但还是让人们见识到了社交传播的巨大威力。

4. 实现用户购买

在意愿购买阶段，用户强烈的购买欲望往往来自对产品价值的充分认识。向用户有效传递教育产品的功能性价值、产品对用户的成长价值、满足用户精神需求的价值等，让用户认识到物有所值，可提升用户购买转化率。

翼鸥教育在 ClassIn 直播教学工具的右下角设置了一个非常醒目的举手键。翼鸥教育负责人解释道："一个老师的任务是让他的学生问出富有挑战性的问题，而不仅仅是传递知识。"仅仅向用户提供产品的"提问"功能，这个举手键与同类产品相比，就没有什么特别之处了。提问键如果还有大数据功能，通过分析提问者的特征、问题的特征、回答的特征等与提问相关的信息，帮助老师开展有针对性的教学，实现由"教学型"向"教研型"转变，那么，举手键的价值对学生、对教师、对教育管理者来讲就都可能生成购买使用的意愿。

5. 提升用户体验，促成二次销售

使用者的感知状态、产品的性能以及环境等因素可能影响用户的使用体验。不断寻找用户的新需求，持续优化产品功能、提升服务质量，持续向用户传递产品的优势和差异性，让用户始终保持良好的产品体验，有助于提升用户的品牌归属感和忠诚度，促成二次销售。

厦门凤凰创壹软件有限公司研发的职业教育虚拟现实三维互动教学系统，全方位、立体化演示仪器设备的结构及原理，具有动手进行虚拟仿真操作、模拟操作各项故障的排除等功能，让用户产生身临其境的真实体验感。该系统基于"创壹 Web3D 虚拟现实平台"运行的网络虚拟实验 3D 环境，能确保大量并行用户快速下载，并即时构建渲染动态 3D 场景。快速下载、稳定运行、即时互动等每一个特性都代表着一种用户体验。教育产品不仅要在功能上有用，也要在非功能产品特性上易用，这些用户体验对产品的续费、传播非常关键。

在大数据时代，随着用户与产品的互动不断深入，平台对用户的定位也随之精细化。借助用户的大数据建模，出版单位可以对现有用户进行多方面的数据解读，通过算法分析和对不同分类下的用户进行差异化服务，让产品体验更加流畅。大型运营平台在用户数据分析、配套仓储物流及售后客服等方面已经形成了成熟的体系，并且开放给所有商家。初期，出版社可以充分利用这些运营平台，待积累了一定的经验之后，再尝试建立自有平台，如三联中读APP、理想国APP等。

6. 形成口碑传播

口碑是用户对产品和服务的判断、意见和建议，口碑传播是一轮消费行为的最后一个环节，它不是企业广告，因此消费者接受程度非常高，容易产生自发式传播。口碑传播是教育产品营销中不可忽视的一部分，其前提是用户在完成消费行为后，对产品的内容、功能、特性及相关服务等体验充分满意并乐意分享，它对其他消费者的购买决策有着深刻的影响。企业不仅可以利用用户评价来宣传产品，还能从用户评价中获得信息，创新产品，优化、提升服务质量。

家长帮是好未来商业链中的重要组成部分，是一个集资讯和社区功能为一体的针对家长的教育信息与资源共享平台。家长在这里可以获得教育信息和产品展示，也可以在这里分享教育心得和苦恼，部分家长会转化为家长帮的线下用户，接受线下服务，并反哺线上，为好未来做口碑传播。家长帮上的信息还为好未来在各地开设分校提供参考信息，为教育行业白皮书提供内容信息，在好未来转型为教育＋互联网企业中承担了特定的角色。

第二节　商业模式创新

明确了营销理念，还要选择合适的商业模式，才有利于开展具体的营销活动。在风起云涌的互联网上半场，一提到创新思维，言必“羊毛出在猪身上，狗来买单”，有人叫它“免费思维”，有人称之为“跨界打劫”。其实，这句话的意思是：产品是免费的，但从产品的附加值里可以赚取利润。这是互联网时代对企业商业模式的一种创新表达方式。网络时代的产品价格模式、盈利模式、渠道模式，在传统的商业模式基础上进行了改进，甚至出现了颠覆性创新。

一、价格模式

价格是市场营销的一个基本组成部分，是影响用户购买决策的一个重要因素，也是衡量产品价值的重要体现。教育融合产品的定价有别于传统的纸质产品，采用灵活的定价策略。

在对教育融合产品定价时要全面考虑影响定价的诸多因素，不能只是考虑它的外在成本，还应考虑它的内在价值。要纵观整个产品的市场需求，把产品自身价值、用户的消费心理、同行业竞争对手的定价策略等因素都考虑进去。灵活地采用心理定价、组合定价、闪购定价、满减定价、满赠定价等多种策略，制定合理的价格体系，为产品营销提供有力支撑。

1. 心理定价策略

低价购买产品是大众消费的普遍心理，将零售价格设定为小笔非整数就是一种激发用户购买欲望的定价策略。这种策略的底层逻辑是用户总是有一种心理上的预期，认为非整数的价格比整数的价格低。如价格为 100 元的产品定为 98.8 元，更易为消费者所接受。

将新产品的价格设置得尽可能低，有利于使产品迅速被消费者接受，在短时间内占领市场，并处于领先地位。低定价虽然导致低收益，但可以抬高竞争门槛，巩固自身产品的市场地位，也有利于树立出版企业的社会形象。

猿辅导曾经推出“49 元 14 节数学课，而且还送全套书”的活动。这种利用低价招生的大班课方式已成为在线教育常见的营销方式。49 元 14 节课，相当于每节课花费 3.5 元，一个年级的数学暑期课程报名人数超过了 3 万，按 49 元 / 人计算，该课程至少收入 147 万元。 这足以看出新产品低定价对消费者的吸引力之大。

心理定价策略在网购中还会表现为比较定价法。商品会同时出现原价、活动价、券后价、实得价等，或者承诺全网最低价、差价可退。尽管教育产品是微利商品，但无论价格多么低，消费者总会希望再低一些。一些民营出版商故意采取高定价、低折扣的策略诱导消费者，有违诚信之道，这种非理性的竞争策略是不可取的。出版单位特别是国有出版企业一方面要善于掌握和运用心理定价策略，充分适应市场竞争，正确引导用户消费，另一方面必须切实履行社会责任，保护弱势群体，维护消费者合法权益。

2. 组合定价策略

组合定价策略，也叫捆绑定价策略，是指将两种或两种以上的产品组合在一起，捆绑打包以低于分别销售时支付总额的价格销售。根据组合定价性质，可以划分为同质产品组合定价、互补式产品组合定价、非相关性产品组合定价等几种形式。[1]

中信出版集团多媒体数字阅读平台中信书院与爱奇艺知识达成合作，双方整合各自的优质资源，针对女神节、开学季共同推出两套价值 199 元的联名学习卡，满足用户多元化、定制化服务需求，这就是一种常见的组合定价策略。中信书院凭借其在数字阅读领域

[1] 袁勤俭，侯治平，赵静，等 . 数字出版物的营销模式研究［M］. 北京：清华大学出版社，2014：206.

的积淀，为用户提供了畅读电子书 180 天的权限。爱奇艺知识凭借其在音视频课程、丰富垂直品类等方面的优势，为用户提供了 5 门精品视频课程、10 本畅销有声书，以及与中信出版等联合举办的第三季 INK TALKS 线下演讲会的门票。中信书院和爱奇艺知识推出的联名学习卡充分释放各自平台的优势，为用户的知识付费体验带来全新升级，满足集听书、看书、线上学习、线下互动交流为一体的一站式需求。[1]

此外，读者对于教育融合产品和传统纸质产品的心理价位差别很大，两者需谨慎采取组合定价策略。例如，某出版单位曾推出了西南联大英文课纸质书，邀请了英文配音演员朗读课文，定价 90 多元，卖出了 10 万多册。随后，另一家出版社又推出了新版本，按照文章主题分为 8 个分册，邀请 8 位外语老师联合导读，定价 180 元，但是销量不甚理想。其实 180 元的定价在知识服务广为流行的当下已经不少见，喜马拉雅、得到的大多数课程定价已超越这个水平。但是，当融合产品搭载纸质实体的时候，读者对于产品价值的评估可能就会更倾向于以纸质书为标准，影响了对融合产品价值的判断。

3. 闪购定价策略

闪购又称限时抢购，它是以互联网为媒介的 B2C 电子零售交易活动，以限时特卖的形式，定期定时推出产品，一般以原价的 1—5 折，供消费者限时抢购，先买先得，限时限量，售完即止。消费者必须在指定时间内付款，否则商品会重新放到待销售商品的行列里。较为典型的是定时秒杀，卖家发布一些超低价格的商品，所有买家

[1] 张欣 . 中信书院 × 爱奇艺知识推出“联名学习卡”解锁知识付费新模式 [EB/OL]. [2020-03-11]. https://mp.weixin.qq.com/s/rXK_PdRUYo0cdyHaripkpw.

同一时间在网上抢购，由于成交速度快，甚至以秒为间隔，因此被戏称为“秒杀”。

高思在线曾经推出了“双十一1折秒杀”活动，原价4999元的21节直播课（42小时）秒杀价499元，不过仅限初一语数英史地生全科期末备考冲刺特训班，且秒杀名额需“进群预约”。活动开始10天后，有记者想通过海报二维码进群时，显示群人数已满无法进入，可见“秒杀”的威力。[1]

4. 满减定价策略

满减定价是指买家所购买的商品满足一定的金额或数量后，立刻获得一定量的减价优惠。

新东方在线的小初高学科类课程曾经主推寒假课和春季课。寒假课8节，每节2小时，价格为600元；春季课14节，每周1节课，每节2小时，价格为1050元。双十一期间，报1个班减100元，报2个减300元，报3个减450元，报4个减800元。学而思网校在天猫官方旗舰店上以“购物享津贴，每满400减50”来吸引消费者购买相关产品。上述教育企业采用满减定价策略，吸引了众多消费者。

5. 满赠定价策略

满赠定价是指向消费者赠送小包装的新产品、金额较低的小件商品或返优惠券的促销策略，常常以买一送一、多买多送等形式吸引消费者。

沪江网校曾经推出“中小学巨惠·学完返现金”促销活动。消费者在活动页面领500元优惠券，课学完返30%现金，满额再赠送

---

[1] 秒杀活动玩法全拆解：如何通过限时秒杀集聚流量？[EB/OL]. [2020-03-20]. https://www.sohu.com/a/381662761_246868.

2门课，即在指定时间内购买中小幼课程，累计实付大于3000元，再赠送2门课（需预约）。满赠定价策略使消费者快速熟悉企业的产品，刺激他们的购买欲望，让产品迅速打开市场。

综上，价格策略选择的恰当与否，直接关系到营销策略的实施及营销目标的最终实现，选择合理的定价方式与策略是教育产品营销成功的重要保障。教育产品的定价既要充分考虑到企业的投入、产出和成本核算等因素，也要充分考虑到消费者的认可程度、支付意愿和实际支付能力等因素，还要考虑教育出版融合发展的阶段性因素，因此需要采用灵活的定价策略，为不同的产品和服务量身定价。但不管采取什么样的定价策略，都必须坚持理性原则，切不可见利忘义，违背商业伦理，恶意误导用户。

二、盈利模式

盈利模式是企业通过自身以及相关利益者的资源整合，形成的一种实现价值创造、价值获取、利益分配的组织机制及商业架构，是企业的一种获利方式，通常是由用户价值、企业资源和能力、盈利方式构成的三维立体模型。

教育出版企业首先要确定企业的核心竞争优势，设计有效的盈利模式。其次要根据确定的盈利模式，提高资源配置效率和资源配置效益，持续提供满足客户和用户需求的产品或服务，打造可持续的盈利模式。业务结构反映企业资源配置的效率，商务结构反映企业资源配置的效益。另外，要传递客户价值，实现商业模式转型升级。

教育出版企业要通过对消费者需求和期望的深刻了解，将传统和新兴、线下和线上的 B2B、B2C、B2B2C 以及 O2O 等商业模式灵活运用于教育融合产品的营销和推广，以便更好地实现并提升消费者价值。

1. 内容服务模式

内容服务模式是指用户为了获得产品的内容，向产品的内容生产商或平台运营商支付一定的费用，具体包括下载内容付费和在线浏览内容付费两种形式。

根据付费群体的不同，内容服务模式可分为两类：第一类是个人付费，即用户为了获得内容向提供内容的生产商、运营商支付费用；第二类是组织付费，多见于数据库产品。

北京凤凰学易科技有限公司（简称“学科网”）着力推广 B 端多用户体系。学校购买产品后由开通单一共享账号升级为每个用户一个账号，半年内推广 1.75 万所学校使用，转化 154.98 万教师用户账号。学科网 C 端用户收费主要有传统试卷下载、教师创作内容下载、合作出版机构电子书下载、学生使用的题库下载等。学科网上的大量教育资源都提供单篇付费下载，部分资源付费下载量达到几万，C 端半年收入达到 1057.19 万元。[1]

2. 广告模式

广告模式即内容生产商和平台运营商在线提供免费、海量的教育融合产品，以获得大量消费者关注，同时向在此网站中投放广告的合作单位收取费用，消费者通过接收一定的广告信息来获得免费的教育融合产品。

教育融合产品为广告投放人提供了大量的受众和精准的信息传递

[1] 中国出版传媒商报 . 教育出版数字化的赢利路径有哪些变化？[EB/OL].[2019-12-03]. https://xw.qq.com/cmsid/20191203A0HUMD00?f=newdc.

渠道，良好的效果得到广告投放人的认同和赞助，内容生产商和平台运营商因此获利。内容生产商便可以专心做好内容并以低价甚至免费出让版权，平台运营商便可以专心做好平台及服务。优质的内容和网站服务会吸引更多的广告，从而形成良性循环、合作多赢的局面。

目前，几乎所有的教育类平台网站都会提供一定数量的广告位，但能够单独依靠广告来盈利的还只是少数具备品牌优势、能带来大流量和高点击量的教育网站。

3. 延伸服务模式

教育出版企业通过免费的基础服务获得了大量用户，而当用户不满足于基础服务，想要体验更高级服务时就需要支付费用。

《凤凰新学案》向用户提供免费的作业上传、批改服务，并可据此为每个用户生成个性化的错题集。一旦用户需要自己的错题集、错题分析，则需要额外付费；若需要同类题推送，则需要进一步付费。免费服务促进了《凤凰新学案》纸质教辅的销售，延伸服务产生了更多的收益。

4. 平台分成模式

平台分成模式是指用户在用计算机、手机等阅读终端下载数字资源时，需要向资源平台即传播渠道支付相应的费用；在线资源被用户点击阅读时，用户也要向资源平台支付相应的费用。资源平台运营商与内容生产商会对所得利润进行分成，内容生产商通过为资源平台提供题库、视频课程等优质教学资源，实现与平台运营商的互利共赢。对于教育产品而言，平台分成是一种比较理想的盈利模式。

2016 年底，腾讯课堂推出“名师计划”，帮助名师实现知识经济化，扩大知识生产力与传播力，同时提供标准化服务与资源扶持。

腾讯课堂从产品和流量两方面提供支持：产品方面，除了直播录播系统外，腾讯课堂还提供题库系统、作业批改系统及CRM（客户关系管理）系统。在流量方面，腾讯课堂与老师共同制定运营推广策略，深度合作，为名师提供技术与流量的服务与支持。在分成模式上，腾讯课堂提供了两种模式：名师可选择与平台签约，享受保底签约金与课程费用分成模式；若名师有较强的自有渠道，可享受课程费用不分成模式。

三、渠道模式

目前，教育出版融合产品主要通过直销和分销两种模式，在网上商城/网上书店、门户网站/在线教学平台等线上渠道和新华书店、各级经销商、大卖场等线下渠道进行销售。

1. 直销模式

直销模式是指去掉中间商，通过自建零售渠道，把产品销售到顾客手中，降低产品的流通环节成本，并最大化满足顾客利益需求的一种高效率的渠道模式，主要有专营店直销、直销员直销、邮递直销、电话直销、电视直销、网络直销等形式。

直销的优势：一是价格低。因为免去中间商赚取差价的买卖环节，生产运营商可以用更加低的价格来直面用户，提高产品在同类产品中的竞争力。二是宣传效果好。低价是产品售卖中宣传效果最好的元素之一，直销会让产品的口碑传播速度更快，能够达到短时间形成品牌效应的目的。三是直接沟通，甚至面对面交流，消费者对产品的认知更为全面深入，关注度也会相应提升，更容易成为忠实客户。

学科网是一家垂直型教育资源平台，专为全国教师和学生提供教学资源、学习资源，包括试题、试卷、教学课件等文本资料的下载与分享，以及教学和学习经验的交流与互动。目前学科网已经开发了网校通、E卷通、学易学堂、学易提分系统、教育云等产品。学科网拥有庞大的用户体系，会员人数近4000万，合作学校几万所。依托于用户优势，学科网主要采用直销方式进行产品销售，既大幅度节约了营销成本，又取得了很好的销售业绩。

商务印书馆、人民教育出版社、电子工业出版社等出版机构目前都建有自己的数字出版平台，以此进行数字产品的制作、生产和销售。高等教育出版社的门户网站把该社上百个课程网站集成起来，与其内容管理系统、ERP系统等实现无缝对接，构成了一个大规模数字出版平台。该平台同时还通过按需出版和定制出版等营销手段来满足用户的个性化需求，为用户主动推送其感兴趣的学习内容，用户也可以通过内容管理系统将感兴趣的内容自由组合成一本电子图书来购买。

2. 分销模式

分销模式是指生产商通过分销商（代理商、经销商）把产品销售给用户的渠道模式。与直销模式相比，分销模式有投入较少、效率较高，对生产商自身人力资源及管理能力的要求较低等优势。分销模式包括三种渠道系统：一是垂直渠道系统，由生产商、批发商和零售商纵向整合组成，其成员属于同一家公司，或为专卖特许权授予成员，或为有足够控制能力的企业。二是水平渠道系统，又称为共生型营销渠道关系，它是指由两个或两个以上公司横向联合在一起，共同开发新的营销机会的分销渠道系统。三是多渠道系统，是指对同一或不同的细分市场，采用多条渠道的分销体系，即一家公司建立两条以上的渠道进行分销活动。

（1）新华书店系统

作为国内最大的图书发行渠道，新华书店系统拥有丰富的发行资源和强大的教育服务优势。虽然从融合教育产品的整体市场来看，新华书店渠道并非主流，但凭借其强大的综合实力，以及在教育系统长期积累的良好口碑，切入教育装备等数字化产品市场后，已经表现出迅猛的发展势头。

凤凰新华发行集团具备点、线、面的推广渠道，总部通过各基层店与当地教育教研部门、学校、师生等全面对接，搭建了完整的“互联网＋教育”服务体系。随着 ERP 系统的上线，逐渐实现了组织结构标准化、业务财务一体化、服务管理精细化，通过网格化服务系统，集团内部上下联动，提供一站式教育服务解决方案，形成书店系统与教育系统、产品供应商三方多赢的局面。

（2）第三方网络营销平台

第三方网络营销平台是指独立于产品或服务的提供者和需求者的第三方机构，按照特定的交易与服务规范，为买卖双方提供供求信息发布、商品搜索、交易洽谈、货款支付等服务的网络服务平台。

建平台与借平台各有千秋，教育出版企业选择与第三方平台合作，无疑是省时省力并能迅速扩大影响的途径。通过第三方平台，可实现多渠道数据整合、客户画像与洞察、全生命周期营销、高效率活动管理等，以技术驱动商业，持续提升企业转化率。

以淘宝、京东、当当网等 B2C 商城为代表的第三方分销平台是教育产品网络分销的重要渠道。用户可以在这些网络平台购买多种教育产品，包括电子音像制品、电子书、数字教材等。许多教育产品生产商也会在淘宝上开设专卖店、旗舰店等。

海豚传媒2018年在天猫平台年销售额约2.5亿元，其与天猫网店营销合作的“五部曲”可供出版单位学习借鉴。第一，通过各方引流，利用天猫平台内部的“淘达人”“有好货”等进行内容推广。第二，商家店铺与天猫平台合作，实现内容推广的销售转化。第三，网店积累了一定的销量、评价之后，为商品细化更多关键词，满足用户的购买需求。第四，在消费者的行为基础上，整合优化商品检索关键词、链接、介绍详情等。第五，利用天猫平台的官方购物节和世界读书日等特殊时间节点，在社交媒体平台向目标用户宣传，为出版单位的电商平台持续引流。

3. 渠道选择

营销渠道是整个营销系统的重要环节，它是连接产品与用户的桥梁，是实现教育出版融合产品价值的通道和途径。融合产品营销渠道的选择，要综合考虑产品的特性、产品的生命周期、渠道属性等因素。

（1）产品的特性

教育产品主要分为三类：一是纯实体产品，包括纸质图书、磁带、光盘等；二是富媒体实体产品，包括纸质图书或光盘＋网络支撑；三是虚拟产品，包括电子书、数字教材、备授课系统、自适应学习系统等。

目前，中小学实体产品主要通过线下渠道营销，教材、教辅以系统征订发行为主，系统征订品种基本上不同时采用网络渠道营销；虚拟产品具有易于复制和网络传播的特点，更适合网络渠道。与其他行业相比，教育出版的政策属性比较强，政府采购配发及教育系统单项招标不仅适合教材教辅等传统产品，也适合数字教材等虚拟产品。2018年秋，广东率先在义务教育阶段全学科、全学段使用国家课程数字教材，涉及小学 7 个学科、初中 11 个学科，由政府统一采购。

（2）产品的生命周期

产品的生命周期是指一种产品自开发成功并上市销售，到在市场上由弱到强，再到衰退而被市场所淘汰，整个过程所持续的时间，这是制订营销目标、营销策略和选择营销渠道、营销手段的重要依据。教育产品的生命周期一般可以分为导入期、成长期、成熟期和衰退期 4 个阶段。

导入期，即产品开始上市的阶段，在这一阶段，产品的知名度不高，销售增长缓慢。为了打开局面，要同时开展线下、线上大规模宣传，要重视升级后的富媒体产品对原有实体产品的支持作用，线下渠道不容忽视。

在成长期，产品的知名度迅速攀升，销售增长率及利润也以比较快的速度上升，同时出现同质化竞争产品。这一阶段的重点是完善产品质量和功能，加强实体产品在线下渠道的售后服务，做好虚拟产品在线上渠道的运营维护，以此提升品牌影响力，同时增加销售网点。

在成熟期，产品被大量销售，但是市场竞争空前激烈。这一阶段要通过调整目标市场，迭代更新产品，调整产品、价格、渠道、促销等营销因素的组合，使成熟期延长，或使产品的生命周期出现再循环。

在衰退期，销售增长率出现负值，利润越来越少，竞争日趋白热化，同时，替代品已经出现。在这一阶段，要在市场调研分析的基础上果断做出选择策略：一是继续沿用原市场、原渠道、原模式，让产品自行衰退；二是将资源集中于最有利的细分市场和渠道，以实现收益最大化；三是迅速放弃产品，做好善后工作，维护好渠道和客户关系。

教育信息化的推进对数字教学资源不断提出新的要求，在产品生命周期的不同阶段，通过形态和功能的迭代更新，可以实现产品的生命延续。例如数字教材就是从电子课本发展为电子书包，又从电子书包发展为多终端数字教材，“教材”代替“书包”，不仅是为了实现功能的集成与升级，也是出于营销渠道的考量，便于进入招标采购渠道。

（3）渠道属性

看待渠道属性有两个维度：一是渠道信息载体；二是渠道沉浸能力。渠道信息载体是渠道传递信息所用的表现形式，主要有文字、图片、视频、音频等，一般来说视频包含的信息量是最大的，图像和声音最容易被理解；渠道沉浸能力指渠道有多大的能力把受众带入到渠道中，被带入的程度越深，宣传营销的到达率就越高，消费者越不容易被外界的环境所干扰，越容易被渠道中的信息触达。因此，抖音、快手、小红书、今日头条也成了教育产品营销关注的领域。

相对来说，全媒体营销渠道更适合融合出版物的营销。有数据显示，单是在亚马逊平台，就有电子书销售超过千万元收入的出版社。译林出版社在全媒体营销推动下，2018 年电子书销售就接近 600 万元。而对于大部分纸质图书来说，实体书店、电商平台等主渠道营销仍应作为主要的营销手段。一方面，由于图书价格低、使用频率高，在全媒体营销中常常通过打折或免费赠送的方式，被作为平台引流的工具，出版社想要从中获利非常困难。另一方面，图书的消费（阅读）周期较长，很难使读者短期内大量重复性购买，况且作为一种低价商品，即使能重复销售，所产生的利润也不足以支撑精准推送等定向营销方式的各种耗费，很难说它是一种经济高效的手段。

第三节　营销方式创新

数字化生存意味着一切被重新定义，在报纸上看新闻、在杂志上看图片、在电视上看电视，基本上都让位于在数字媒体上的阅读、娱乐，这就是后数字时代的现状。从工业化时代到数字化时代，商业逻辑发生了根本性变化，从竞争逻辑（即比较优势和满足需求）转向共生逻辑（即顾客价值和创造需求），从挖掘确定性转向探索可能性；消费者从关心产品的交易价值转向关注产品的使用价值；企业从瞄准大众市场的营销转向针对个人市场的营销。网络视频、社交网站、微信、微博、移动媒体等各类新媒体的兴起，导致消费者行为的深刻变迁，数字化时代的营销呈现出渠道多样化、传播社交化、浏览视觉化、洞察全面化等特征。对于教育融合产品来说，许多传统的营销方式已经无法适应新时代的市场需求，必须进行营销方式的创新。

一、直播营销

直播营销是指在事件发生、发展的进程中现场制作和播出节目的营销方式。除了本身的广告效应，直播内容的新闻效应往往更明显，引爆性更强；在一个特定的时间共同进入播放页面观看的时空限制，能精准识别和吸引具有忠诚度的目标人群；网络直播间的留言、评论与弹幕，让营销行为透明化、公开化；主播对用户的疑问进行现场解答，让实时互动更具真实性和立体性，使得用户触达更加有效；带有仪式感的内容播出形式，让一批志趣相同的受众聚集在一起，在情绪上相互感染。因此，直播营销能够帮助教育出版企业获得品牌的提升或销量的增长。

直播既是当下在线教育大热的授课形式，也是招生引流、提高平台曝光度的一种新模式，受到了不同细分领域老师们的喜爱和认可。比如，全场景教育 SAAS 技术服务商“创客匠人”为教培机构、教育企业定制了 7 种直播服务形式：视频录播 + 社群直播、OBS 实时直播、手机推流直播、语音直播、PPT 直播、视频直播、多师视频直播。据介绍，他们升级直播带货功能，不仅支持老师在直播中推广知识课程或实体商品，也支持在直播中进行限时购、拼团、好友灌溉等营销活动。

面对新冠肺炎疫情带来的影响，春节假期后江苏凤凰少儿出版社迅速成立了新媒体营销小组，立足“名师带你读”系列读本，策划了“云说少年时代”之“名师带你读”和“名家讲堂”两个栏目的线上直播课程，从课程的设计到讲师的选择，再到媒体的对接，层层严密把关。目前“名师带你读”第一季已经完美收官，5 场累计播放量超过 100 万次，“名家讲堂”累计观看量也达到 50 万次，形成了良好的品牌和宣传效应，活动期间各平台的纸质书销量明显上升。

二、短视频营销

短视频是指一种视频长度以秒计数，并且主要依托于移动智能终端实现快速拍摄和美化编辑，可在社交媒体平台上实时分享和无缝对接的一种新型视频形式。视频短，不仅花费低，也非常符合当今快餐时代以“快”为主的思维，适合在碎片化的时间中使用，借助社交媒体的渠道优势可实现“病毒式”传播。与传统的图文内容相比，短视频融合了文字、音频和视频，使得用户在接收内容时立体感强，其直观的表现形式、多样的内容和极高的互动感带来了多元化的盈利模式，成为其在内容创业领域中的优势所在。总之，短视频凭借其短小、易于传播，内容灵活、软性植入，直观趣味、互动性高等特性，成为当下最炙手可热的营销方式之一。

短视频营销的常见形式有：拍摄产品短片，解答客户疑问；拍摄生产短片，展示制作过程；拍摄集中展示个性化特点的短视频，展现品牌文化；邀请粉丝上传带有标签的短视频，参加品牌宣传活动；剪辑粉丝制作的创意视频，生成视频广告；利用节假日主题短视频，在品牌商和消费者之间建立强关系等。

在线英语培训 VIPKID 开发帮助家长“花式晒娃”的页面功能，家长可以选取孩子学习的精彩瞬间，比如将孩子的成绩单、奖状等制作一段短视频。因为有一个足够“晒”的理由，家长上传的积极性很高。VIPKID 短视频营销成为教育行业低成本获客的典范。此外，VIPKID 还通过在母婴达人“宝贝的搞笑妈咪”“米逗夫”的原创短视频中植入演绎 VIPKID 课程优势，实现了 VIPKID 品牌信息在 80 后、90 后妈妈中的广泛触达，获得 310 多万播放量的传播效果，引发众多粉丝参与体验 VIPKID 的课程。

三、跨界营销

根据不同行业、不同产品、不同偏好的消费者之间所拥有的共性和联系，把一些原本毫不相干的元素进行融合、互相渗透，进而彰显出一种新锐的生活态度与审美方式，并赢得目标消费者的好感，可以使跨界合作的品牌价值都能够实现最大化，这就是跨界营销。[1] 跨界营销打破了行业营销固有的藩篱，真正实现跨行业合作共赢。跨界合作对于品牌的最大益处是让原本毫不相干的元素相互渗透、相互融合，从而给品牌一种立体感和纵深感。可以建立跨界关系的不同品牌，一定是互补性而非竞争性的品牌，这里不是指功能上的互补，而是用户体验上的互补。

51Talk 跨界营销模式值得研究。51Talk 成为《捉妖记 2》官方唯一指定在线青少儿英语合作品牌，基于观众对《捉妖记》系列电影的热情和对影片中小妖王胡巴的喜爱，51Talk 深度结合《捉妖记 2》知名 IP——胡巴形象，开发了一系列衍生品。51Talk 联合《爸爸去哪儿》主题曲创作人叶圣涛推出新版《上学歌》，一对父女把自己翻唱的新版《上学歌》发布在网上，“思想聚焦”和“音乐铺子”等大 V 纷纷转发，引发了全网关注。此外，51Talk 还亮相金鹰卡通卫视全国首档“明星 + 大型萌物”户外综艺《人偶总动员 3》，深度植入 51Talk 品牌吉祥物“大明猩”Max，打造吉祥物 IP，输出了“跟 Max 一起勇闯英语学习关”的营销概念。无论是电影《捉妖记 2》、歌曲《上学歌》还是综艺《人偶总动员 3》，它们都聚焦儿童和青少年群体，这与 51Talk 的目标用户非常接近。51Talk 在与电影、综艺节目等合作时，通过花式插播，使 51Talk 的品牌在不知不觉中深入人心，让目标消费群体在娱乐化的节目中潜移默化地记住了 51Talk。

四、社群营销

社群营销主要是通过 QQ、微信、微博等连接、沟通用户，实

[1] 陈丽. 跨界营销三原则 [J]. 市场观察，2011（10）：56-57.

现用户价值。在《陪孩子画唐诗》的营销中，华东师范大学出版社借助线上线下的亲子社群，通过手工坊的形式进行宣传，提高了儿童的参与度；以作者线上直播课的形式，联合亲子社群和微信公众号开展宣传；围绕节日唐诗、旅行唐诗、读唐诗做手工、看画猜唐诗等开展了数十次活动，直观展现书中蕴含的亲子教育场景。

社群凭借其低成本、高黏性、高回报的特性，成为产品营销的重要载体。社群集合了不同领域、不同性格的人，形成了很特别的体系。在建立社群的时候，可以不拘一格吸收粉丝或者成员，但做好社群成员分类是社群营销的基础。广西师范大学出版社推出“会员家计划”，通过微信等新媒体渠道吸纳会员，获得其年龄、性别、偏好、期望等数据，并对会员进行社群化分组，针对不同社群开展精细化的服务。例如，为热爱诗词的社群策划并推送“神的故乡　鹰在言语——陪海子母亲读诗”，为喜欢民谣的社群策划“旅梦人与他的群鸟归来——钟立风《像艳遇一样忧伤》新书沙龙”等，获得了用户的口碑，成功将线上用户引流至实体书店。

社群营销将过去“商品—人”的关系倒置为“人—商品”的关系，主要依靠用户的口碑传递，依靠的是信任。VIPKID 凭借过硬的教学质量和高性价比的纯北美外教口语培训产品赢得了用户的认可。因此，一些已体验过课程的孩子及家长会主动向亲朋好友宣传 VIPKID。为了进一步刺激老用户推荐新用户，VIPKID 采取了一些激励机制，例如，老用户每推荐一位新用户注册并试听课程，即可获赠 10 节主修课程且奖励可累积。根据 VIPKID 官方披露的数据，用户推荐是 VIPKID 新用户的最大来源，每年新增用户的 70% 来自老用户的推荐。[1]

五、名人营销

名人营销是指利用演员、导演、体育明星等文体圈名人，学者、教授、作家等学界名人，大企业CEO等商界名人的影响力，利用人们对名人的崇拜心理进行营销的一种方式。“转粉带货、品牌区隔、视觉效应”是让众多品牌愿意和名人合作的主要原因。

通过名人来营销，不仅能帮助品牌进一步曝光，加深产品与用户之间的情感联结，也能引流名人粉丝参与其中，加速粉丝向用户转换。名人营销的逻辑是：选择符合自身品牌风格的名人→借助名人的号召力吸引用户关注产品→将名人粉丝与产品捆绑互动，通过社交网络传播品牌→将粉丝转化为用户。在产品同质化的情况下，名人代言是最直接的差异点，甚至是促使家长做出选择的关键性因素。

名人代言人本身的经历或形象也会增加用户对品牌风格的感知。代言在线教育的名人多已为人父母，与品牌的目标群体——家长的需求一致，甚至会亲自使用产品。掌门1对1选择黄磊作为代言人，就是因为黄磊的大众形象与其公司品牌形象很契合，借助黄磊的影响力，可以将更多人的目光集中到中小学在线1对1教育领域，增强掌门1对1的品牌竞争优势。姚明应邀成为在线英语教育机构vipabc的形象代言人，其体育巨星的身高和影响力符合vipabc的国际定位。姚明在NBA从英语生硬到流利交流的个人经历生动地诠释

[1] 现代商业. VIPKID的营销策略分析[EB/OL].[2019-09-19]. http://www.xdsyzzs.com/shangyeliutong/5535.html.

了 vipabc 的理念：学语言不仅是学习语法和单词，更是学文化和思维逻辑。与姚明的合作，让 vipabc 的扩张如虎添翼。

六、品牌营销

最高级的营销不是建立庞大的营销网络，而是利用品牌符号，把无形的营销网络铺建到社会公众心里，把产品输送到消费者心里，使消费者选择消费时就认这个产品，投资商选择合作时就认这个企业，这就是品牌营销。在品牌营销中，传统营销和网络营销相辅相成，互相促进。

企业品牌是隐形资产，它就像一个大型 KOL（Key Opinion Leader），能够在自己的用户中营造口碑和进行信任背书。用户偏爱的品牌形象首先是专业的，其次是值得信赖的、可靠的、有责任心的，这些都可以归为产品的核心品牌形象，也是所有教育产品应该具备的形象。而创新的、智能的、有思想的品牌认知可以归为产品的进阶形象，教育产品在专业的基础上再增加一些创新、智能等体验，可对产品品牌形象起到提升补充作用。企业品牌最典型的营销应用场景是跨界联名。跨界联名的最大好处是能迅速结合两家品牌的私域流量，以相对较低的成本制造更大的声量。不过任何品牌之间的跨界联名都要找到两者之间的共性，才能叠加品牌效应，创造 1+1>2 的营销效果。

学而思网校首次试水综艺，独家冠名浙江卫视文化教育类节目《同一堂课》第二季。尽管初涉此道，但学而思网校已经认识到，想要真正做好综艺内容营销，在品牌投放时首先要找准自身定位，不仅仅要关注节目流量、观众规模，更要关注 IP 品质，考虑品牌业务、价值、理念契合度，对合作 IP 进行优选。定位为文化教育公开课的《同一堂课》是国内具有口碑优势的文化综艺 IP，第二季开播以来，豆瓣评分稳定在 8 分左右。在节目模式方面，《同一堂课》邀请文化名人中的榜样力量前往国内外中小学代课语文，打造“名师、名篇、名课”的语文样本课模式，与学而思网校的核心业务一致。在节目 IP 助力下，学而思网校进一步全方位升级学而思大语文的模式和内容，探索践行更多素质教育的可能性。在收视人群方面，节目主要收视人群为 4—16 岁的中小学生及 30—50 岁的家长群体，与学而思网校的核心目标客户重合。节目与品牌的高契合度，决定了学而思网校能够以自然的状态在节目中打造营销场景，更好地将商业信息与节目原生内容进行融合，避免透支节目自身口碑。在提升品牌知名度的同时，也不因为广告主的身份而损失品牌好感度。得益于高契合度，品牌营销效果在节目内外都有一定的延展性，品牌也随之获得长期回报。[1]

七、体验式营销

体验式营销站在消费者的感官（Sense）、情感（Feel）、思考（Think）、行动（Act）、关联（Relate）五个方面，重新定义、设计营销的思考方式，采取让目标用户观摩、聆听、尝试、试用等方式，使其亲身体验企业提供的产品或服务，让目标用户实际感知产品或服务的品质或性能，从而促使目标用户认知、喜好并购买。体验式

[1] K12 在线教育品牌营销：看学而思网校的试水与破局［EB/OL］.（2020-01-06）［2020-06-21］. https://creative.adquan.com/show/290337.

营销突破传统“理性消费者”的假设，认为消费者消费时兼具理性与感性，消费者在消费前、消费时、消费后的体验，才是研究消费者行为与企业品牌经营的关键。

好的用户体验应该从细节开始，并贯穿每一个细节。能够让用户有所感知，并且这种感知超出用户预期，给用户带来惊喜，要贯穿品牌与消费者沟通的整个链条。最常见的体验式营销是免费体验。跟谁学推出类似专题课的“0 元课”，即体验营，而不是低价体验班，用两个免费产品降低拉新门槛。先是用免费的阅读训练册、单元测试卷等吸引用户关注公众号；关注公众号后，用户会收到来自小学、初中、高中三个学部的“快速提分攻略的体验营课程”链接；点击进入不同的学部后，再选择科目和课程，识别二维码进群；至此，“拉新”的第一步完成。进群后，用户会收到一个链接，要求家长预约当天晚上的两节免费公开课，同时点击辅导老师的头像添加好友，领取价值 399 元的语数外三科电子学习礼包。完成这一步后，用户将获得两节免费公开课，同时还有一个学习礼包。在跟谁学的拉新体系中，试听的门槛非常低，很多家长会带着孩子去试听免费公开课。除了让孩子们体验课堂的有趣，提升学习信心外，公开课里还有一个十分重要的环节就是低价体验课的宣讲。低价班定价很便宜，以小学课程为例，语数外三科 12 节课只需要 27 元，低于其他品牌的价格。[1] 可以看到，跟谁学在营销的过程中是用两个免费产品——免费的学习材料和免费的公开课降低用户尝试的门槛，做大入口。

[1] 孙颖莹．低于行业成本，跟谁学的获客是怎么做的？[EB/OL]．(2019-12-25)[2020-06-21]．https://mp.weixin.qq.com/s/itoS8fRwBBQJ3bfrUjN5QQ.

成为忠诚用户的营销方式就是体验营销。体验营销模式是指数字资源的生产运营商通过推出免费的数字资源供用户使用，使得用户对产品有了感性体验，从而在用户心目中建立起品牌认同，并在产品获得了一定的消费者黏性之后再进行收费。同时，免费体验有利于提升用户对产品和生产运营商的信任度，增强品牌影响力，间接拉动产品销售。

江苏凤凰知慧教育科技有限公司研发了职教数控专业综合实训考核平台，在产品研发阶段，该公司让一线用户参与到产品研发过程中，边研发边试用，边改进边提高。在市场推广阶段，该公司在首批 7 所学校先行试用，确认产品性能和运行稳定可靠后，在 23 个标准化考点垫资安装，确保全省职业技能学业水平考试顺利实施。产品试用结果得到了相关学校、管理部门的充分肯定，为后续全省考点学校采购，并选用该平台作为信息化专用考核平台奠定了坚实的产品和市场基础。

值得注意的是，对于本节所介绍的众多新型营销手段，要发挥好其优势与作用，非常重要的一点就是必须对传统出版各环节进行变革，形成整体性的运营创新。

第一是图书内容的创新，打造能够自我复制、延伸、扩展的内容，营造消费氛围。对于教育出版企业来说，就是要注重图书的系列化，强调出版社的专业化与垂直化。第二，要尽可能延伸图书价值链，树立 IP 的概念，将盈利模式从单独依靠纸质图书转向数字产品、版权运作、影视互动、衍生品开发等多元模式。第三，还需要出版社组织架构创新的支撑。全媒体营销宣传文案的策划与传播，需要融合策划、文案、美术、技术甚至互联网推广等多种力量，对各部门的协调能力要求很高，因此项目化、小组化的组织架构更有利于提升全媒体出版与运营能力。当前，教育出版融合产品的营销力度、运营精度仍有待提升。融合发展也面临一些瓶颈，一方面，融合出版属于创新业务，总体投入资金有限，成为扩大产出的限制瓶颈。另一方面，人才培训、晋升通道及激励机制尚在摸索建立中，对于引进、留住复合型人才的吸引力还不够。不过，随着探索不断深入，尤其是 2020 年疫情带来的冲击，让出版单位对数字产品的重要性有了更进一步的认识，融合出版物营销有望得到更多重视。

第五章

融合产品版权管理

版权保护和管理是促进教育出版健康发展的重要前提和基础。数字化变革浪潮下，教育出版在融合发展过程中面临更复杂多样的侵权环境和现象，需要及时转变传统版权管理方式。如何充分了解著作权法律法规，保护自己的版权内容，减少侵权行为，管理优质版权内容资源，成为教育出版行业需要共同探讨的问题。

第一节　版权热点问题

一、教材教辅配套产品

传统教育出版过程中，出现过不少配套某一版本教材出版教辅的侵权纠纷，在数字化时代，类似纠纷又延伸为基于教材开发的数字产品中。当前很多非教材出版单位，如数字产品开发企业相继推出与教材配套的产品，这些产品是否涉及侵权正是亟须理清的问题。剖析传统教育出版领域一些教材配套教辅的版权纠纷案例，可为相关数字产品的版权问题提供一些参考。

（一）仁爱教育研究所教材配套教辅维权诉讼

1. 仁爱教育研究所诉海南出版社有限公司教辅侵权案

2010 年，北京教育出版社出版发行了仁爱版“义务教育课程标准实验教科书"《英语》系列教材（简称《英语》教材），2012年，海南出版社有限公司出版发行《名师名题》英语（八年级上册）。2013年，仁爱教育研究所就海南出版社有限公司侵犯《英语》教材著作权问题起诉至重庆市第三中级人民法院，诉称：仁爱教育研究所是《英语》教材的著作权人，海南出版社有限公司未经其授权就出版发行了配套教辅书《名师名题》英语（八年级上册），该教辅书完全依据《英语》教材（八年级上册）编写，复制了包括课文原句、句型、短语、词汇、知识点、话题、语法等大量内容，并在部分地方添加了汉语翻译和注释。经比对发现，《名师名题》教辅书与《英语》教材的内容相似度高达94%，因此海南出版社有限公司侵犯了仁爱教育研究所的著作权，海南出版社有限公司应承担侵权赔偿责任。

海南出版社有限公司辩称，《名师名题》英语（八年级上册）是依据国家教育部制定的《英语课程标准》独立编写的作品，书中的课题训练、期末测试等具有多功能编排形式，题例、内容具有自己独特风格和特点，并非依据《英语》教材（八年级上册）编写。此外，《名师名题》与《英语》教材均是依据我国教育部颁布的《英语课程标准》设计编写，故词汇、语法等有一定的共性。《名师名题》里每课的知识内容包含大量练习题，而《英语》教材中英汉互动知识点均是以讲解为主，两者具有本质上的区别。因此，《名师名题》不存在侵权《英语》教材行为。

根据双方举证质证，法院查明案件基本事实：一，2010年6月北京教育出版社出版发行了《英语》教材，版权页上载明该书由北京市仁爱教育研究所编著，《出版说明》中有“仁爱版英语教材著作权为北京市仁爱教育研究所独家享有”的内容。二，该教材以“Kangkang”等四个小主人公相识、相知、成长、学习、生活的故事情节为主线贯穿始终，以图文结合的形式呈现教学内容，分为四个大单元，Unit 1、Unit 2、Unit 3、Unit 4，每个大单元又分为三个子单元 Topic 1、Topic 2、Topic 3，每个子单元分为 Section A、Section B、Section C、Section D 四节，分别安排有小组活动、阅读理解、同步练习、语法、常用表达法、书面表达、课题等小节。三，《英语》教材在 Unit 1 中要求学生理解的词汇除《英语课程标准》规定的之外，还增加了"cheer...on""grow up""in the future"等。四，2012 年 5 月海南出版社有限公司出版发行《名师名题》英语（八年级上册）在整体结构上共分为四个单元，每个单元包括三个主题 Topic 1、Topic 2、Topic 3，每个主题下面包括 Section A、Section B、Section C、Section D 四个部分，分别包括目标导学、自主学习、当堂训练等栏目。五，《名师名题》在"目标导学"中列明要求学生掌握的词汇包括"cheer...on""grow up""in the future"等。六，国家教育部制订的《英语课程标准》中仅载明了整个中学阶段应当掌握的语法、简单常用语句、词汇表，并无阶段性学习进程的划分，即在哪一个阶段具体学习哪些词汇、语句、语法等并无强制规定。

法院认为，一方面《英语》教材为仁爱教育研究所编著，仁爱教育研究所系该教材的著作权人，对该教材依法享有著作权。国家教育部制订的《英语课程标准》并未详细划分整个中学阶段哪一个时间段应具体学习哪些词汇、语句、语法等。而仁爱研究所根据学生掌握英语知识的特点，对整个中学阶段所应当掌握的全部语法、简单常用语句、词汇等重新排列组合，并配以自创的人物和故事情节主线，设计了不同话题，让学生在相应阶段根据不同的话题、句子掌握相应知识点。虽然教材课文中句子相对简单，使用的日常用语、语法、短语、单词、词组等内容本身并不具有独创性，但相应的句子出现在不同的阶段、不同的话题，特别是某些包含了特定人物、时间、地点及电话号码等具体信息的语句，体现了仁爱教育研究所对其内容选择和编排的独创性。因此，涉案的仁爱版《英语》教材为汇编作品，仁爱研究所对其享有的著作权依法应受保护，有权禁止他人未经许可以营利为目的使用其作品。

另一方面，通过比对涉案的两份出版物，《名师名题》在体例结构设置、单元数量及相应单元的话题设置上与《英语》教材完全相同；并且《名师名题》每单元所解析的重点单词、重点短语、重点句型以及语法与《英语》教材相应单元出现的单词、短语、句型、语法保持同步。由此可以看出《名师名题》是按照《英语》教材课程内容编写的教辅读物，系对仁爱版《英语》教材内容再创作而形成的新的改编作品。虽然微观来看，涉案教材、教辅中出现的某一个具体单词、短语、句型或语法，均来源于已经进入公共领域的《英语课程标准》，但从宏观来看，涉案教辅均针对教材的学习内容及进度编排，在相同单元使用某些特定的词汇、语句。如：按照教材编写体例将英语教学分为四个单元，每个单元又划分三个主题，每个主题又由Section A、Section B、Section C、Section D组成。除《英语课程标准》要求掌握的词汇之外，还将教材课文中要求理解的词汇安排在同一章节，使用与教材完全相同的人物“Kangkang”。《名师名题》对《英语》教材中出现的语句、人物的使用已经超出普通意义上的合理使用，是对该教材在著作权意义上的改编再使用。因此，海南出版社有限公司的抗辩理由不能成立，其未经许可出版发行《名师名题》的行为侵犯了仁爱教育研究所对《英语》教材享有的著作权。

最终2014年5月13日，重庆市第三中级人民法院判决海南出版社有限公司在判决生效后15日内停止出版发行《名师名题》英语（八年级上册），并赔偿原告北京市仁爱教育研究所经济损失1万元。[1]

2. 仁爱教育研究所诉武汉出版社教辅侵权案

2013年，仁爱教育研究所就武汉出版社侵犯《英语》教材著作权问题起诉至北京市海淀区人民法院。仁爱教育研究所诉称，武汉出版社未经许可出版发行了与《英语》教材配套的教辅书《探究在线高效课堂英语（七年级下册）》（简称《探究在线》），该教辅书完全依据《英语》教材编写，并复制教材中的大量内容，侵犯了仁爱教育研究所对《英语》教材享有的著作权。

同时为证明侵权成立，仁爱研究所把《探究在线》与《英语》教材的相似内容分为七种情形，包括：与课文中短语相同；采用《英语》教材单元词汇表中的重点词汇；与课文中的短语知识点相同；话题相关；语法相同；课文原句；将教材原句简单替换单词，句型、知识点相同。

武汉出版社辩称，武汉出版社对于《探究在线》的稿件来源、署名及所编辑出版物内容等方面都给予了充分的"合理注意"，没有过错。

根据双方举证，法院认为结合仁爱版《英语》教材的署名情况和著作权登记证书，仁爱教育研究所为《英语》教材的著作权人，

[1] 中国裁判文书网．北京市仁爱教育研究所与海南出版社有限公司，重庆市南川区文化书店著作权权属、侵权纠纷一审民事判决书［EB/OL］．（2014-07-02）［2020-04-18］．http://wenshu.court.gov.cn/website/wenshu/181107ANFZ0BXSK4/index.html?docId=e06dc8560aab4721a0b68e52930fceaf.

其合法权利应受著作权法保护，但教辅对教材的使用应结合具体情况判断是否构成合理使用。一方面，对于仁爱教育研究所主张的七种内容相似情形，法院经查明判定教材中的短语、词汇、语法、句型等属于英语常用表达，本身不具独创性，《探究在线》并未使用《英语》教材对涉案短语的编排体系和结构安排；知识点属于教学大纲要求内容，任何人均有权据此展开创作；《探究在线》确有部分使用教材课文原句的情形，但主要是为了解释、说明课文中重点句子，并未整体使用，其比例合适，构成合理使用。《探究在线》在句型设计上有自己的特点，并非仅简单替换单词，与仁爱教材表达不同，不构成侵权。另一方面，《探究在线》是配合《英语》教材使用的教辅图书，在整体编排上必然要参照教材的编排顺序。两书章节目录、专题设置上的相同，系为解释、说明教材之必需，此种使用未超过合理限度，不会对教材产生替代作用，也不会不合理地损害仁爱教育研究所的其他经济利益，属于合理使用，不构成侵权。最终 2015 年 1 月 20 日，北京市海淀区人民法院判决武汉出版社的行为属于合理使用，不构成侵权，驳回北京市仁爱教育研究所的全部诉讼请求[1]。

（二）外研社诉数字产品开发企业侵权案

随着数字技术的不断发展，网络上出现了大量基于纸质教材开发的教育学习类应用软件，此类软件通常在纸质教材内容的基础上

[1] 中国裁判文书网．北京市仁爱教育研究所诉武汉出版社等著作权权属、侵权纠纷一案[EB/OL].（2016-07-26）[2020-03-19]. http://wenshu.court.gov.cn/website/wenshu/181107ANFZ0BXSK4/index.html?docId=dee4c86d2c284da0a9e1e91d8d11e77e.

添加音频、动画等多媒体功能，在家长和学生中使用率较高。但目前一些数字教育产品开发企业未经教材内容资源的著作权人许可，擅自将教材进行数字化处理并提供给用户，从而引发诸多版权纠纷。

2000 年，外语教学与研究出版社有限责任公司（简称外研社）与麦克米伦出版（中国）有限公司（简称麦克米伦公司）合作策划，由外研社组织编写了《新标准英语》中小学系列英语教材。外研社与编者签订了《图书出版合同》，约定《新标准英语》系列教材作品的著作权归外研社所有，教材封面底部标注有“外语教学与研究出版社”，版权页显示“陈琳、（英）爱丽斯（Ellis.P.）主编”“出版发行：外语教学与研究出版社”等字样。

2016 年，外研社发现华多公司和多玩公司在其共同开发的应用程序“小学英语 100 分”APP 中擅自使用了《新标准英语》一年级起至二年级上册的教材内容，将教材页面以全篇幅扫描形式在 APP 中完整再现，并对课文内容以音频诵读且提供翻译的方式进行使用。外研社于 2017 年起诉至广东省广州市南沙区人民法院，诉称《新标准英语》学生教材为文字和图画形成的作品，华多公司、多玩公司未经允许在自主研发的 APP 中使用《新标准英语》教材，侵犯了其信息网络传播权、复制权、发行权、翻译权，损害了外研社的合法权益，并造成经济损失。

华多公司辩称，外研社提供的著作权权属证明存在瑕疵，主张权利缺乏事实依据。《新标准英语》教材作品是外研社与麦克米伦公司合作策划出版，其著作权应由合作作者共同享有，外研社并未提供麦克米伦公司出具的授权委托书或者任何合同文件。同时，《新标准英语》教材在涉案 APP 中均为免费，多玩公司未从中获得收益，也未利用《新标准英语》教材进行商业推广。另外，涉案作品为汇编作品，且属于公共教材，原创性较低。从社会公共利益角度考虑，普及九年义务教育是我国的基本国策，英语教材的宣传普及有助于促进我国中小学生的英语学习。

多玩公司同意华多公司的答辩意见，并补充：多玩公司不存在主观恶意，属于开发公益性 APP，免流量，无广告，未从中获益，在接到外研社的起诉书后，已经立即下架涉案 APP。

法院认为，在作品或者制品上署名的自然人、法人或其他组织视为著作权、与著作权有关权益的权利人，有相反证明的除外。根据《新标准英语》教材版权页标注的版权信息、外研社的自认、外研社提交的《图书出版合同》约定内容，在无相反证据的情况下，认定外研社与麦克米伦公司系涉案合作作品的著作权人。因此，作为合作作品的著作权人，外研社有权以自己的名义单独向华多公司、多玩公司提起侵权诉讼，外研社作为本案原告诉讼主体适格。同时，《新标准英语》教材内容的选择及编排体现一定的独创性，符合汇编作品的定义，为汇编作品。

“小学英语 100 分” APP 的开发商为多玩公司，且华多公司、多玩公司确认其属于关联公司。故华多公司、多玩公司未经权利人许可，共同提供应用程序供网络用户免费下载使用，已经构成共同侵权。经过对比，“小学英语 100 分” 应用程序中所使用的教材与外研社主张权利的汇编作品内容基本一致。华多公司、多玩公司并未提供证据证明使用《新标准英语》教材已经得到合法授权，其将外研社享有著作权的教材通过扫描形式在应用程序中再现，向公众提供涉案教材，已构成对外研社信息网络传播权、复制权、发行权的侵害。此外，将《新标准英语》教材中的部分英文内容翻译成中文提供给网络用户使用，已构成对外研社作品翻译权的侵害。综上，涉案应用程序“小学英语 100 分”中使用的被控侵权教材已构成对外研社信息网络传播权、复制权、发行权、翻译权的侵害。

广州市南沙区人民法院一审判决多玩公司与华多公司连带赔偿外研社经济损失及合理开支 8000 元。外研社认为一审判决的 8000 元赔偿数额畸低，向广州知识产权法院提起上诉。广州知识产权法院最终于 2018 年 2 月 28 日改判华多公司、多玩公司连带赔偿外研社经济损失及合理开支 2 万元。[1]

（三）培生北京公司诉数字产品开发企业侵权案

培生（北京）管理咨询有限公司（简称培生北京公司）是培生亚洲公司在中国大陆地区投资设立的独资企业，经培生亚洲公司协议授权，享有《HipHipHooray! 5》学生教材在中国大陆地区的著作权和独家信息网络传播权，并同时享有对侵权行为依法追诉维权的权利。

2019 年，培生北京公司就步步高教育电子有限公司（简称步步高公司）侵犯教材著作权问题上诉至北京互联网法院，称步步高公司未经许可将整本《HipHipHooray！ 5》英语教材及附属光盘教材（简称英语教材）复制并分类编辑后，上传至官方网站，向学习机用户提供下载服务。另外，步步高公司生产销售的电子产品是以设备为载体向用户提供学习资料的工具，因此学习资料是其电子产品的核心价值所在，而学习资料是著作权人创造的精神财富，应当得到

[1] 中国裁判文书网．外语教学与研究出版社有限责任公司、广州华多网络科技有限公司著作权权属、侵权纠纷二审民事判决书［EB/OL］．（2018-06-08）［2020-04-17］．http://wenshu.court.gov.cn/website/wenshu/181107ANFZ0BXSK4/index.html?docId=b7cde5a40aba46e3b4f5a8f90128186e.

尊重和保护。步步高公司未经授权擅自传播作品、漠视他人知识产权的行为，侵犯了培生北京公司对其英语教材享有的著作权，并造成经济损失。

步步高公司辩称，培生北京公司权利基础不清晰，英语教材封面中标注有多位作者姓名，这证明教材是由多位作者合作完成编撰，培生北京公司仅举证证明培生亚洲公司作为出版者对其进行了授权，未证明其获得了作者的授权许可或确认，因此被授权方培生北京公司的权利具有瑕疵。其次，步步高公司不存在侵权行为。被控侵权的电子版图书与英语教材相比，没有美术作品、摄影作品，只对每句英文增加了中文翻译。英文文字部分也存在较大区别，两者在内容的编排上并不相同。

法院认为，一方面，依我国著作权法的有关规定，著作权属于作者，如无相反证明，在作品上署名的公民、法人或者其他组织为作者。本案中，英语教材由文字、图片及相关音频等内容组成，具有较强的个性化色彩，包含作者的创造性劳动，应受我国著作权法保护。在无相反证据的情形下，根据图书版权页及附属光盘标注的权属信息、著作权许可使用协议及补充协议，可以确定培生亚洲公司系涉案作品的著作权人，培生北京公司通过授权获得了英语教材的独家信息网络传播权、使用权，有权以自己的名义提起本案诉讼。步步高公司关于涉案作品不具有独创性及原告权属存在瑕疵的抗辩缺乏依据，对此不予采纳。

另一方面，除法定情形外，未经许可使用他人作品，未向著作权人支付报酬的，应承担相应的侵权责任。步步高公司未经培生北京公司许可，在其官方网站向公众提供电子版图书下载服务，下载内容虽未使用涉案作品的图片，但文字部分（包括音频转换的文字）

大部分内容均具有一致性，构成实质性相似。最终 2019 年 12 月 21 日，北京互联网法院判决被告步步高公司侵犯了培生北京公司享有的信息网络传播权，并赔偿培生北京公司经济损失 1.2 万元及合理支出 3000 元。[1]

（四）案例小结

在教材配套教辅产品的侵权纠纷案件中，教材方与教辅方争议的焦点主要集中在以下几个方面：

1. 教材是否享有著作权

根据《中华人民共和国著作权法》（简称《著作权法》）第十四条规定："汇编若干作品、作品的片段或者不构成作品的数据或者其他材料，对其内容的选择或者编排体现独创性的作品，为汇编作品，其著作权由编汇人享有。"教材在编写过程中需要遵照课程标准和教学大纲，虽然文章内容主要来自改编、节选和引用他人作品，但是编者在设置单元主题、教学栏目，以及选择、汇编作品或作品片段的过程中具有独创性，因而教材在体例编排方面具备独创性，符合汇编作品的构成要件。同时国家版权局在《关于习题集类教辅图书是否侵犯教材著作权问题的意见》中提出："构成汇编作品的教科书，在其内容的选择或编排上是具有独创性的，应受到著作权保护。"因此，教材作为汇编作品是享有著作权并受著作权保护的。在目前的司法实践中，也普遍认定教材为汇编作品，并享有著

[1] 中国裁判文书网．培生（北京）管理咨询有限公司与步步高教育电子有限公司一审民事判决书［EB/OL］.（2020-03-19）［2020-04-17］. http://wenshu.court.gov.cn/website/wenshu/181107ANFZ0BXSK4/index.html?docId=f2c6ab9ca76f426ea9dbab82000c6e21.

作权。但是需要注意的是，如果教材中包含编写组工作人员独立创作或委托他人专门创作的内容，则这些独创内容单独构成文字或美术作品。[1]

2. 教辅图书按照教材体例和目录进行编写是否属于侵犯教材著作权的行为

汇编作品的表达是以体系化方式呈现的信息集合，其独创性体现在内容选择和编排体例上，但是这种独创性并不能脱离选择和编排的内容受到单独保护。教材作为汇编作品，目录本身不能受到保护，[2] 其真正价值在于教材内容本身的信息性和实用性，如果将编排结构与内容分割，单纯地对编排体例主张权利则没有意义。教材编排顺序和体例如果脱离内容，则会形成抽象的方法或思想，不再属于作品的范畴，不受著作权法保护。

通过仁爱教育研究所诉多家出版社的案件可以了解到，目前司法实践中对于侵犯汇编作品独创性表达的判断，需要将体例编排与具体内容相结合作为整体进行对比，只有在既使用了汇编教材的结构与体例编排，又使用了具体内容的情况下，才构成对教材的侵权。仅参照教科书的目录和编排，不涉及教材内容的大量复制与引用，则不构成对教材著作权的侵犯。

因此，在编写教辅的过程中要注意使用内容占原教材的比例。同步讲解型教辅书在体例目录与教材匹配的情况下，如果每章节都再现了教材内容，将构成侵权。另外，如果教辅使用的是教材编写

---

[1] 中国版权服务．如何判断教辅书籍是否侵犯教材著作权？[EB/OL].(2020-05-08)[2020-05-17]. https://mp.weixin.qq.com/s/bagH5F9fDPUSfTrvdpZN7w.

[2] 王迁．论汇编作品的著作权保护[J]. 法学，2015(2)：35-49.

组独立创作或委托他人专门创作的作品，则涉及侵犯著作权作品的复制权、翻译权等使用权。

3. 多重署名的情况下如何判断涉案教材的著作权归属

在教材封面及版权页中通常会出现既有具体编者署名，又有出版单位署名的情况，从而在教材的著作权属方面产生争议。在教材诉教辅侵权纠纷案件中，被告经常会对教材的著作权属以及教材出版社是否属于适格的诉讼主体提出质疑。在出版实务中，署名具有两种含义：一种是《著作权法》中署名权的含义，即作者通过署名表示自己作为创作者的身份；另一种是著作权人署名，作为一种声明用来表示著作权归属。在司法实践中，法院通常依据我国《著作权法》的有关规定，即著作权属于作者，如无相反证明，在作品上署名的公民、法人或者其他组织为作者；或者，通过教材版权页中标注的权属信息和出版社提交的授权协议等确定著作权人，判断出版社的诉讼适格情况。因此，出版社在编写教材过程中要重视著作权属问题，教材属于法人作品的，出版社通过与社内编写者签订劳动合同确认教材著作权属于出版社；邀请社外作者参与编写工作时，要及时与其签署委托编写合同或著作权协议等，为后续授权和维权工作提供法律依据。

二、试题试卷

早在 2003 年美国教育考试服务中心诉新东方试题侵权案件中，法院就明确 GRE 考试试题在内容设计和编排方面具有独创性，属于我国著作权法保护范畴。随着在线教育平台的繁荣，越来越多的教育类网站开始布局题库类产品建设，在这些网站方便广大学生学习、备考的同时，关于试卷试题著作权的争议也“卷土重来”。

（一）凤凰学易试卷维权诉讼

2014年，北京凤凰学易科技有限公司（简称凤凰学易）与汕头市金山中学（简称金山中学）签订了《学科网“e卷通”免费资源交换协议书》，经金山中学授权，凤凰学易享有7套试卷的独占性信息网络传播权，并对金山中学的原创试题及原创改编试题享有独占使用权。之后，北京贞观雨科技有限公司（简称贞观雨公司）在其运营的猿题库APP中上传了金山中学试题。2015年，凤凰学易就贞观雨公司侵犯其著作权问题起诉至北京市朝阳区人民法院，诉称贞观雨公司侵害了凤凰学易对试卷享有的信息网络传播权，损害了凤凰学易的经济利益及声誉，请求法院判令贞观雨公司删除其APP上所载的7套涉案试卷并赔偿经济损失与合理开支共计2万元。同时，金山中学出具声明，载明学科网上的7套涉案试卷由学校上传，试卷均由学校教师独立汇编，凤凰学易可以以自己的名义独立进行维权活动。

贞观雨公司辩称，其在猿题库APP中使用了金山中学试卷，但试卷不是作品，其内容来源于高考及其他考试试题，没有独创性。即使试卷有著作权，著作权是属于出题教师而不是学校，学校无权授权。公司在使用试卷时已标注作品来源是金山中学，不会侵犯相应试卷的权利，不应承担赔礼道歉的责任。另外为避免争议，贞观雨已经删除了上述试卷。

法院认为，首先，金山中学试卷内容的选择或编排是为了考查学生对于课程的掌握程度，具有独创性，可以认定为汇编作品，受到著作权法的保护。著作权属于作者，如无相反证明，在作品上署名的公民、法人或者其他组织为作者。涉案试卷均由金山中学署名，按照常理，学校考试由各校根据本校学生学习进度和国家考试要求选择、编排试卷内容，金山中学为涉案试卷的著作权人。其次，经金山中学授权，凤凰学易在著作权期限内享有试卷信息网络传播权的专有使用权，有权提起本案诉讼。因此，贞观雨公司未经许可通过其经营的猿题库 APP 传播了涉案试卷，侵犯了凤凰学易享有的信息网络传播权，应当承担停止侵权、赔偿损失等民事责任。因被控猿题库 APP 中的涉案试卷已经被删除，对于凤凰学易提出的删除请求，法院不再处理。最终 2016 年 1 月 23 日，北京市朝阳区人民法院判决贞观雨公司赔偿凤凰学易公司经济损失 3500 元、合理开支 5000 元。[1]

（二）医考中心试题维权诉讼

国家医学考试中心（简称医考中心）是原国家卫生部直属事业单位，负责全国执业医师资格考试的技术性工作，包括试题命制和题库建设。2011 年医考中心发现，豆丁世纪（北京）网络技术有限公司（简称豆丁公司）未经许可，在其网站上大量使用、刊登、转载了历年执业医师资格考试的试题，该网站用户通过付费可下载“历年执业医师资格考试实践技能真题”“历届执业医师考试真题解析”“执业医师考试外科骨科真题及解析”等试题文档。

2011 年，医考中心就豆丁公司侵犯其试题著作权问题起诉至北京市海淀区人民法院，诉称医考中心从 1999 年起就在卫生部和卫生部医师资格考试委员会领导下负责组织中国境内的医师资格

---

［1］中国裁判文书网．北京凤凰学易科技有限公司与北京贞观雨科技有限公司侵害作品信息网络传播权纠纷一案一审民事判决书［EB/OL］．（2017-12-18）［2020-04-17］．http://wenshu.court.gov.cn/website/wenshu/181107ANFZ0BXSK4/index.html?docId=25936c826e314283b62da84d00a60d3c.

考试，具体工作程序包括：根据考试内容制订命题方案，组织专家命题，试题审校等。因此，医考中心依法对所编写的国家历年执业医师资格考试试题及相关材料享有著作权。豆丁公司的行为不仅侵犯了医考中心的著作权，造成了经济损失，而且严重干扰了医考中心对今后的国家执业医师资格考试试题的编写工作。故请求法院判令豆丁公司立即停止侵权行为，删除其网站上的侵权内容，并赔偿医考中心经济损失人民币 350 万元与合理维权支出费用 1.8 万元。

被告豆丁公司辩称，医考中心编写试题属于行政许可行为，不符合著作权作品要求；且相关医师资格考试试题不符合著作权法关于作品保护的要求，医考中心对试题不享有著作权。

法院认为，首先，医考试题属法人作品，根据医考中心提交的事业单位法人证书、《卫生部关于明确国家医学考试中心为医师资格考试临床、口腔、公卫类别试卷和试题著作权人的批复》，可以判定医考中心是试题的著作权人，有权限制他人以营利为目的使用此作品。其次，通过举例方式（每本公证书抽取 3 题，22 本公证书共计 66 题）对涉案公证书内容与医考真题进行比对，发现除 7 道试题找不到，其余题目均与医考试题内容相同或相近。因此豆丁公司所经营的网站提供医考试题的付费下载服务的行为构成侵权，应承担相应的侵权责任。最终 2011 年 11 月 18 日，北京市海淀区人民法院判决豆丁公司停止侵权，并赔偿医考中心经济损失及因诉讼支出的合理费用共 30 万元。[1]

[1] 天眼查．国家医学考试中心诉豆丁世纪（北京）网络技术有限公司侵犯著作权纠纷案［EB/OL］.（2011-11-18）［2020-04-16］. https://susong.tianyancha.com/9e1576b39d1911e788a5008cfaf8725a.

（三）试题主编维权诉讼

2005 年，龙门书局出版、科学出版社发行了《黄冈小状元四年级语文作业本》（简称《黄冈小状元》）图书的第一版，经过多次修订，陆续出版了多个修订版本，图书主要内容为课时练、单元测和期末考等试题。《黄冈小状元》系列图书的署名为“主编万某”，不同版次的《黄冈小状元》编委会成员基本一致。2017 年，万某发现湖南师范大学出版社在其出版发行的《阳光课堂四年级语文作业》（简称《阳光课堂》）中抄袭了《黄冈小状元》的试题，并在全国各地销售。2017 年，万某就试题侵权问题起诉至北京市朝阳区人民法院，诉称自己是《黄冈小状元》的主编，享有上述作品的著作权。唐某作为涉案《阳光课堂》的主编，应当就抄袭行为承担侵权责任，湖南师范大学出版社作为侵权图书的出版方，对于侵权行为未尽到合理注意义务，构成共同侵权。同时，万某提供了《黄冈小状元》编委会成员联合出具的两份《权利证明书》，载明《黄冈小状元》属于合作作品，多位合作作者共同永久享有该作品在全世界范围内的全部著作权。现该作品的全体著作权人一致授权万某享有涉案作品在全世界范围内的专有使用权，包括该作品的复制权、发行权、出租权、展览权、表演权、信息网络传播权、改编权、汇编权等财产性著作权、转授权及维权的权利。《黄冈小状元》试题总量在 500 道左右，万某明确诉争其中的 28 道试题单独主张著作权。

湖南师范大学出版社与《阳光课堂》主编唐某共同辩称，万某主张的《黄冈小状元》系列图书中的试题内容表达过于简单单一，且涉案题目内容表现形式受限，使得思想与表达无法分割，不构成作品，不应受著作权法保护；《黄冈小状元》系列图书中的试题内容在网络上、其他同类图书中随处可查，不具有独创性；《阳光课堂》

系列图书是由具有多年教学经验的教师根据相应的教科书及课程标准编写而成，而小学图书内容简单易懂，题目设置受限因素较多，能够表达的方式极其有限，出现个别相似和相同的试题不可避免，且《阳光课堂》系列图书与《黄冈小状元》系列图书相同试题极少，占比极低，不构成侵权。另外万某系《黄冈小状元》系列图书的主编，并不享有所有试题的著作权。

法院认为，首先，根据《中华人民共和国著作权法》第十一条规定，著作权属于作者，本法另有规定的除外。创作作品的公民是作者，如无相反证明，在作品上署名的公民、法人或者其他组织为作者。同时根据《最高人民法院关于审理著作权民事纠纷案件适用法律若干问题的解释》第七条规定，当事人提供的涉及著作权的底稿、原件、合法出版物、著作权登记证书、认证机构出具的证明、取得权利的合同等，可以作为证据。在作品或者制品上署名的自然人、法人或者其他组织视为著作权、与著作权有关权益的权利人，但有相反证明的除外。虽然湖南师范大学出版社等被告提交了《阳光课堂》试题的来源网页打印件，但由于该网页中所载试题的发布时间均晚于《黄冈小状元》的最初出版时间，故在无相反证据情况下，涉案 28 道试题系《黄冈小状元》的编委会原创，因此根据《黄冈小状元》的署名、编委会成员联合出具的《权利证明书》及万某与科学出版社签署的《图书出版合同》，万某取得了《黄冈小状元》的著作权及维权权利，并依法取得了涉案 28 道试题的著作权。

其次，《黄冈小状元》试题在题干表述、答案及干扰项安排、知识点的挖掘等方面具有较大的自由创作空间，能够体现出作者对于试题内容的个性化取舍、选择、安排和设计，其个性化的选择和判断具有独创性，属于著作权法意义上的作品，受著作权法的保护。

通过比对涉案两本图书，除了排版、特定选项的标点符号与权利试题存在细微不同外，被诉侵权的28道语文试题在语言表述、题干、选项设置、选项顺序、知识点的选择等方面均与万某主张权利相应试题完全相同或实质性相似。

另外，唐某在未经《黄冈小状元》作者许可且未标注作者的情况下，擅自使用了28道与《黄冈小状元》表达基本一致的试题，并将他人创作的涉案试题收录到自己图书中对外出版发行的行为，构成了侵权和对署名权的侵害，应当承担赔偿损失与赔礼道歉的侵权责任。湖南师范大学出版社系《阳光课堂》的出版单位，考虑到被诉侵权试题占《阳光课堂》中总试题比重仅为3%左右，比例极小，作为出版者客观上不具备就每一道题进行权属审查的能力，故湖南师范大学出版社作为出版者尽到了合理注意义务，应承担停止出版带有侵权内容出版物的法律责任，不需承担赔偿责任。

2019年9月30日，北京市朝阳区人民法院判决被告唐某、湖南师范大学出版社立即停止出版、发行《阳光课堂》图书，被告唐某赔偿原告万某经济损失和维权合理开支共计3.3万元，并于判决生效之日起十日内在《法制晚报》上公开向万某道歉。[1]

（四）案例小结

在试题侵权纠纷案件中，争议的焦点主要集中在以下几个方面：

1. 试卷试题是否构成作品

严格意义上来讲，试题与试卷属于两个概念。试题通常是指一

［1］中国裁判文书网．万志勇与湖南师范大学出版社有限公司等著作权权属、侵权纠纷一审民事判决书［EB/OL］．（2020-01-06）［2020-05-26］．http://wenshu.court.gov.cn/website/wenshu/181107ANFZ0BXSK4/index.html?docId=c9986e19197242adae2bab39000ba5ac.

道单独的题目或问题，其目的是检验考生对相关知识或技能的掌握程度。独创性是试题能否构成作品的重要前提，根据《著作权法实施条例》第二条规定“著作权法所称作品，是指文学、艺术和科学领域内具有独创性并能以某种有形形式复制的智力成果”。如果试题仅是对考查知识点的简单罗列或者对通用公式、规则和定理进行了常规变换演绎，这种试题的独创性较低，不属于著作权法的保护范围。但如果出题者是通过特有的语言、逻辑将需要测试的知识点表述出来，并在此基础上设计问题，以此考查考生的思辨及理解能力，[1] 则这类试题属于作品，并受到著作权法的保护。

试卷则是根据考点将众多试题汇集在一张卷子中，这种对知识点的选择、考察难易度的把握以及试题的汇编也能体现编者在选择整理与编排方面的独创性。虽然试卷中的单个试题不一定为编者原创，但从法律层面来看，如果整套试卷具有编排体系的独创性，则可认定为属于汇编作品，享有著作权并受著作权法的保护。

2. 公共考试试卷试题是否受著作权法保护

试题主要分为一般性考试试题和公共考试试题。一般性考试是指在设立方面没有明确法律依据，主办方可根据需要自行设立的考试，此类考试的目的主要是检查考生对知识的掌握程度，或者考查考生是否满足某种特定需求，例如学校组织的课程考试、用人单位自行组织的招聘考试、商业培训机构自拟的试题等。公共考试是指在设立方面有明确法律依据，且考试结果会对受试者产生法律上的某种后果，即考试结果将决定受试者是否能够获得某种法律认可的资格，或获得某种机会，例如普通高等学校招生全国统一考试（高

[1] 高翡 . 试题被“抄袭”权利纠纷如何解 [N]. 光明日报，2019-12-01（7）.

考）、研究生入学考试等教育资格类考试、国家和地方的公务员考试、全国执业医师资格考试等从业人员资格考试等。[1]

对于一般性考试的试卷试题，符合我国著作权法中关于作品的定义，并受到著作权法的保护。目前在司法实践中，对于未经试题著作权人允许便使用、传播的行为，法院普遍将其认定为侵权。

但是针对公共考试试题是否受著作权法保护，仍有一定争议。支持方认为，公共考试试题仍属于法律意义上的作品，因此受法律保护，考试主办方作为著作权人，有权限制他人以商业日的使用试题；反对方则认为，公共考试之所以与一般性考试不同，是因为它具有较强的社会公益属性，对其著作权权利进行限制更能体现促进教育发展和社会进步的公益性。在医考中心诉豆丁公司案以及美国教育考试服务中心诉新东方美国研究生入学考试（GRE 考试）试题侵权案中，执业医师资格考试和 GRE 考试属于公共考试范围，法院均认定涉案试卷试题属于我国著作权保护的作品范畴，并依法受著作权法保护。

高考试卷试题也属于公共试卷试题的一种，不论是在传统纸质出版阶段还是数字出版阶段，使用高考试卷试题的现象非常普遍。一种较有代表性的观点是，从著作权法对作品的定义来看，整张高考试卷由于其在试题、素材的选择编排方面具有独创性，属于汇编作品。高考试卷中的试题则需要根据其独创性具体分析，在表达方面足够具体和个性化因而独创程度高的试题是构成著作权法意义上的作品的。但是考虑到参与高考考生数量众多，以及高考是由国家授权教育考试机构依法组织命题的测试活动，具有较强的社会公益

[1] 刘志芳．公共试题能享有著作权吗？[N]．中国新闻出版广电报，2017-05-04（7）．

属性。而著作权法的本质在于维护著作权人和社会公众利益的平衡，从推动社会发展、促进教育公平和人才选拔等方面考虑，使用高考试卷试题属于“侵权豁免”，[1] 即著作权人需要出让一部分权利来平衡社会公众的利益，因此需对高考试卷试题的著作权保护进行一定的限制。

3. 试卷试题的著作权人如何确定

理论上创作作品的自然人是作者，试卷试题的编写或创作者为作者，但作者并不等同于著作权人。个人对试卷试题享有完整版权的情形并不多见，多数情况下，试卷试题是由教育考试机构、学校、机关单位为举办相关考试而组织内部教师或员工进行编写创作的，因此，除非有单独的版权转让证明等，试卷试题通常属于职务作品或法人作品，[2] 相关著作权为组织编写的教育考试机构、学校和机关单位所有。司法实践中，试卷试题的著作权人一般根据其标题或署名来确定，例如凤凰学易试卷维权案中，试题均有金山中学的署名，则金山中学为试卷试题的著作权方；全国统一高考试卷标国家教育部考试中心组织编写，则教育部考试中心为高考试卷试题的著作权方。

三、慕课与视频课程

慕课（MOOC，Massive Open Online Course），是一种借助互联

[1] 中国文字著作权协会 . 文著协沙龙综述第 15 期 试卷试题的著作权问题［EB/OL］.（2018-07-06）［2020-03-08］. http://prccopyright.org.cn/staticnews/2018-07-12/180712100857338/1.html.

[2] 杨爱葵，叶云兰 . 论试卷的版权归属［J］. 云南大学学报（法学版），2007（3）：78-84.

网发展形成的大规模开放在线课程。[1] 自 2012 年出现以来，慕课开创了在线教育学习的新趋势。我国慕课的建设与发展主要依托政策和高校支持，希望通过慕课促进教育公平，提升教育质量，在一定程度上缓解高等教育优质资源分布不平衡、发展不充分的矛盾，同时兼顾非学历人群的学习需求。2018 年教育部召开新闻发布会，高教司司长吴岩在会上表示，教育部首次正式推出了 490 门“国家精品在线开放课程”。中国的慕课发展正呈现爆发式增长态势，慕课数量和应用规模均居世界第一位。而在慕课迅速发展的背后，是不容忽视的版权问题。

（一）合理使用争议

传统学校课堂教学仅限于班级内部，传播范围相对较小。而慕课作为在线课程的一种重要形式，具有课程数量多、受众范围广、面向公众开放、使用网络线上学习的特点。[2] 这些特点也让慕课与传统学校课堂教学区别开来。教师在课件制作和授课过程中会使用到牵涉第三方版权的内容资源，包括图像、文本、音频、视频、HTML 文件等，由此引发了在慕课中使用第三方版权内容能否归入合理使用范畴的争议。通常在线教育课程中，符合合理使用原则的主要有两方面因素：一是出于介绍、评论、说明某一问题或知识点的目的，适当地引用他人已经发表的作品。例如教师为了教授排比句式，截取某篇文章的段落向学生展示，分析排比句式的特点。而单纯地向学生分享第三方版权内容则不属于合理使用的范畴。二

[1] MARTIN R，FRED G. Will massive open online courses change how we Teach?[J]. Communications of the ACM，2012，55（8）：26-28.

[2] KAY J，REIMANN P，DIEBOLD E. MOOCs：So many learners, so much potential [J]. IEEE Intelligent Systems，2013，（28）：70-77.

是数量少，使用部分占原作品比例低。例如少量例句精讲、少量习题精讲等教学方式，通常来说能够满足我国现行法中合理使用的要求。[1]

反对将其归入合理使用范畴的一方认为，从课堂形式来看，传统课堂中授课老师面对的学生仅限于班级内部，不论是在数量还是人员组成方面都比较封闭，对于课堂教学参考资料的使用符合《著作权法》合理使用的第六条规定“为学校课堂或者科学研究，翻译或少量复制已经发表的作品”和《信息网络传播权保护条例》的第六条“为学校课堂教学或者科学研究，向少数教学、科研人员提供少量已经发表的作品”。且不管是《著作权法》还是《信息网络传播权保护条例》对合理使用规定的重点皆在于“少量”，前者规定了作品被使用的数量少，后者同时延及使用者数量少。[2] 但是慕课具有受众范围广、向公众开放的特点，其面向的学习对象在数量方面远超传统课堂，且课程内容可以借助互联网在短时间内大范围向公众传播，这种情况下在慕课课堂中对教学资源的使用已经不符合《著作权法》和《信息网络传播权保护条例》规定的情景。

从合理使用制度的理论基础来看，《著作权法》是在著作权人和社会公众之间实现精妙平衡的法律机制，是协调著作权人利益与社会公众利益的“平衡器”，[3] 也是为了实现公众获得知识与作者对其

---

[1] 人大版权.在线教育的合理使用与版权保护问题[EB/OL].(2020-04-17)[2020-08-05]. https://mp.weixin.qq.com/s/R29Ee5GQFwQUKDh-w-s1MQ.

[2] 邹韧.慕课也要过版权这道坎儿[N].中国新闻出版广电报，2017-09-07(5).

[3] 冯晓青.著作权法的利益平衡理论研究[J].湖南大学学报，2008(6).

创作成果享有权利之间的平衡，当内容资源的使用导致著作权人利益损失较大时，公众获得广泛收益不能以牺牲著作权人的个人利益为代价。

支持将慕课中使用的教学资源归入合理使用范畴的一方则认为，我国慕课建设具有一定的教育公益性质，面对中国高等教育优质资源分布不平衡、发展不充分的矛盾，教育系统希望通过慕课找到破解之策。我国《著作权法》以“学校课堂教学”作为适用合理使用制度的限制性条件，其聚焦的本质在于“教育”。虽然慕课作为一种大规模在线开放教育模式，扩大了传统意义上的课堂教学范围，授课对象在数量上也远多于传统课堂，但其所蕴含的促进教育公平、缓解教育资源分布不平衡的本质未发生变化。合理使用制度中关于“少量”使用的限制，其重点应是慕课中使用的教学资源占原有整体作品的多少，以及这种少量使用是否对原著作权作品的潜在市场产生影响，而不应过分强调参加学习的人员数量。[1] 慕课在使用他人作品时，如果承担了相应的署名义务和提示义务，并在课程内容中注明原作品的相关信息，则在慕课中使用该作品符合合理使用原则。

（二）如何避免侵权

虽然目前关于慕课中使用第三方版权内容仍存在争议，但是慕课内容制作方和慕课平台运营方应该尊重他人著作权，主动采取相关措施避免侵权行为。第一，慕课平台、支持高校与教师三方应预先对视频、音频、教学资料等相关慕课内容的著作权权属及权益分配做出明

［1］中华人民共和国国家版权局．版权应是慕课的第一堂课［EB/OL］．（2019-08-09）［2020-04-18］．http://www.ncac.gov.cn/chinacopyright/contents/555/403936.html.

确约定，并签署著作权合同。[1] 第二，在制作课程内容时优先使用开放内容资源或者遵循知识共享协议的资料，减少潜在侵权隐患。如必须使用第三方版权的内容资料，应与作者或著作权方取得联系征求其意见，严格控制使用比例与数量，避免引用与授课无关的内容，避免大量或全文使用，对原著作权作品潜在市场产生影响。另外，不管是使用开放内容资源还是第三方版权内容，都应明确标注作者与内容出处。第三，慕课运营平台应负有版权审核义务，一旦发生版权纠纷，应配合授课教师处理解决；在课程页面中应提示上课学生禁止将内容资料用于与学习无关场合，禁止在网络中传播。

四、避风港原则

根据我国《著作权法》和《信息网络传播权保护条例》，避风港原则是指在发生著作权侵权纠纷时，如果网络服务提供商只提供空间服务，不参与网页内容制作，在被告知侵权时及时删除侵权内容，将不承担侵权责任。目前网络平台中数字化教育资源侵权现象时有发生，著作权方追究平台责任时，网络平台通常以仅提供网络空间服务而不涉及实际侵权作为抗辩理由。下面通过网络平台侵权案例分析避风港原则的适用条件。

（一）人大出版社诉尚友公司侵权案

中国人民大学出版社有限公司（简称人大出版社）于 2011 年至 2015 年陆续出版了《雅思王听力真题语料库》《雅思阅读真经 5》《剑

---

［1］何隽，乔林，林思彤．MOOC 平台的著作权风险及对策［J］．中国远程教育，2019（4）：60-66.

桥雅思听力考点词真经》《剑桥雅思阅读考点词真经（剑9版）》《雅思阅读真经总纲》《雅思写作真经总纲》《顾家北手把手教你雅思写作（剑10版）》(简称雅思学习图书)，并经著作权人许可享有7本图书的信息网络传播权和专有使用权。尚友部落（北京）信息咨询有限公司（简称尚友公司）未经许可，在其经营的尚友网站上传播上述图书的电子版内容。2017年，人大出版社就尚友公司侵犯著作权问题起诉至北京市海淀区人民法院，诉称尚友公司未经许可在网站上传雅思学习图书的电子版内容，该行为侵犯了人大出版社享有的信息网络传播权。

尚友公司辩称，尚友网站仅提供信息存储空间服务，雅思学习图书的电子版内容由第三方网友上传，且尚友网站在版权声明中提醒用户，上传作品时不得侵犯他人著作权，如引发版权纠纷由用户本人负责，与尚友无关；并且，尚友网站在收到人大出版社的通知后立即采取措施对侵权信息进行了删除，因此不应被认定为帮助侵权。根据避风港原则，尚友公司未侵犯原告享有的权利。

法院认为，虽然人大出版社对词汇、释义、阅读材料、真题本身无著作权，但其在众多材料中按照一定方法进行了筛选，这种选择和编排体现了其对雅思考试应对方法的设计与考点的安排，具有汇编作品的特征，具有独创性，故涉案图书属于汇编作品。同时，涉案图书中对于题目的分析与讲解、知识点的总结与归类、学习方法的介绍、例文的撰写等部分均体现了作者的独创性，构成文字作品。人大出版社提供的著作权的底稿、原件、合法出版物、著作权登记证书、认证机构出具的证明、取得权利的合同等，可以作为证据。在无相反证明的情况下，人大出版社对本案中雅思学习图书享有著作权，并有权单独提起本案诉讼。

另一方面，尚友公司对于网友未经许可发布涉案 7 本图书的电子版以供下载的侵权行为应承担相应责任。尚友公司对提供雅思学习图书电子版的网络发帖进行了编辑并添加了广告，其新浪微博账号“雅思备考”专门发布微博推送上述帖子且博文中亦写明作品名称，该微博账号系通过尚友公司认可的官方微博链接进入并在简介中注明“尚友论坛雅思版”，尚友公司亦认可其与该微博账号的运营主体有合作关系。因此，尚友公司对涉案帖子的存在及其指向的是涉案图书的事实是知晓的，对于其编辑、添加广告的帖子更应负有较高的注意义务，其作为专业留学考试网站的经营者亦应当知晓涉案图书有特定的权利人且其一般不会免费在论坛中提供下载。综上，尚友公司的行为在客观上对涉案图书的传播起到了帮助作用，在主观上有明显过错，故本案不符合网络服务提供者可以免除责任的情形，尚友公司的行为不适用避风港原则，应当对用户的侵权行为承担帮助侵权的责任。[1]

最终，北京市海淀区人民法院判决被告尚友公司赔偿人大出版社经济损失 8 万元及合理开支 1.2 万元。之后尚友公司上诉至北京知识产权法院，二审法院认定一审判决认定事实清楚，适用法律正确，驳回上诉，维持原判。

（二）新东方公司诉天猫公司连带侵权责任

北京新东方迅程网络科技股份有限公司（简称新东方公司）旗

[1] 中国裁判文书网．尚友部落（北京）信息咨询有限公司与中国人民大学出版社有限公司侵害作品信息网络传播权纠纷二审民事判决书［EB/OL］．（2017-12-29）［2020-04-18］．http://wenshu.court.gov.cn/website/wenshu/181107ANFZ0BXSK4/index.html?docId=2a0649ae3b0240c383dba85800113544.

下的新东方在线与主讲教师签订著作权协议，主讲教师拥有署名权，其他著作权由新东方在线享有。北京大生知行科技有限公司（简称大生公司）未经新东方在线允许，在其天猫“51Talk官方旗舰店”以一元低价出售《雅思词汇大全》《赵丽高考词汇3500》《20天轻松攻克雅思词汇》等新东方公司的课程。

新东方公司就大生公司侵犯其信息网络传播权问题起诉至北京市海淀区人民法院，同时起诉浙江天猫网络有限公司（简称天猫公司），称其作为提供网络交易服务的主体平台，未及时删除大生公司销售涉案视频课程链接，应当就新东方公司扩大的损失承担责任，并因其未及时制止侵权交易，就赔偿金的30%承担连带赔偿责任。

天猫公司辩称，其系网络服务提供商，仅为用户提供交易的平台，并非涉案视频课程的发布者和销售者，未实施侵害新东方公司著作权的行为，且在接到投诉后立即删除了涉案视频课程链接，已尽到合理注意义务。另外在商户入驻前，天猫已要求商户填写身份信息，尽量对商户身份进行审核，在《淘宝平台服务协议》《天猫规则》等文件中均明确要求用户不得发布侵犯他人合法权益的商品信息，明确要求用户承诺不得发布及销售侵犯他人知识产权的商品，亦提供便捷投诉渠道，尽到了事前提醒注意义务，符合避风港原则，故不同意新东方公司的相关诉讼请求。

法院认为新东方公司对涉案的英语视频课程享有著作权，大生公司未经许可，在其经营的天猫店铺出售该课程，使公众可以在个人选定的时间和地点获得该视频课程，系对新东方公司享有的信息网络传播权的侵害，应对其侵权行为承担相应的法律责任。

关于天猫公司是否构成侵权以及应承担的法律责任，法院认为，天猫公司作为网络交易平台，是网络服务提供商。结合以下因素：第一，《淘宝平台服务协议》《天猫规则》中均有提示用户不得侵害他人知识产权或其他合法权益之内容，且设置了投诉通道；第二，英语视频课程链接并非处于天猫网站的显要位置，在收到侵权通知之前，天猫公司未注意到该课程链接，并无过错；第三，课程链接前端并无显示“新东方”等足以标明涉案视频课程来源之标识，只有在购买该课程并获得百度网盘链接地址及提取密码后，才有可能知晓该课程与新东方公司有关；第四，天猫公司于 2017 年 1 月 20 日收到新东方公司投诉，经过初步审核后于 2 月 4 日删除涉案链接，并于 2 月 27 日关闭涉案店铺，系在合理期限内及时断开了侵权链接。据此，天猫公司已履行适当注意义务，不应承担相应侵权责任，法院对新东方公司对天猫公司的诉讼请求不予支持。[1]

最终 2018 年 12 月 27 日，北京市海淀区人民法院判决大生公司赔偿新东方公司经济损失 24 万元及合理开支 6600 元，并驳回新东方公司对天猫公司的诉讼请求。

（三）案例小结

通过以上案例可以看出，避风港原则并非网络服务商的免责声明，在司法实践中，避风港原则本身具有非常严格的适用条件，争议焦点主要有以下三类：

1. 平台方作为网络服务提供商，是否为侵权内容的提供者

首先应明确侵权内容仅为平台的服务对象即第三方用户所提供，且平台方是否改变了用户所提供的侵权内容，是否对其进行编辑、

[1] 中国裁判文书网．北京新东方迅程网络科技股份有限公司与浙江天猫网络有限公司等一审民事判决［EB/OL］．（2019-04-08）［2020-03-08］．http://wenshu.court.gov.cn/website/wenshu/181107ANFZ0BXSK4/index.html?docId=fd7cae8f7cdc4881a610aa260015df44.

添加广告等处理。网络平台冒充第三方用户上传教育学习资源或者对用户发布的侵权内容进行编辑、添加广告，则不适用避风港原则。

2. 平台方是否负有较高的注意义务，对侵权行为是否应知

在避风港原则中，前提条件非常重要，即网络服务提供商必须不知道也没有合理的理由应当知道服务对象提供的内容资源构成侵权。[1] 另外，如果平台从服务对象提供的内容资源中直接获得经济利益，则应该负有较高的注意义务，需保证内容的合法性。

3. 平台方是否确实履行"通知—删除"义务

平台须确实履行"通知—删除"义务，在接到著作权人告知平台存在侵权的通知之后及时采取行动，禁止侵权行为。但是当侵权事实显而易见时，则需要考虑避风港原则的例外适用原则——红旗原则，即当侵权事实是显而易见的，网络服务提供商不能假装不知晓侵权行为，或以不知道侵权作为理由来推脱责任。这种情况下，就算权利人没有发出通知，网络服务提供商也应该主动删除侵权内容或移除链接。

在上述三方面问题得到较好解决后，网络服务提供商才能受到避风港原则的保护。从《信息网络传播权保护条例释义》等相关立法资料可知，我国之所以设置避风港原则，是为了平衡网络环境下著作权人与网络服务提供商之间的利益，明确网络服务提供商的责任范围，使责任风险具有较强的可预见性，[2] 一方面使网络服务提供商明确知晓在什么情况下应当承担责任，另一方面使网络服务提供商与著作权人合作，共同抵制网络侵权。

[1] 朱鸿军，蒲晓. 中国新媒体版权保护现状、问题和建议 [J]. 新闻与写作，2019 (5): 74-81.

[2] 吕凯，李婷. 网络服务提供者的著作权保护责任 [J]. 天津法学，2016，32 (1): 5-12.

第二节　版权问题分析

一、数字产品维权难点

与纸质出版相比，教育出版数字化过程中涉及版权的使用与授权类型复杂，信息网络下数字形式的侵权方式更加多样、隐蔽，侵权行为取证烦琐。教育出版单位或企业虽然意识到维权的重要性，但仍面临权属证明不足、取证认定难、维权成本高等问题，[1] 导致维权活动遭遇重重困境，著作权方的合法权益难以得到保障。

（一）著作权权属证明不足

《著作权法》第二条规定："中国公民、法人或者其他组织的作品，不论是否发表，依照本法享有著作权。"虽然著作权来源于作品的创作，自创作完成之日就已经生效，无须经过专门机构审批认证即可取得法律保护，但是当著作权方需维权并追究侵权方责任时，就需要进行著作权举证。法院对于著作权侵权纠纷的审理，首先便是确定著作权权属。证明作品的权属是维权活动中著作权方需要履行的首要举证责任。

关于著作权属，《著作权法》第十一条规定："如无相反证明，在作品上署名的公民、法人或者其他组织为作者。"此外，《最高人民法院关于审理著作权民事纠纷案件适用法律若干问题的解释》第七条规定："当事人提供的涉及著作权的底稿、原件、合法出版物、著作权登记证书、认证机构出具的证明、取得权利的合同等，可以作为证据。"但并不意味着只要根据上述规定任意选择一种形式的证

[1] 谢俊波.走出数字出版"泡沫"困局[J].出版广角，2012（3）：29-30.

据便可有效证明权属。随着信息网络技术的发展，教育出版产品的创作方式、传播方式以及侵权方式呈现多样化的趋势，法院在审理著作权侵权案件时，对于原告提交权属证据的要求也越来越高。

在教育出版数字化过程中，版权问题主要集中在信息网络传播权、改编权、汇编权等方面，版权证明主要以版权登记证明、出版合同、与作者签订的著作权转让合同为主。目前教育出版机构或企业在签订版权合同时，传统思维较重，部分合同内容过于简单，未对信息网络传播权等数字化内容的具体权利行使进行约定，造成版权归属不清，这是导致网络侵权行为发生时权利人难以开展举证维权的主要原因。

教育出版单位在传统出版过程中积累了大量的优质版权内容，很多数字化教育出版物都是基于此进行开发的。互联网的出现延伸出了信息网络传播权，而在早期著作权合同中，出版机构或企业没有与原版权方或作者对信息网络传播权进行详细约定，当网络上存在侵权数字内容时，出版机构或企业无法对以数字化形式传播的作品进行维权。另外在改编权方面，当下有声书平台将作品制作成音频读物的现象也非常普遍，有声书作为传统内容资源的一种改编形式，涉及原作品的复制权、信息网络传播权、改编权，出版单位或企业如果不在早期的合同中对这种形式进行明确约定，也会给以后的维权工作带来一定困难。

（二）侵权方式多样导致取证困难

相比传统教育出版，数字出版借助互联网信息技术，可以将纸质内容转化为数字文本、音频、视频等多种表现形式，丰富了教育学习资源的表达和传播方式，但也使得侵权形式更加多样复杂，给维权取证带来困难。

侵权行为隐蔽化，内容传播快，影响范围广，市场损失难以量化。数字环境下，很多教辅、试题的电子版资源被上传到云存储网盘，再通过微信群、公众号以网盘链接的形式进行传播。这些非法链接在微信等现代化通信手段的帮助下，不仅传播迅速且隐蔽性高，除非接到专门举报，否则版权方很难发现相关侵权行为。而被侵权的教育内容资源一旦上传至网络，将以几何级速度扩散，传播范围广，并且会连带产生后续的二次甚至多次侵权行为，无法彻底控制。

数字侵权获利难以计量，权利人经济损失无法有效认定。教育类学习内容资源侵权造成的财产损失，索赔依据一方面可以参照与作者签订的版权合同、稿酬支付证明、印刷合同、出版物或作品的获奖证明、销售收入等，另一方面可以根据侵权方获利收入进行裁判。但以上依据在实际的维权过程中操作难度较大，版权合同、稿酬支付证明、作品销售收入等索赔证据大多属于教育出版机构或企业的商业机密，在举证过程中难以当庭公开作为证据提交给侵权方，在维权过程中著作权方也难以掌握侵权方的获利收入，因而加大了教育出版机构或企业证明损失的难度和成本。

互联网环境下，数字侵权行为不仅包括纸质出版物的电子扫描盗版，还包括音频、视频以及各类多媒体创新产品的侵权，教育出版单位或企业自身难以提供查验、取证和鉴定工作所需的数字技术。目前部分教育出版单位会选择与一些版权服务机构合作，进行侵权盗版的取证和鉴定，但整体而言，这类服务机构数量少、规模小，可信度不高，收费也比较高，有的机构取证与鉴定的手段相对落后，难以满足维权需求。[1]

---

[1] 刘仁. 电商侵权花样百出　网络治理须防“反弹”[N]. 中国知识产权，2016-11-18（9）.

（三）维权成本高

互联网环境下教育出版产品的侵权范围广泛且数量巨大，法院普遍面临案多人少的困境，对于诉前禁令适用较为慎重，导致著作权方维权周期漫长，[1] 维权过程中侵权的教育内容资源往往仍旧在网络中通过其他渠道传播，而教育内容大多具有时效性，较高的维权时间成本最后往往导致当事人“赢了官司、丢了市场”，这也是很多教育出版机构或企业不愿意维权的原因之一。网站先侵权后谈合作的现象时有发生，很多资源分享类平台为了增加访问量完成用户积累，未经允许大量上传侵权内容资源，等到著作权方通知网站停止侵权行为时，再谈商业合作。由于维权成本高，很多时候著作权方无奈地允许侵权方采用“先上车后买票”的方式解决问题。

另一方面，在版权诉讼案件中法院最终判定的赔偿数额较低，与著作权方的预期有较大差距。虽然 2014 年公开的《著作权法（修订草案送审稿）》表明，“允许权利人在实际损失、侵权人违法所得、权利交易费用的合理倍数以及一百万元以下的数额之中进行选择”，同时提高了法定赔偿数额，并增加惩罚性赔偿，但在实际维权过程中可以作为赔偿依据的实际损失和侵权方非法收益所得难以掌握，加之维权举证烦琐，权利人需要投入大量的人力、物力、财力资源准备维权诉讼的证明材料，维权支出比较大。即便维权成功，判赔金额最多仅能弥补起诉成本，相较教育出版物的研发制作成本与市场损失来说，显然是杯水车薪。目前司法实践中，人民法院大多采用调解方式解决侵权纠纷，虽然调解能较快地实现权利人的诉求，但案件调解成功率有限，即便是诉前调解，权利人付出的成本

[1] 郑宁．媒体融合时代传统媒体如何走出版权保护的困局［J］．中国广播，2017（12）：42-47.

依旧很高。

尽管与之前相比，当前著作权相关法律法规以及司法实践中对于版权保护的重视程度有了长足进步，但是维权成本高、维权获赔数额低的问题也反映了我国法律在数字版权领域存在一定的滞后性。我国在2000年发布《最高人民法院关于审理涉及计算机网络著作权纠纷案件使用法律若干问题的解释》；2001年修订《著作权法》时规定了信息网络传播权；2005年发布《互联网著作权行政保护办法》；2006年制定《信息网络传播权保护条例》，对信息网络传播权的范围、侵权形态、权利限制等内容做了规定；2011年发布《关于办理侵犯知识产权刑事案件适用法律若干问题的意见》，规定了通过信息网络传播侵害他人作品权利行为的定罪标准；2014年公布《著作权法（修订草案送审稿）》，对著作权法进行了修订；2016年公布《网络出版服务管理规定》。这些涉及数字出版版权保护的法律法规存在的主要问题是，更新速度较慢，无法及时应对互联网环境下版权保护面临的困境，并且除《著作权法》之外其余均为行政法规、部门规章或司法解释。

促进法律修订的重要推动力之一，是法院在司法审判过程中发现立法存在的问题，但我国管辖著作权案件的法院众多，且层级不一，这造成审理中出现的问题难以被集中发现，进而难以推进法律法规的更新，从而造成著作权相关法律规章解释等零散、不系统、法律位阶低的问题，且修订频率往往慢于网络技术的发展速度和网络技术对知识产权的影响。在日本，著作权案件的管辖集中在东京和大阪地方法院，法律中的问题可以被集中发现和传达，对《著作权法》的修订比较及时，几乎每一年或者每两年就会根据现行的数字技术、出版物出版的实际情况对相关著作权法律进行更新和调整。

2012 年日本参议院表决通过了新的《著作权法》；2014 年在《著作权法》修正提案中将出版权从传统纸质拓展到电子书籍领域，并于 2015 年正式实施；2018 年再次修正《著作权法》。与之相比，我国缺乏对著作权法案件的集中审理与修订意见的集中反馈，更新比较滞后。

二、版权意识问题

虽然政府和社会各界一直大力推动使用正版内容，但由于早期互联网免费分享的氛围，网络运营平台和普通网络用户都没有形成数字版权意识，用户对网络上传播的内容资源停留在免费易得阶段，没有养成付费购买正版数字产品的习惯。而网站运营平台出于提高经济利益或增加市场份额的目的，忽视甚至故意回避版权问题，把提供免费教育学习资源作为提高网站访问量、积累用户的手段。

（一）用户付费意愿不足催生盗版现象

数字版权意识淡薄导致付费教育产品出现之后，很多用户因为对数字教育产品价格比较敏感而拒绝付费使用，转而利用其他渠道和方式寻求免费资源，或者以极其低廉的价格购买盗版。这也就催生了盗版产品买卖的产业链。

在传统出版中，盗版需要纸张、油墨等大量实物成本投资，且盗版图书往往存在印刷错误，影响学习效果，这在一定程度上促使使用者购买正版教育图书。然而在互联网环境下盗版并不需要此类成本，虽然目前数字教育产品的开发过程使用了很多版权保护技术，但是像电子版试题、视频课程这类教育产品的盗版现象依然猖獗。

纸质内容扫描制作成电子版的技术门槛低，文本内容、题库等只需在互联网上进行复制粘贴、点击下载、截屏保存等便可轻松盗取，很多在线教育视频产品通过录屏软件就可以获得，网盘类应用软件可以实现随时保存、随时分发。低成本高需求的市场环境，导致低价盗版课程资源在各类平台销量可观。

另外，受互联网免费分享氛围影响，普通网络用户传播侵权产品的现象频繁发生，人们习惯于免费获得资源，常常忽视版权问题。不少用户对著作权法了解不充分，没有意识到著作权产品的使用权和传播权是不同的概念，认为自己通过付费购买获得教育内容资源之后，便可以无限传播和使用教育产品。更有免费的资源共享社交账号长期提供各种教育产品的免费下载链接。教育出版单位或企业拥有大量的优质原创内容，但在互联网环境下存在其作品被普通用户非法传播的问题。

（二）内容使用方版权意识不到位

由于早期著作权法律不完善，版权使用和著作权保护意识不强，数字内容的网络传播基本属于版权保护的“真空地带”，上传者、使用者、传播者、网络服务商无须考虑版权问题。尤其教育学习类内容，很容易让人与公益性质相联系，以公益为名行侵权之实。但是随着我国著作权法的不断修订和完善，早期法律中有关著作权的空白或模糊区域有了更加细致的规定，加之著作权人维权意识的提高，侵权的可操作空间变得越来越有限。教育学习产品生产方如果对著作权认识比较滞后，没有及时加强对著作权法律以及行业相关规则的认识，想当然地“拿来主义”，很容易造成侵权案件纠纷。从试题侵权纠纷案例中可以看出，很多时候侵权方没有考虑版权问题，认为试题不构成独立作品、不受著作权法保护。而在司法实践中，根据我国《著作权法》对作品的定义，法院认为试题的创作和汇编整理具有独创性，属于作品且受到著作权法保护。

另一方面，人们对避风港原则的适用范围存在误解。避风港原则又称“通知—删除”原则，1998 年美国颁布的《新千年数字版权法》一般被业内认为是避风港原则的来源。第 512 条对其进行了比较细致的规定：网络服务提供商使用信息定位功能，包括目录、索引、超文本链接、在线网络存储，如其链接、存储的内容涉嫌侵权，在可以证明其无恶意且及时予以删除侵权链接及内容的情况下，网络服务提供商可以不承担责任。[1] 避风港原则的初衷在于缓解网络服务提供商过于严苛的平台审核义务，但这并不意味着在避风港原则的前提下，网络服务提供商可以纵容平台或者平台用户的侵权行为。

目前很多网络服务提供商缺乏尊重版权的意识，将避风港原则作为自己的免责声明，对第三方用户上传的内容资源疏于审查监督，甚至默许这种行为，只在接到著作权人通知后做删除处理，未尽到注意义务；或是为了扩充平台学习资源量和用户量，无视教育内容版权，自己以用户名义上传未经著作权人授权的教育学习内容，以达到吸引更多用户流量的目的。

三、融合转型滞后问题

随着网络和智能终端的普及，线下线上学习联系紧密，教师与

[1] 郑直．“避风港原则”的过度适用及对策［N］．中国新闻出版广电报，2020-03-19（7）．

学生借助新媒体、数字资源、数字技术进行交互式的教学活动已经成为常态。部分教育出版单位数字化转型滞后，缺乏对传统版权内容的数字化开发，缺少应对数字环境的专业版权管理人员。

（一）传统版权资源开发不足

教育出版单位诉侵权案中，相当一部分是侵权方未经授权自行将纸质出版物进行数字化处理，把电子版的图书资源发布到互联网上。由于很多教育出版单位的业务主要集中在传统纸质出版物领域，依靠线下传统渠道销售，未经授权上传数字盗版内容的侵权行为对正版纸质图书的销售打击很大。这些数字盗版内容与传统纸质出版时期粗制滥造的复制品不同，利用数字技术实现了字迹清晰、内容完整，不影响阅读使用效果，因而在阅读方式数字化变革的当下，更能满足用户需求。这也是此类数字盗版侵权现象屡禁不止的原因之一。

目前教育出版物的用户群体大多从小接触计算机、平板电脑、智能手机等电子设备，传统纸质出版物已经无法满足他们的学习需求。正版教育出版物因缺少对应数字化产品而给盗版留下空间，这也从侧面反映了教育出版单位对出版数字化变革的认识和准备不足，数字化开发滞后于用户的需求。

（二）缺乏专业版权管理队伍

2015 年，国家职业分类大典修订工作委员会表决通过并颁布了新修订的《中华人民共和国职业分类大典》，新增 347 个职业，版权专业人员就是其中之一。版权专业人员在“经济与金融专业人员——知识产权专业人员”分类之下，是指专门从事版权登记、交易、代理、咨询服务的专业人员。工作任务包括：进行作品登记、版权合同备案、质权登记及作品保管；进行版权咨询、法律服务；指导版权交易和交易代理业务；指导版权贸易业务。

教育出版数字化对版权工作提出了新的要求，版权管理不仅包含著作权的保护、维权，还包含对版权资源的运营、管理，充分利用传统版权资源优势布局开发数字教育出版产品，促进版权资源持续有效利用。以往出版单位中的版权工作人员主要负责中外版权贸易工作，协助编辑进行版权的引进和输出，而在数字化领域缺少专门的版权管理队伍处理著作权证明、监测侵权、诉讼维权、版权资产运营管理方面的工作。

教育出版机构在出版过程中通常重视产品的销售收益，忽略了版权资产自身的经济价值，很少从版权资产的角度挖掘出版产品的版权价值，开发衍生品。[1] 教育出版单位在传统出版过程中积累了大量的优质版权资源，但版权资产管理主要集中在纸质出版中，数字化方面的版权资产往往缺少专业人员运营管理，造成版权资产闲置。

在著作权维权方面，大量数字化侵权问题，具有方式多样、行为隐蔽等特点，著作权方在维权过程中面临取证举证困难、维权周期长的困境。教育出版机构缺少专职搜集盗版侵权行为和维权的人员，通常是其他工作人员利用工作时间集中对盗版侵权情况进行搜集和整理，[2] 而这种临时性的工作力度无法保证及时发现大量盗版侵权行为并维权。

[1] 吴婧．出版企业版权资产管理问题探析［J］．中国出版，2015（19）：25-28.

[2] 彭晔．数字化时代出版社图书版权维护的路径与评析［J］．现代出版，2017（6）：51-53.

第三节　版权管理优化策略

当前教育出版单位面临的版权问题，反映出机构内部在版权管理方面存在的不足。一方面，出版单位应该转变传统版权管理方式，从行业内部加强版权全周期管理，同时利用数字技术加强版权的保护与监测；另一方面，教育出版单位可以成立教育行业版权联盟，加强与司法行政部门、网络服务提供商的沟通，发挥行业的集体力量推动维权工作。

一、加强全周期管理

（一）明确著作权权属合同

著作权合同是著作权人依法行使著作权的主要途径，出版单位开发数字化教育产品时涉及的版权归属主要包括原创内容权属、版权购买获得权属和早期传统出版阶段已有的版权资源的数字版权归属。明确著作权合同既有利于出版单位进行版权管理，也有助于顺利开展维权活动。

原创版权内容是指出版单位通过组织内部工作人员或其他相关人员集体创作形成的作品。对于此类版权，出版单位应该预先与参与人员订立合同或协议，明确著作权由组织集体创作的单位或企业所有。由企业内部工作人员职务创作形成的著作权作品，应该与参与创作人员以合同等方式明确除作品署名权以外的其他版权权益属于教育出版机构，或者双方通过协商一致明确员工享有部分著作权财产权。共同合作形成的作品，应通过合同明确著作权归创作各方共同所有还是出版单位独立拥有，同时还应该明确创作各方著作权的收益分配、使用方式、许可转让权限等。委托创作的作品，应在创作前预先与受委托方通过合同约定版权归出版单位所有，并明确所需支付的报酬及双方的权利义务。合同文本应表述准确、清晰、无歧义，并保留从作品立项到创作完成直至正式出版发行的全过程记录，建立专门档案。

出版单位要与著作权人保持沟通，注意及时更新版权合同。例如职务作品的编写者在退休或者离职时，身份变化可能会涉及版权合同续约的问题。对教科书内容进行修订时，需要注意很多教科书是由多位作者合作完成，如果其中某位作者离世，会出现该作者的继承人不愿修订等问题。这些现实问题需要出版单位提前了解并及时沟通处理。[1]

对于通过直接购买获得版权的教育学习内容资源，在正式购置版权之前，负责版权工作的相关人员应该提前收集版权信息，避免购置侵权作品或者存在著作权归属争议的作品，并要求版权内容提供方提供著作权归属证明。版权交易双方需协商一致并签订合同，明确版权的归属、转让、许可使用范围、期限以及转授权、权利隐患担保、违约责任等，并明确未来对著作权的使用销售条件、衍生权利销售条件、收益分配比例以及收益的分配方式。在著作权购置合同中，交易双方还应对涉及的各项权利如信息网络传播权、改编权、汇编权等进行准确、细致的描述，避免出现模糊笼统、理解歧义的现象，原则上以相关著作权法律法规中对版权权利的细分为准。在购置价格较高的版权资源时，须建立对应的决策程序和监督机制，避免出现个人决策、单一部门决策的情况。另外随着数字技术的不

[1] 隋明照．明晰版权才能心中不慌[N]．中国新闻出版广电报，2020-04-02（5）．

断发展，教育出版作品的表现形式也会不断更新，必要时教育出版机构应及时根据实际需要，对版权协议或合同增加补充协议，避免可能发生的版权纠纷。

学科网与各地学校签订试题版权合同时，双方对试题的各类著作权权属以及维权诉讼权利进行了详细规定，学校授权学科网使用自己享有著作权的试题资料，学科网对试题享有独占的信息网络传播、改编、汇编、发行等方式的使用权。除此之外，如发现第三方的侵权行为，学科网有权以自己的名义独立进行维权活动。详细明确的著作权合同为之后学科网展开维权诉讼提供了有力支持。

出版单位在使用已有的版权内容时，首先应在使用前对版权内容进行梳理核对，明确权利归属、权利种类、使用方式、使用期限、地域等限制条件，如存在疑问应尽快解决处理，做好版权的确权和补授权工作，避免日后造成版权纠纷。出版单位应及时记录保存版权内容资源的使用信息，包括使用的部门、人员、时间、用途和具体业务项目等，最后还应在最终产品的显著位置标明版权归属或版权管理信息。[1]

（二）建立专业版权管理队伍

与进军教育数字化领域的互联网企业相比，出版单位在传统出版过程中积累的内容资源是其优势所在，也是其数字化转型的核心保障，而内容版权作为无形资产的重要组成部分，是出版单位发展

[1] 中华人民共和国国家新闻出版广电总局．国家新闻出版广电总局改革办公室关于印发《新闻出版广播影视企业版权资产管理工作指引（试行）》的通知［EB/OL］.（2018-02-17）［2020-04-06］. http://www.sapprft.gov.cn/sapprft/contents/6588/359669.shtml.

和竞争的重要手段。出版单位需要建立既熟悉教育出版行业又掌握法律法规和政策，同时懂得版权运营与保护的专业队伍。

出版数字化给编辑工作提出新的多维要求，编辑往往既要进行选题策划、审稿、校稿，又要参与营销运营工作，如果版权保护与版权资产运营也由编辑队伍负责，则难免分身乏术。因此可考虑建立版权管理部门，细化版权管理岗位职能，聘请专业知识产权工作人员参与重点项目的策划、制订、谈判等过程，并审查著作权合同；为版权资产的合理开发和运营提供专业咨询意见；履行维权打盗的工作职能，负责维权过程中的调查、取证、举证、诉讼等工作，通过行政和司法手段维护出版社的相关权益；[1] 配合编辑跟进教育出版产品从选题策划到开发面市的全过程，做好确权工作，避免侵权。另外，出版单位需统筹版权管理部门与编辑部、选题审批委员会、资产管理部等部门的合作沟通，建立有效的版权管理工作机制。对出版合同管理、版权贸易、版权法律事务等予以分岗位、专业化、流程化管理，[2] 明确教育出版机构或企业存量版权资产规模，掌握版权资产的数量、种类、权属和使用状况，完成版权资产的整理、确权、登记等工作并存档整理。针对授权种类单一或者授权时限较短的内容资源，根据版权管理和经营方向有选择地进行跟进工作，并根据本单位教育出版战略布局的重点，尽可能多地获得版权，以此保持出版特色，强化巩固在教育领域的优势。

以人民卫生出版社为例，人卫社通过组建专业的版权管理团队

[1] 胡伟，陈玲．对加强出版社版权管理工作的思考［J］. 出版科学，2003（4）：33-37.

[2] 尹艳，张新娟．牢固树立版权意识　科学运营版权资产——以国防工业出版社为例［J］. 出版参考，2018（5）：65-68.

负责版权等无形资产的管理运营，总编办公室及各编辑部负责版权的获取，选题审批委员会负责版权开发的规划，资产管理部负责版权开发运营的监管，信息部、法务部、维权部在技术和法律维权层面予以支持。版权管理队伍中各部门相互协作，规范管理版权从获取到开发的全流程。[1]

另外，教育出版单位需制订科学、系统的版权管理工作制度，规范版权管理流程，指导具体的版权管理活动，加强制度保障。制订版权合同管理、版权购买、授权确权等制度，规范版权的获取、数字化加工、法律维权等过程，保证版权管理有章可循、落到实处。

二、提高服务壁垒

（一）主动开发优质教育版权资源

出版单位最大的优势便是在传统教育出版中积累的大量优质内容资源，因此应主动地应对数字化变革，对内容资源进行整理优化，对于在传统出版领域已经得到市场认可并具有一定品牌影响力的内容资源，主动开发对应的数字化教育产品，及时满足用户对数字化教育出版物的阅读使用需求。但仅仅开发传统内容资源的电子版，将纸质内容“搬”上电子屏幕，只是数字化的初级阶段。技术门槛低造成的盗版侵权频繁，加之用户版权意识淡薄，导致盗版产品大行其道。这就需要出版单位拓展数字化开发范围，利用数字技术创新数字化教育出版的表现形式，完成优质内容版权资源从产品形态、表现方式到交互设计等多角度的数字化开发。

[1] 孙伟．重视版权资产管理运营　开辟企业融合发展新路——以人民卫生出版社为例［J］．出版发行研究，2015（3）：35-37.

音乐、电影等出版物在经历数字化进程之后，并没有影响听众和观众对其消费的目的——享受或者休闲，但是教育出版不同。学习也不同于听音乐或者看电影，在学习过程中，学生和知识内容之间的关系在于有效和持续的互动，这种互动过程对每个学生都是不同的。因此，教育出版数字化的重点并不是纸质内容电子化，关键在于数字教育出版能否像3D数字电影带给观众全新观影体验那样，带给学生全新的学习体验。

在传统纸质教育出版过程中，作者、内容编辑是教育出版的中心，由他们控制出版物的内容、形式等，并通过中间商销售给使用者，导致内容生产者与使用者互动较少。纸质出版物中学习内容是固定统一的，使用者学习的效果、对知识点的掌握程度因人而异，对于学习内容的反馈也很难及时传递给内容生产方。但在教育出版数字化过程中，借助数字技术可以改变学习者对纸质出版物的传统使用模式。数字技术使得即时反馈和互动成为可能，让内容资源能够以更加多元生动的形式呈现给用户，出版单位可以开发出更多针对用户的个性化、交互性内容，实现教育出版内容的呈现价值、传播价值、使用价值、教育价值的最大化。

近年来，人民教育出版社积极推动数字化转型升级，并提出建设优质数字教育资源、全方位服务教育信息化的战略目标。人教社充分利用其在传统教材出版领域的内容版权资源优势，制定了“外围快上、核心稳健”的产品策略，将教材作为出版社在基础教育领域的核心产品，开发了服务学生学习的人教数字教材、人教口语等电子书和应用，产生了良好的市场效果。[1]

[1] 杨惠龙. 教育出版数字化转型与融合发展的实践探讨——以人民教育出版社为例 [J]. 出版广角，2018 (19): 23-25.

（二）增加服务附加值

数字技术的不断升级，改变了教育内容资源的表现方式，也改变了用户的学习方式。可以说不论是在数字教育产品的开发阶段还是应用阶段，内容与技术的结合都比传统的纸质出版时代更加紧密，在此基础上，教育出版也正面临从传统制造业属性向互联网时代服务业属性的转变。[1] 面对这种转变，出版单位的角色定位既是内容提供商，又是服务提供商，在某种程度上服务提供商的角色更为重要。

由于消费者的版权意识有待提高，很多教育产品资源，尤其是视频、音频等纸质图书的简单数字化产品被侵权盗卖、非法传播的几率更大，而且盗版侵权产品在功能和使用效果方面与正版产品相比差别并不大，因此消费者容易选择盗版产品。这就要求教育出版单位在开发数字教育产品时，从用户的使用和需求角度出发，在产品交互、用户沟通、售后服务等方面增加产品的附加值，构建个性化学习系统。通过抓住学生学习中的痛点，为他们提供解决个性问题的方法，弥补传统教材和教辅的短板，为受众提供更有价值、更为有效的教育服务，[2] 为产品建立“服务壁垒”，数字教育产品或许可能被复制侵权，但是教育出版机构提供的附加服务却无法被轻易侵权。

因此，教育出版者应树立新的出版理念，立足内容专业性和权威性，通过线上增值服务、延伸服务，重新确立互联网环境下内容

[1] 王志刚．教育出版如何应对信息化挑战？[N]．中华读书报，2019-06-05（6）．

[2] 马绯璠．论大数据时代教育类出版社的知识服务转型[J]．出版广角，2019（23）：31-33.

为本、服务至上的出版运营新理念，最大限度地把版权内容资源优势和品牌优势转化为市场优势和产品优势，将传统教育出版物的读者转化为数字产品用户。在此情形下，教育产品用户受到盗版、侵权产品低价竞争策略影响较小，不会仅因为价格优势就选择盗版侵权产品。

数字教育产品从知识传播向提供个性化知识解决方案升级，将纸质教育图书的优质内容资源与数字化教育模式相融合，同时借助大数据对用户的个人数据进行分析，为用户提供精准个性化的反馈解决方案。这种基于用户个人使用数据给予个性化知识学习方案的反馈形式，可以增加正版数字教育产品的附加值，这是盗版侵权产品所无法提供的服务，将有效压缩盗版侵权产品的生存空间。

三、提升技术手段

DRM（Data Rights Management），即数字版权保护或数字版权管理，是指通过控制版权作品（如各种软件和音频、视频、期刊、电子书、照片、教育资料等多媒体内容）的使用、修改、分发，以及硬件设备内执行这些版权作品的系统，限制专有硬件和受版权保护作品的使用，防止未经授权作品的流通。数字版权保护技术是一种综合性技术集合，其核心是数字加密和权限控制，数字加密可以防止数字内容被非法传播；权限控制则可以限制使用期限、打印、从电脑拷贝到手机等数字内容使用方式。

第一代 DRM 数字技术仅仅应用于控制版权作品的非授权复制，而第二代 DRM 技术则可以控制查看、复制、打印、修改等一系列对数字内容的操作。DRM 技术在数字资源保护方面的主要功能模块分为内容保护、完整性保护、身份认证、安全传输、权限管理、安全支付、内容发现7类。

目前市面上已有的众多DRM系统，根据保护对象，可以分为针对软件的DRM系统和针对电子书、流媒体等一般数字内容的DRM系统；根据有无使用特殊硬件可以分为基于硬件的DRM系统和纯软件的DRM系统；根据采用的安全技术，可以分为基于密码技术的DRM系统、基于数字水印技术的DRM系统和两者相结合的DRM系统。[1]目前数字出版领域常用的数字保护技术主要有数字水印技术、数字指纹技术、身份认证技术、安全容器技术以及正在不断发展的区块链技术。

（一）数字水印技术

数字水印技术是一种可以在开放的网络环境下保护数字产品版权和认证来源及完整性的新型技术，主要包括图像水印技术、标识水印技术、自适应多媒体数字水印关键技术、媒体指纹识别提取与匹配技术。数字水印技术主要通过一定的算法，在数字音频、图像、文档或视频码流中嵌入标识信息，用以证明原创作者对作品的所有权，进而作为鉴定盗版、侵权源的证据，为著作权方维权提供支持。

利用数字水印技术，版权方可以实现将重要的版权信息或标志嵌入数字内容资源的目的，这种隐藏的版权标志数字水印无法被肉眼感知和识别，只有通过专业的版权标识检测器或者计算机软件才能被识别，不影响数字化教育产品中图像和视频的表现效果。数字水印技术可以与原始的数字内容紧密结合，同时又可以随时在版权

[1] 俞银燕，汤帜.数字版权保护技术研究综述[J].计算机学报，2005(12)：1957-1968.

处理时单独提取出来，如发生侵权纠纷，可以通过软件检测数字内容中隐藏的版权信息，作为著作权权属的有力证明。水印信息包含版权著作权方的序列号、公司标识、标志文本等内容，还包括文件文本、图像或音乐制品的来源、版本、原作者、拥有者、发行人、合法使用人对数字产品的拥有权等，可以有效识别版权内容。目前数字水印技术整体已经进入成熟期，可被广泛应用到教育融合出版产品的版权保护领域。将数字水印嵌入数字教育产品中，教育出版机构或者企业可以通过数字水印监控版权作品的传播，跟踪数字作品的非法分发，识别盗版或侵权源，在处理版权纠纷时提供证据。但数字水印技术并不能阻止盗版侵权行为的产生，属于事后保护手段。[1]

（二）数字指纹技术

数字指纹是指用户购买和使用数字出版产品过程中产生的相关信息，数字指纹技术主要通过数字函数对数字内容进行处理，然后记录和保存函数分析处理之后的结果。如果之后的内容发生更改或变化，只要有一个字节的差别，函数处理之后的结果相比原来也会有差别，通过比对这种变化分析使用者是否为合法授权用户。[2] 当数字教育产品在向用户分发过程中存在非法或非授权信息时，可利用数字指纹技术对产品的非法或非授权使用者进行追踪。

（三）身份认证技术

身份认证是指数字产品的使用者在被授权使用产品之后，获得

[1] 鲍翠梅. 数字水印及其在数字作品版权保护中的应用 [J]. 现代图书情报技术，2006（6）：59-63.

[2] 杨义先，钮心忻. 多媒体信息伪装综论 [J]. 通信学报，2002（5）：32-38.

验证码、使用密码、配套硬件序列号等认证信息，除此之外的其他非认证用户无法使用该数字产品。[1] 这也是目前使用比较广泛的一种基础版权保护技术，主要包括：口令核对认证方式、硬件标志认证方式、数字加解密技术。身份认证技术一方面可以使认证双方确定身份和授权的合法性，另一方面可以确保认证信息的完整和及时性，防止其他非法攻击。

口令核对认证方式是目前应用最广泛的身份认证技术之一。授权用户在系统内输入用户登录名和登录口令，系统在获得用户的口令之后，对已有的合法用户登录名和登录口令进行匹配验证，这种方式主要应用在网络教育平台中的教师授课系统、学生学习系统和教育学习软件的登录认证领域。该认证方式的优点在于实施便利，用户操作简单、成本低等，但单纯的口令认证存在安全性低、易被盗取等缺点，一般不单独使用。

硬件标志认证方式是通过 CPU 序列号、硬盘序列号、网卡硬件地址等专用硬件标识实现的，用户只有在专门授权的硬件设备上才能使用数字版权内容资源。软硬件相结合是目前数字版权保护领域比较普遍的应用方式，通常与数字加解密技术配合，防止内容被拷贝和扩散，主要应用在点读笔、学习机、学校授课系统匹配的配套授课硬件设备中。

数字加解密技术方式，以密码学原理为基础，利用密钥将文件加密，形成密文，用户在使用的时候需获得授权并得到密钥，通过密钥对文件解密后才能使用。

---

[1] 李重武 . 倪惜真 . 认证理论与技术 [J]. 微型机与应用，1999（27）：137-164.

（四）安全容器技术

安全容器技术将数字内容、版权信息和使用规则等数字信息打包成独立、便携、轻量化的信息包，并利用加密机制对信息包进行封装，置于一个不可篡改同时带有保护性的信息安全容器内，一旦生成将一直以信息包方式存在，不受数字媒体内容的存储硬件、系统等影响，不仅能防止对容器内信息的非法或非授权篡改，还能够保护其中数字信息的版权和使用规则。信息包主要包括图像、音频、视频和文本等数字内容，版权信息则包括以上数字内容的序列号以及内容生产者、版权拥有者的名字、内容生产时间等具体信息，使用规则包括授权使用者的具体操作步骤和产品价格，安全容器根据使用规则控制授权用户的使用权限。[1]

用户获得储存数字内容的安全容器后，首次访问需要经过授权验证和登记，验证成功后得到解密密钥，获得数字内容的使用权限。安全容器技术对其运载内容信息的版权保护行为发生在非法、非授权用户侵害版权行为操作之前，使用者必须获取对应使用权限才能查看、使用容器内信息，结束使用之后信息仍以信息包的形式完整、独立地存储在安全容器内。如果使用者对其进行分发、复制，其他用户接收到的也是完整存储在安全容器内的信息包，且必须获得相应权限才能使用。

（五）区块链技术

区块链作为新型的互联网基础架构技术，用狭义的方式定义，它是一种使用密码学保证内容不可篡改和不可伪造的分布式账本，

[1] 胡忠远，顾君忠．基于安全容器的媒体信息版权保护机制研究［J］.计算机工程，2002（7）：26-27+31.

按照时间以顺序连接的方式，将数据区块整合成一种链式数据结构；从广义角度来说，区块链是一种互联网数字时代的创新应用模式，使用分布式数据存储、点对点传输、共识机制、加密算法等计算机技术和思维。[1] 区块链技术被视为继云计算、物联网、大数据之后的又一项颠覆性技术，2016 年国务院印发的《“十三五”国家信息化规划》将其作为战略性前沿技术之一列入我国的国家信息化规划。目前区块链技术对版权保护主要应用于版权确权存证、版权检测追踪、取证维权三个部分。

区块链技术具有公开透明、不可伪造篡改的特点，记录的信息一旦生成将永久保存，可应用于版权登记等服务，帮助使用者快速确定著作权归属。传统的纸质版权登记方式材料烦琐、成本较高且登记效率低。我国版权登记主要在国家版权局和各省版权中心完成，包括申请受理、审查与决定、颁证与送达三个阶段，整个流程至少需要 30 个自然日，而区块链的“去中心化”正好可以改善传统“中心化”登记模式。[2] 目前版权服务平台可利用区块链技术实现线上版权登记确权，依靠分布式账本、时间戳技术和哈希算法等，快速标记版权，避免篡改，实现低成本和高效率的版权登记工作。著作权人先上传数字版权作品，由专门的登记平台加盖时间戳，利用哈希算法在内部运算形成数据内容散列值，将数字版权信息嵌入区块链中。

完成登记后，版权的拆分、转让、授权等操作历史全部记录到区块链中，版权登记平台可以对作品提供侵权检测服务，利用插件

[1] 尹召凯，张志强．区块链技术下出版业的融合实践：可能与可为［J］．出版发行研究，2019（11）：31-35.

[2] 毛宁，张小红．基于区块链技术的网络版权保护［J］．图书馆论坛，2019，39（8）：90-95+145.

实现自动存证，完整记录作品的创作、修改、权属变更信息，[1]减少维权过程中搜集证据的时间与精力成本，达到版权归属清晰明了、追踪迅速的目的，进一步有效实现出版数字化过程中数字版权的确定、证明，保障著作权方顺利维权。近年来，利用区块链技术对证据进行保全也陆续得到全国各地法院的认可。在杭州华泰一媒文化传媒有限公司（简称华泰一媒）起诉深圳市道同科技发展有限公司（简称道同）侵害作品信息网络传播权案例中，华泰一媒委托第三方存证平台自动抓取侵权网页信息并进行源码识别，之后将网页信息、源码和调用日志等压缩包计算成哈希值上传至区块链中。负责该案审理的杭州互联网法院通过对电子数据的来源真实性、内容完整性、存储可靠性进行审查之后，确认了其法律效力并肯定了区块链在证据保全方面的应用价值。自 2019 年以来，全国范围内多家法院陆续上线基于区块链技术开发的电子证据平台，并对接电子法院系统协助案件审理。杭州互联网法院上线了司法区块链，成为全国首家应用区块链技术的法院，随后北京互联网法院上线了“天平链”电子证据平台，广州互联网法院上线了“网通法链”电子证据平台。除互联网法院之外，吉林省高级人民法院、山东省高级人民法院、郑州市中级人民法院、成都市郫都区人民法院也相继上线了电子证据平台，在司法存证中应用区块链技术。

利用区块链技术可以实现维权检测、电子存证和版权溯源等功能，目前杭州互联网法院、北京互联网法院在处理著作权纠纷案件中，已经认可区块链存证的法律效力，使其可以帮助著作权方解决维权时面临的取证困难，提高维权效率和数字证据的可靠性，降低

[1] 夏朝羡. 区块链技术视角下网络版权保护问题研究 [J]. 电子知识产权，2018（11）：110-116.

取证的保存成本。[1] 根据区块链上的价值链信息，还可以追溯著作权作品的使用付费记录，为维权过程中计算财产损失提供参考依据。

四、优化版权生态

打击侵权盗版行为，推动数字化教育出版的版权管理工作，仅靠各自出版单位的内部努力是不够的，还需要多方参与形成合力。出版单位可以从建立教育数字版权行业规范联盟、与网络服务提供商建立沟通机制、立足版权优势开展合作三个层面发力，共同构建良好的版权生态。

（一）建立教育数字版权行业规范联盟

单一的教育出版单位无法在深度与广度方面对侵权盗版行为形成快速有效的制约。在教育信息化背景下，应由教育出版机构与版权保护行业协会等联合，成立教育出版数字发展领域的版权规范联盟，建立出版机构与出版机构之间、出版机构与政府行政部门之间、出版机构与行业协会之间、出版机构与互联网企业之间长期有效对话沟通机制，在版权诉讼合作、打击盗版侵权等方面形成合力，实现常态化侵权监控和维权。

在欧美国家，社会组织是国家治理的主体，日常性的具体管理工作主要依托社会组织完成，类似产业版权联盟的社会组织，没有行政机关的上下等级之分，具有社会性、平等性、公正性优势；没有烦琐的程序，同时又了解行业现状和痛点，具备创新发展理念与

[1] 罗邱兰．区块链技术在网络版权保护中的应用研究［J］．图书情报导刊，2020，5（2）：74-78.

经营经验，可以面向教育出版全行业开展数字化背景下版权管理活动。[1]结合我国出版行业实际情况，可由行业协会牵头进行产业版权联盟的组建，并在其中发挥组织协调作用。

联盟可发挥行业集体优势，推动版权领域的沟通交流，助力维权活动。针对目前数字教育出版行业维权成本高、维权赔偿金额低的问题，可根据具体著作权维权案件中侵权程度大小以及给版权方造成的损失，由版权联盟给审理案件的法院发送函件，代表行业发声，据理力争，推动数字教育出版领域侵权问题处理速度的加快及赔偿金额的提高。目前我国著作权法还不完善，在数字版权方面存在法律更新比较滞后等问题，版权联盟可及时向立法机构、行政部门反映行业内维权诉讼困境，集中系统反映司法实践中版权问题和立法存在的不足，同时联盟还可以组织教育出版业内的专家学者积极参与人民法院著作权相关课题调研，有助于司法机关对教育出版版权问题的进一步了解，推动著作权法的不断完善。

（二）与网络服务提供商建立沟通机制

图书出版领域，网店一直是图书侵权的重灾区。针对这种现象，京版十五社反盗版联盟、少儿出版反盗版联盟等权利人组织陆续与阿里巴巴、拼多多等电商平台签订了《加强版权保护合作备忘录》，建立绿色通道，合作打击网络盗版。这可以为教育出版单位与网络服务提供商合作建立沟通机制提供借鉴。

目前虽然网络服务平台都建立了侵权投诉机制，但是从著作权方提交著作权证明再到平台方完成审核、反馈、删除等流程仍需要一段时间，其间仍会造成盗版侵权内容的大量传播，且侵权主体复

[1] 户文俊．建立版权产业发展联盟好在哪？[N]．中国新闻出版广电报，2019-08-29（7）．

杂、行为隐蔽，单一出版机构无法及时发现并一一诉讼维权。因此，教育出版单位与网络服务提供商建立沟通机制，双方从工作机制、侵权投诉、协助维权等方面开展合作，形成前期主动防控、中期快捷投诉、后期迅速治理的高效快速维权体系尤为重要。

前期主动防控，从盗版源头减少侵权行为发生。平台可以用技术手段屏蔽非官方渠道的分享或销售链接，加强对教育学习类产品商户的资格审查，谨慎对待不具备相关著作权和信息网络传播权商户的销售行为。以注册用户上传分享为主的网络平台应加强对用户上传教育学习资源的审查与管理。搜索引擎将官方搜索结果进行正版标识，并将结果位置提前，设立可直达官方正版的链接通道，方便用户快速识别。

中期快捷投诉，网络服务提供商与出版机构可合作建立维权投诉绿色通道，缩短投诉反馈时间，教育出版单位可以迅速提交侵权通知和相关著作权证明，网络服务提供商可以及时收到著作权方的侵权通知，快速进行审核、反馈，有效减少双方沟通的时间成本，减少侵权教育学习产品或资源的传播时间。在收到侵权通知并审核著作权证明后，网络服务提供商应及时删除平台存在的侵权内容，对多次被投诉侵权行为的用户施行禁止上传内容资源或封号处罚，避免侵权行为反复发生。

（三）立足版权优势开展合作

随着教育行业市场规模的进一步扩大，传统教育出版单位与互联网教育企业进行版权合作势必成为一种趋势，出版单位应以开放共赢的心态，与互联网教育企业共同营造健康有序的版权合作关系和教育数字化市场环境。

通过版权合作，双方可以发挥各自在教育领域的优势，出版单位可以利用互联网教育企业的运营、营销、平台与技术优势，通过签署互惠互利的合作协议，将丰富的优质内容资源交付给专业的数字产品运营商进行版权的二次开发，从而巩固内容优势，赢得更多发展机遇。通过这种方式，教育数字化领域能够聚集更多具有共同目标用户的企业，出版单位与互联网教育企业在明确彼此责任的前提下，在运营模式、技术集成、服务模式、产品运营等方面不断探索创新，共同促进数字教育出版行业发展。[1] 需要注意的是，出版单位在选择合作的互联网教育企业时要慎重考察，尤其需要关注合作企业对版权二次开发的规划、课程开发形式、目标学习用户等。

在这方面，许多企业已经做了尝试与探索。中文在线集团在数字阅读、数字教育出版综合服务平台建设、渠道与运营等方面有着丰富的经验。而培生（Pearson）作为全球领先的教育机构，在英语教育、基础教育、高等教育、学术出版、网络教育等领域有着丰富优质的内容版权资源。2018 年 8 月，中文在线与培生教育签署战略合作协议，双方就数字教育出版综合服务平台及中小学数字阅读开展深度合作，整合发挥双方在教育、出版及教育信息化等方面的资源与优势，共同推进数字教育出版综合服务平台的构建。[2] 人民教育出版社出版的《新标准日本语》是国内权威的日语学习教材，2014 年，人教社与沪江教育公司达成合作，将日语学习教材图书内容开发为在线课程和移动学习软件，人教社可以通过网络后台获得用户的学习数据，为教材图书再版和进一步优化日语学习内容提供依据。

---

[1] 尹琨．联手攻克数字教育出版难题［N］．中国新闻出版广电报，2016-08-11（7）．

[2] 童之磊．文化出海　从 0 到 1——中文在线国际化战略研究［J］．科技与出版，2018（11）：20-26.

第六章

融合发展政策与标准

第一节　相关政策分析

教育出版融合发展生态圈中，教育信息化是核心发展动力，在线教育是表现形式，教育出版机构是优质内容提供方。近年来，党和国家大力推动融合发展，实施教育信息化 2.0 计划，鼓励在线教育健康发展并加强监管，这既为教育出版产业带来了新的机遇，也带来了挑战。

一、教育信息化 2.0

我国教育信息化工作起步于 20 世纪 90 年代，经过近 30 年的建设和发展，各方面都取得了显著成效，形成了体系化的教育信息化政策制度并进行了战略部署，建设了能够发挥我国制度优势的组织保障体系，形成了以“三通两平台”为核心的全面突破的工作态势，探索出一条具有中国特色的教育信息化发展路径。[1] 以党的十九大为标志，我国教育信息化从 1.0 时代迈向 2.0

[1] 雷朝滋．教育信息化：从 1.0 走向 2.0——新时代我国教育信息化发展的走向与思路［J］．华东师范大学学报（教育科学版），2018，36（1）：98-103.

时代，开启了智能时代教育的新征程。

（一）政策概述

2018年4月，教育部发布《教育信息化2.0行动计划》，提出到2022年基本实现“三全两高一大”的发展目标，即：教学应用覆盖全体教师、学习应用覆盖全体适龄学生、数字校园建设覆盖全体学校；信息化应用水平和师生信息素养普遍提高；建成“互联网+教育”大平台。实现“从教育专用资源向教育大资源转变，从提升师生信息技术应用能力向全面提升其信息素养转变，从融合应用向创新发展转变”。[1] 教育信息化2.0对现有的教育理念、教学关系、教育模式、教育体制等都提出了新的要求。

2019年2月，中共中央、国务院发布《中国教育现代化2035》，提出“建设智能化校园，统筹建设一体化智能化教学、管理与服务平台。利用现代技术加快推动人才培养模式改革，实现规模化教育与个性化培养的有机结合。创新教育服务业态，建立数字教育资源共建共享机制，完善利益分配机制、知识产权保护制度和新型教育服务监管制度。推进教育治理方式变革，加快形成现代化的教育管理与监测体系，推进管理精准化和决策科学化。”[2] 该文件将“加快信息化时代教育变革”作为一大战略任务。

在总体规划和方案指引下，各地细化落实，出台了一些具体行动计划。例如，江苏省教育厅2019年6月发布《江苏教育信息

[1] 中华人民共和国教育部.教育部关于印发《教育信息化2.0行动计划》的通知［EB/OL］. http://www.moe.gov.cn/srcsite/A16/s3342/201804/t20180425_334188.html.

[2] 中华人民共和国中央人民政府.中共中央、国务院印发《中国教育现代化2035》［EB/OL］. http://www.gov.cn/xinwen/2019-02/23/content_5367987.htm.

化 2.0 行动计划》，提出要打造江苏教育信息化升级版，持续推进信息技术与教育教学、教育管理的深度融合。到 2022 年基本实现数字化教学覆盖全体教师，泛在化学习覆盖全体适龄学生，数字校园、智慧校园建设覆盖全体学校，师生信息素养和信息化应用水平普遍提高，全省教育信息化公共服务体系不断完善，教育信息化主要发展指标达到全国领先水平。[1] 该计划对目标进行了分解，部署实施了“教育信息化标准化”“智慧校园建设”等八大重点工程并明确进度。在总体规划的引领下，近年来，江苏省教育信息化工作取得了显著的成绩，工作亮点不断呈现，发展水平明显提升。主要表现在：基础环境建设水平大幅提升，优质数字化教育教学资源的覆盖面不断扩大，教师信息技术应用能力和信息素养有效提高，信息技术与教育教学深度融合持续推进。例如，2019 年 1 月，由江苏省教育厅牵头打造的“名师空中课堂”上线，通过整合全省各类基础教育资源，为学生提供课前预习、重点讲解、课后答疑等立体式服务。

智慧校园建设是教育信息化的重要组成部分，是衡量教育现代化程度的重要标志，当前，各地中小学校正在从传统数字校园建设向智慧校园建设迈进。例如，2018 年江苏省制定并发布了《江苏省中小学智慧校园建设指导意见（试行）》，围绕智慧环境、数字资源、信息素养、融合创新、支持保障、特色发展六个方面开展智慧校园建设，并对智慧校园的建设内容及保障机制提出了细致全面的要求。

---

[1] 江苏省人民政府.江苏教育信息化 2.0 行动计划启动［EB/OL］.（2019-07-19）［2020-05-25］. http://www.jiangsu.gov.cn/art/2019/7/19/art_60085_8631027.html.

（二）政策解读

1. 教育信息化 2.0 时代的发展机遇

首先，教育信息化 2.0 时代出版机构在数字化教育资源开发领域更有可为。国家《教育信息化 2.0 行动计划》将构建一体化的“互联网＋教育”大平台，建成国家教育资源公共服务体系，初步形成覆盖全国的数字教育资源版权保护和共享交易机制。这些举措将在全国范围内扩大数字教育资源供给，扩大资源分发的范围，提升资源分发的效率。例如，《江苏教育信息化 2.0 行动计划》在资源建设方面提出要“打造基础教育‘网络名师工作室’和‘名校网络课程’，建设中小学数字化教材，研制中小学人工智能读本；开发学前教育、家庭教育资源；拓展职业院校虚拟仿真实训等数字化教学资源；推动高校在线开放课程建设”。[1] 这一系列行动计划一定程度上代表了国内发达省份对优质数字教育资源的真实需求，出版机构应以政策为导向，更有针对性地进行资源开发。

其次，出版机构应更加注重智慧教育产品的研发拓展。国家《教育信息化 2.0 行动计划》要求“以人工智能、大数据、物联网等新兴技术为基础，依托各类智能设备及网络，积极开展智慧教育创新研究和示范，推动新技术支持下教育的模式变革和生态重构”。《江苏教育信息化 2.0 行动计划》要求“加快智能化教学终端建设，建设在线智能教室、智能实验室、虚拟工厂等智能学习空间，满足师生基于云、网、端的教学科研和学习活动需求。建立新型课程结构、课堂模式、教学体系和评价方式，推动智能助理、机器人、智能评

---

[1] 江苏省人民政府．江苏教育信息化 2.0 行动计划启动［EB/OL］．（2019-07-19）［2020-05-25］．http://www.jiangsu.gov.cn/art/2019/7/19/art_60085_8631027.html.

价等关键技术在教育教学中的深度应用。开展基于数据的学生学业水平和综合素质过程性和发展性评价，支持自适应学习”。

简言之，智慧教育是将数字化软硬件与教学设计相结合，运用信息技术不断改进教学方式的教育模式。它包括利用信息化平台进行备课，开展智慧课堂教学，利用信息技术手段开展情景式教学，开展基于大数据的教情学情分析，利用移动学习终端实现移动泛在的个性化学习等。智慧教育离不开资源建设和数据积累，大量有价值的教学数据也为教育出版机构从内容提供商向服务提供商转变提供了重要的参考。目前不少出版单位在此方面已形成了一定的产品，包括虚拟实训、数字化备授课系统、题库、作业系统等。随着人工智能、大数据、物联网等技术的不断成熟，智慧教育有了更广阔的发展空间和应用场景，出版机构应持续关注其发展动向，适时跟进开发智慧教育产品。

再次，教育出版机构要加快相关学科教材及配套产品的提档升级。国家《教育信息化 2.0 行动计划》提出要实施“信息素养全面提升行动”，要“完善课程方案和课程标准，充实适应信息时代、智能时代发展需要的人工智能和编程课程内容”。《江苏教育信息化 2.0 行动计划》则要求“推动中小学设置人工智能、编程教育等课程。推动高校开设互联网、大数据、物联网、人工智能等专业，发挥交叉学科融合优势，培养数字经济复合型人才”。

这些要求对信息技术教材相关产品提出了更高的要求，传统意义上的信息技术教材亟待提档升级。一方面是进行内容的调整，在删除一些老旧内容的基础上，与时俱进，增加人工智能、物联网、大数据等方面的最新内容。另一方面，要优化教材的呈现方式，要以提升学生的信息素养为出发点，将数字化、信息化技术全方位运用于相关教材的出版、使用。

2. 教育出版企业要加强对外合作，推动教育出版数字化，服务国家教育信息化总体规划

首先，加强与教育部门的战略合作。出版单位布局教育信息化2.0要以国家政策和市场需求为导向。具体而言，布局教育信息化2.0既需要教育行政部门在总体方向上予以指导，也需要教研和电教系统的专家进行教育内容资源建设和教育软件研发的引领，更需要目标用户——学校、教师的参与。例如，凤凰出版传媒集团2016年与江苏省教育厅签署战略合作协议，确定在智慧教育建设领域开展深度战略合作。合作重点聚焦推进智慧教育数字资源建设、应用服务体系建设、大数据服务以及装备服务等方面，这项合作是对凤凰集团教育出版数字化进程的有力推动。出版单位应采纳传统出版时代的成功做法，加强与教育部门的战略合作，更好地服务各地教育信息化建设。

其次，加强与教育信息化产业链上企业的合作。教育信息化2.0建设涵盖内容、软硬件产品及各种技术，出版单位主要以内容和地方渠道优势切入教育信息化市场。因此，需要与硬件供应商、教务教学管理软件供应商、技术平台供应商、课程解决方案提供商等广泛合作，促进内容与技术的深度融合。如人民教育出版社2018年与腾讯公司签署战略合作协议，双方就新技术、新产品及其在教育领域的应用展开深入研究和推广，合作内容包括AR教材、人人通、个性化学习平台、云服务、智慧校园等，共同推动信息技术教育教学的融合创新。出版单位应积极推进与教育信息化产业链上各企业的合作，优势互补，合作共赢。

二、在线教育管理

中国在线教育行业发轫于2012年前后，经过快速发展，市场格局已初步形成。一方面，由于在促进教育公平、提升教学质量、扩大内需等方面的贡献，在线教育行业受到国家政策的鼓励和扶持；另一方面，在线教育在快速发展的同时滋生出诸多问题，为促进其长期健康发展、约束资本过度逐利倾向，政府监管部门相继出台了一系列政策加强管理。

（一）政策概述

1. 在线教育行业监管逐步完善

近年来，教育部等有关部门就在线教育行业出台了多个政策文件，包括《关于健全校外培训机构专项治理整改若干工作机制的通知》《关于严禁有害APP进入中小学校园的通知》《关于规范校外线上培训的实施意见》等，在线教育行业监管逐步完善，野蛮生长阶段已经结束。

2018年11月，教育部等三部门出台《关于健全校外培训机构专项治理整改若干工作机制的通知》，提出"按照线下培训机构管理政策，同步规范线上教育培训机构"，要求省级教育行政部门要联合工信、网信等相关部门，加强对线上培训内容的监管，确保培训质量；做好面向中小学生的利用互联网技术在线实施培训教育活动机构的备案工作。[1]

---

[1] 中华人民共和国教育部．关于健全校外培训机构专项治理整改若干工作机制的通知［EB/OL］.（2018-11-20）［2020-05-25］. http://www.moe.gov.cn/srcsite/A06/s3325/201811/t20181126_361476.html.

2018 年 12 月，教育部发布《关于严禁有害 APP 进入中小学校园的通知》，要求立即开展全面排查，凡发现包含色情暴力、网络游戏、商业广告及违背教育学规律等内容的 APP 要立即停止使用，将涉嫌违法违规的 APP、微信公众号报告给当地网络信息管理和公安部门查处。[1] 在此背景下，进校类 APP 在全国范围受到了监测核查，部分违规 APP 被责令停止运营、关闭问题板块，并给予罚款或下架处理。

2019 年 7 月，教育部等六部门发布《关于规范校外线上培训的实施意见》(简称《意见》)，进一步强化了对校外线上培训机构的监管机制。《意见》要求对校外线上培训机构实施备案审查制度，备案内容包括培训机构资质、培训内容、培训人员资质等。同时对教学内容、教学时长、师资资质、信息安全、经营规范等方面提出了具体要求。《意见》提出：2019 年 12 月底前完成对全国校外线上培训及机构的备案排查；2020 年 12 月底前基本建立全国统一、部门协同、上下联动的监管体系，基本形成政府科学监管、培训有序开展、学生自主选择的格局。[2]

多轮整改之下，行业发展乱象得到治理，一些缺乏资质许可、经营不规范的尾部机构被清理，而相对规范的头部企业在调整过程中充分受益，市场占有率得到提升。

2. 国家鼓励在线教育健康规范发展

在加强监管、规范发展的同时，相关部门也逐步释放政策红利，鼓励在线教育行业的发展。2019 年 9 月，教育部等十一部门联

[1] 中华人民共和国教育部 . 关于严禁有害 APP 进入中小学校园的通知 [EB/OL]. (2018-12-25) [2020-05-25]. http://www.moe.gov.cn/srcsite/A06/s3321/201901/t20190102_365728.html.

[2] 中华人民共和国教育部 . 教育部等六部门关于规范校外线上培训的实施意见 [EB/OL]. (2019-07-12) [2020-05-25]. http://www.moe.gov.cn/srcsite/A06/s3325/201907/t20190715_390502.html.

合印发了《关于促进在线教育健康发展的指导意见》(简称《指导意见》),从发展目标及手段、政策扶持体系、管理体系等多个方面入手,全面鼓励在线教育行业发展。

《指导意见》提出,要扩大优质在线教育资源供给。一是鼓励社会力量举办在线教育机构,支持互联网企业与在线教育机构充分挖掘新兴教育需求,满足多样化教育需求;二是推动学校加大在线教育资源的研发和共享力度,加快线上线下教育融通,扩大优质教育资源的辐射面;三是实施“教育大资源共享计划”,建设一批高质量在线课程,培育优质在线教育资源;四是鼓励职业院校、普通高校、科研院所、企业等密切合作,推进在线教育产学研用一体化发展;五是鼓励职业院校、普通高校结合社会需求和办学特色,加强相关专业建设和在线教育人才培养力度,积蓄发展动力。[1]

《指导意见》旨在促进在线教育健康、规范、有序地发展,从而构建完备的“网络化—数字化—个性化—终身化”的教育体系,建设“人人皆学、处处能学、时时可学”的学习型社会;同时,也期望借助“互联网+”和“人工智能+”的技术赋能,扩大和发掘相关产业和社会力量的供给潜力。值得注意的是,此次《指导意见》是国家层面各部门对“互联网+教育”的联合发力,不仅对在线教育发展问题提出了具体思路和措施,更理顺了各部门的相关职能。

(二)政策解读

1. 教育出版企业应更加积极布局在线教育产业

《指导意见》明确了国家大力发展在线教育的决心,为出版单位

---

[1] 中华人民共和国教育部.教育部等十一部门关于促进在线教育健康发展的指导意见[EB/OL].(2019-09-19)[2020-05-25]. http://www.moe.gov.cn/srcsite/A03/moe_1892/moe_630/201909/t20190930_401825.html.

布局在线教育产业提供了坚实的政策保障。《指导意见》提出要“实施‘教育大资源共享计划’，汇聚互联网教学、科研、文化资源，拓展完善国家数字教育资源公共服务体系”。目前，我国数字教育资源建设主要来自三种渠道：具有行政属性的教育部门、学校教师和教育公司。教育部门通常会与相关教育出版社合作，将已有的纸质资源转化成数字资源。[1] 教育出版企业在提供数字教育资源领域大有可为。另外，《指导意见》还提出要“满足多样化教育需求”，“针对退役军人、新型职业农民、农民工等不同群体的教育需求，研发课程包、课件包和资源包，建设一批通识课程、五分钟课程、全媒体数字教材课程、‘三农’特色课程等专项共建共享课程，提高教育供给精准度”。这点对教育出版企业布局在线教育很有启发性。以往数字化教育出版较多地集中于学校教育、学校课程，而在线教育大大拓展了受众范围。因此教育出版企业应注意拓展社会教育、终身教育类别的在线教育，积极开拓新增长点。

2. 教育出版企业应把握好监管完善所带来的机遇和挑战

一方面，长期以来，我国没有明确校外在线教育平台的内容审查义务，校外在线教育平台上的内容存在种种问题。近年来出台的政策文件都将对在线教育内容的审查作为监管的重要方面，这对教育出版企业来说是难得的机遇。传统教育出版企业的内容资源经过了“三审三校”的出版流程，符合出版的各类规范，符合主流价值观，符合教学规律。传统教育出版企业要抓住机遇，继续保持在内容生产方面的专业性、权威性、严谨性。同时，也可加大与外部在线教育机构在内容开发方面的合作力度，发挥在内容把关方面的重

[1] 蔡慧英，陈明选．智能时代数字教育资源建设与发展研究［J］．现代远距离教育，2019（3）：74-81.

要作用。

另一方面，近期政策对在线教育机构的资质、行为规范等都提出了较高的要求。教育出版企业作为在线教育市场的参与者，必须对此高度重视，加强新法规学习，强化法律意识，避免无知违法的现象。

总体来说，在线教育行业监管趋严，行业乱象得到整治；同时，国家大力支持在线教育健康规范发展，逐步释放政策红利，未来在线教育市场环境必定会更加健康有序。作为在线教育市场的参与者，教育出版企业要抓住后发优势，充分利用优质内容资源优势和地方渠道优势，加强与技术公司的合作，根据各个应用场景开发出个性化、定制化的产品，走品牌培育路线，用“明星产品”打造在线教育市场品牌形象。

三、出版融合发展战略

近年来，随着互联网技术的快速发展和普及，推动出版业进入融合发展时代，国家也通过各种方式支持出版业融合发展。

（一）政策概述

1. 政策引导传统出版企业数字化转型

2015 年，国家新闻出版广电总局、财政部印发《关于推动传统出版和新兴出版融合发展的指导意见》（简称《指导意见》）。《指导意见》明确了“立足传统出版，发挥内容优势，运用先进技术，走向网络空间，切实推动传统出版和新兴出版在内容、渠道、平台、经营、管理等方面深度融合，实现出版内容、技术应用、平台终端、人才队伍的共享融通，形成一体化的组织结构、传播体系和管理机制"的发展目标，提出"创新内容生产和服务、加强重点平台建设、扩展内容传播渠道、拓展新技术新业态、完善经营管理机制、发挥市场机制作用"等任务。[1] 同年，李克强总理在政府工作报告中首次提出"互联网 +"行动计划，并确立其为国家战略。在政策利好、媒体融合的背景下，教育出版数字化成为出版界积极探索的领域。

2. 设立数字化转型示范基地、示范单位

《指导意见》提出："力争用 3—5 年的时间，研发和应用一批新技术新产品新业态，确立一批示范单位、示范项目、示范基地（园区），打造一批形态多样、手段先进、市场竞争力强的新型出版机构，建设若干家具有强大实力和传播力公信力影响力的新型出版传媒集团。"[2] 在宏观政策的引导下，中央和地方选出一部分出版社作为数字出版转型的示范单位给予荣誉和表扬，如全国数字出版转型示范单位、省级数字出版转型示范单位等，既支持了这些单位的发展，也为其他出版社树立了标杆。同时还有一些出版社被选为试点单位来探索数字出版的新模式，如国家数字复合出版系统工程应用试点单位、出版融合发展重点实验室等。入选的单位会获得国家在技术、资金等方面的优惠政策。

2015 年，江苏省新闻出版广电局评选了省内首批 10 家数字出版转型示范单位，其中包括江苏凤凰电子音像出版社、江苏凤凰科学技术出版社、南京大学出版社、译林出版社等。在此基础上，江苏省局组织转型示范单位参加全国数字出版转型示范评估，总结经验，打造一批形态多样、技术先进、具有竞争力的新型产业主体，带动

[1][2] 国家新闻出版广电总局，财政部 . 关于推动传统出版和新兴出版融合发展的指导意见［EB/OL］.（2015-03-31）［2020-05-25］. http://www.gov.cn/gongbao/content/2015/content_2893178.htm.

全省出版业转型升级。

3. 给予数字化转型资金扶持

《指导意见》指出:“充分发挥财政引导示范和带动作用，着力改善传统出版和新兴出版融合发展环境。加大中央文化产业发展专项资金支持力度，完善和落实项目补助、贷款贴息、保费补贴、绩效奖励等措施，更好地与新闻出版改革发展项目库等进行衔接，实现财政政策、产业政策与企业需求的有机衔接。支持出版企业在项目实施中更多地运用金融资本、社会资本，符合条件的可通过‘文化金融扶持计划’给予支持。加大国家出版基金对涉及出版融合发展的出版项目的支持力度。继续实施新闻出版业转型升级重大项目，探索将传统出版和新兴出版融合发展纳入重大项目支持范围，突出重点、分步实施、逐年推进。”[1]

在国家政策的引导下，中央和地方都设有基金来支持出版事业的发展，如中央层面有财政部文化产业发展专项资金、国家出版基金、国家科技专著出版基金等，地方层面有江苏省省级现代服务业发展专项资金、上海市新闻出版局专项基金、重庆市数字出版转型资金等。符合要求的出版企业可积极申请资金扶持，充分发挥财政资金撬动作用。同时积极拓展资金来源渠道，吸引社会资本注入，提高市场风险应对能力。

4. 实施“数字出版千人培养计划”

在人才培养方面，《指导意见》指出:“制定出版融合发展人才培养规划，支持出版单位与高校、研究机构和创新型企业联合开展

[1] 国家新闻出版广电总局，财政部 . 关于推动传统出版和新兴出版融合发展的指导意见[EB/OL].(2015-03-31)[2020-05-25]. http://www.gov.cn/gongbao/content/2015/content_2893178.htm.

出版融合发展人才培养，加大新兴出版内容生产人才、技术研发人才、资本运作人才和经营管理人才培养引进力度，进一步优化人才结构。建立出版融合发展人才资源库。鼓励出版传媒集团设立人才基金，鼓励出版单位加强领军人才和复合型人才队伍建设。建立健全绩效考核体系，创新项目用人机制，探索出版融合发展条件下吸引人才、留住人才、用好人才的有效途径。"[1]

在此背景下，2018 年国家新闻出版广电总局全面实施“数字出版千人培养计划”，研究制定《数字出版千人培养计划课程体系》，建立集政产学研于一体的师资队伍，征集遴选互联网实训企业。[2] 该项目将分年度、分类别、分层次培养 1000 名左右数字出版高端战略人才和精通专业技能的骨干人才，培训对象为新闻出版单位主要负责人或在本单位分管数字出版、新媒体业务的负责人，以及这些业务的部门负责人或中青年业务骨干。[3]

5. 实施“数字出版精品遴选推荐机制”

《指导意见》指出：“始终坚持贴近需求、质量第一，严格把关、深耕细作，将传统出版的专业采编优势、内容资源优势延伸到新兴出版，更好发挥舆论引导、思想传播和文化传承作用。探索和推进出版业务流程数字化改造，建立选题策划、协同编辑、结构化加工、

[1] 国家新闻出版广电总局，财政部 . 关于推动传统出版和新兴出版融合发展的指导意见[EB/OL].(2015-03-31)[2020-05-25]. http://www.gov.cn/gongbao/content/2015/content_2893178.htm.

[2] 国家新闻出版广电总局 . 今年全面实施“数字出版千人培养计划”[EB/OL].(2018-03-15)[2020-05-25]. http://www.sapprft.gov.cn/sapprft/govpublic/6954/362232.shtml.

[3] 国家新闻出版广电总局 . 张宏森出席“数字出版千人培养计划”试点培训启动会并讲话[EB/OL].(2017-11-13)[2020-05-25]. http://www.sapprft.gov.cn/sapprft/govpublic/10415/353676.shtml.

全媒体资源管理等一体化内容生产平台，推动内容生产向实时生产、数据化生产、用户参与生产转变，实现内容生产模式的升级和创新。顺应互联网传播移动化、社交化、视频化、互动化趋势，综合运用多媒体表现形式，生产满足用户多样化、个性化需求和多终端传播的出版产品。强化用户理念和体验至上的服务意识，既做到按需提供服务、精准推送产品，又做到在互动中服务、在服务中引导，不断增强用户的参与度、关注度和满意度。”[1]

为贯彻这一思想，引导出版企业培育产品新形态、探索服务新模式，努力构建品位高端、品质优良、品类丰富的数字出版产业生态，国家新闻出版署自2019年起组织实施“数字出版精品遴选推荐计划”。人教数字出版有限公司的“人教数字教材”项目、江苏凤凰电子音像出版社的“凤凰数字教材”项目、浙江教育出版社的“STEM未来计划数字融合课程平台”项目、福建教育出版社的“闽教学习服务平台”等数字化教育出版项目首批入选该计划。

参与“数字出版精品遴选推荐计划”是对一定阶段内产品及企业发展成果的检验。入选该计划一方面可以得到相关部门的奖励或推介，另一方面也能在行业内发挥示范引领作用。没有入围的传统教育出版企业也应积极参与，打好基础，防止错失新的发展机遇。

（二）政策解读

《指导意见》从改革导向、资金扶持、人才培养、项目推介等多方面激励出版企业加快融合发展步伐。教育出版企业应当珍惜机遇，

[1] 国家新闻出版广电总局，财政部 . 关于推动传统出版和新兴出版融合发展的指导意见 [EB/OL]. http://www.gov.cn/gongbao/content/2015/content_2893178.htm.

用好政策，努力把政策优势转化为创新发展、高质量发展的内在动力，以融合发展为突破口，加快转型升级，努力拓展数字化增值新空间。

第二节　标准化体系建设

2015 年 12 月，国务院印发《国家标准化体系建设发展规划（2016—2020 年）》，提出“到 2020 年我国迈入世界标准化强国行列”的战略目标。规划中明确提出“加强新闻出版领域相关内容资源标识与管理标准制修订，加快研制版权保护与版权运营相关标准，推进数字出版技术与管理、新闻出版产品流通、信息标准的研制与应用，完善绿色印刷标准体系，开展全民阅读等新闻出版公共服务领域相关标准研制，丰富新闻出版服务供给，满足多样化需求”。[1] 可见，加快教育出版领域相关标准制修订契合国家顶层规划。

数字教育出版标准化也是行业健康发展的必然要求。一方面，标准规范了数字出版产品的形态和质量，推动了数字出版工作的开展。另一方面，标准是仲裁的依据，维护了数字出版企业的合法权益。按《中华人民共和国标准化法》的规定，我国的标准分为四级：国家标准、行业标准、地方和团体标准、企业标准。目前教育出版领域的标准大多是国家标准和行业标准，约束力较强的企业标准相对较少。从 MPR 出版物系列标准、电子课本与电子书包标准、数字教材标准到有声读物系列标准、AR 出版物标准，我国教育出版领域

[1] 国务院办公厅 . 国务院办公厅关于印发国家标准化体系建设发展规划（2016—2020 年）的通知 [EB/OL]. http://www.gov.cn/zhengce/content/2015-12/30/content_10523.htm.

的标准在技术驱动、政策引导、市场推动下不断发展完善。

一、数字教材标准体系建设

当前，数字教材已经成为业界普遍认可的中小学教材创新形态，是教材出版单位数字化业务的代表品类和主要抓手。从最初能够支持音频、视频等动态媒体形式的光盘版数字教材，到提供交互式学习模式并支持PC、平板和手机的多终端版数字教材，再到基于云端技术提供智能学习服务的网络版数字教材，国内数字教材的研发已进入第三代。网络版数字教材处在发展初期，现行较为成熟的标准主要针对第二代多终端版数字教材而制定。

由于教科书的特殊性，新闻出版领域一贯需要针对纸质教科书制定特殊的标准。例如，《中小学生教科书卫生要求》（GB/T 17727—2014）、《中小学教科书幅面尺寸及版面通用要求》（GB/T 18358—2009）、《中小学教科书用纸、印刷质量要求和检验方法》（GB/T 18358—2009）等都是为教科书开发的特殊标准。因此，数字教材作为纸质教材的延伸也有标准化的必要性。

（一）数字教材的内容结构与质量要求规范

数字教材是在纸质教科书基础上的延伸，因此需要有相应标准来规范纸质教科书内容与数字教材拓展内容之间的结构关系。同时，考虑到纸质教科书本身的质量要求高于一般图书，在研制数字教材时，也有必要基于电子图书质量标准并结合数字教材的实际要求，制定要求更高的质量规范。

2015年1月，国家新闻出版广电总局发布的《中小学数字教材加工规范》(CY/T 125—2015)是国内首个关于数字教材的行业性标准。此后，国家新闻出版广电总局相继发布了《中小学数字教材出版基本流程规范》(CY/T 161—2017)、《中小学数字教材元数据》(CY/T 164—2017)、《中小学数字教材质量要求与检测方法》(CY/T 165—2017)等标准，初步形成一个包含数字教材元数据、数字教材质量要求及检测等诸多方面的数字教材标准体系。

1. 内容结构规范

在内容结构方面，《中小学数字教材加工规范》(简称《规范》)明确了中小学数字教材的组成、技术要求、功能要求等，适用于基础教育阶段的国家课程数字教材。《规范》规定数字教材由主体部分、组件、使用说明3个部分组成。主体部分明确规定了封面、扉页、版权记录等6个必备组成部分，及前言、序、编者按等7个可选组成部分。各组成部分又明确规定了必备信息及可选信息。如封面，必备信息包含对应的教科书封一的全部信息、题名、电子书标识符、出版单位；可选信息包含作者、数字教材版本标识、出版时间、制作单位。另外也规定了文字、图片、音频、视频、课件和虚拟学具等要素的技术要求，包括文字的字体、字号、分辨率等方面的要求。

2. 质量要求规范

在质量要求方面，2017年发布的《中小学数字教材质量要求与检测方法》规定了中小学数字教材的出版质量要求和检测方法，适用于中小学数字教材在研发、出版等环节中的质量检测与管理。该标准从有效性、完整性、规范性和准确性4个维度对中小学数字教材质量作出了要求，明确了相关维度的质量检测方法。其中准确性检测方法规定，应对数字教材中的全部文字、图片、音频、视频内容，以及链接和引用关系、样式、课件中的交互内容等分别进行检测。近年来，中小学数字教材的研发普遍富媒体化，许多数字教材插入了音频组件。对此，《中小学数字教材质量要求与检测方法》规定音频的准确性检测方法为："打开数字教材中的音频组件和含有音频的课件，逐个检查音频是否存在差错，对发现的差错进行记录，统计被检测的音频总时长（以秒为单位），并计算差错率。"

（二）数字教材元数据规范

元数据是"关于数据的数据"，是专门用来描述数据属性的信息，用来支持如指示存储位置、历史数据、资源查找、文件记录等功能。中小学数字教材的元数据是以中小学数字教材为对象，对其内容、形式、技术等方面的信息进行描述，从而为中小学数字教材的开发、应用和管理提供有效支持。[1]

2017 年发布的《中小学数字教材元数据》（CY/T 164—2017）规定了中小学数字教材元数据的元素及其属性，适用于中小学数字教材的开发、应用和管理。该标准从数字出版、课程与教学、信息技术等多个角度进行元素的选择和协调，明确了元数据元素的描述结构、属性及扩展机制，形成了包括数字教材整体元数据、数字教材扩展组件元数据在内的元数据体系。标准规定数字教材整体元数据包括题名、责任者等 31 个元素，数字教材扩展组件元数据包括标题、类型等 13 个元素，并规定了各元素的定义、英文名称、元素表示、注释、数据类型、值域、约束 / 条件。

---

[1] 钟岑岑 . 中小学数字教材元数据相关标准比较研究［J］. 出版参考，2017（11）：42-44.

（三）数字教材标准建设工作的难点

尽管数字教材的标准化建设工作取得了一定的进展，但相关工作还存在着许多难点。一是多领域标准之间的深度融合，二是中小学数字教材的外部系统接口标准的研究。

1. 多领域标准之间的深度融合

不同领域之间标准的深度融合是中小学数字教材标准化工作的关键问题，也是难点问题。当前已经研制的标准虽然也涉及教育、出版、信息技术三个领域，但从融合角度看，已有标准的跨领域融合深度不足，一些基于深层次融合的问题还未被触及。[1] 例如，交互性内容的技术格式标准及其检测规范就涉及三个领域标准的深度融合。近年来，中小学数字教材的研发有明显的富媒体化倾向。与多媒体相比，富媒体数字教材的内容更强调交互性，即数字教材中显示的内容与用户的操作相关。对基础教育而言，由于内容的政治性、科学性等对学生影响重大，中小学数字教材中所有依据用户行为而呈现的交互性内容原则上需要进行审定和出版质量检测。在多数情况下，会出现某个交互性内容所对应的用户操作行为比较复杂，难以采用人工方式逐一对数字教材所反映的内容进行审定与检测的情况，这就需要对交互内容本身进行一些形式与技术上的规范，使机器检测能够被引入并辅助人工进行审定与检测工作。交互性内容的技术格式标准涉及某类课程内容的交互设计与技术实现的合理性与规范性，必须通过课程标准与教育信息技术标准的深度融合加以解决。类似这样需要跨领域深度融合的标准的制定，仍然是目前标准化工作中的难点。

[1] 沙沙. 中小学数字教材标准化建设的思考[J]. 科技与出版，2017(7)：90-93.

2. 中小学数字教材的外部系统接口标准的研究

中小学数字教材作为信息化环境中的核心学习资源，能为教师和学生提供数字化教学的基础性解决方案。但从教学活动的实际需求来看，中小学数字教材还需要与其他各类学习资源、学习空间、软件工具和终端硬件共同构成可支持个性化学习和泛在式学习的复杂教学系统。这就要求数字教材必须具备一系列可扩展的标准化接口，能够将数字教材自身的内容、功能延伸至整个教学系统中。当前适用于信息化环境中的教学系统设计与应用尚不完善，早期的SCORM标准和目前流行的可记录大数据的xAPI标准都存在一定的局限性，因此外部接口标准的研究工作也是数字教材标准化的难点之一。[1]

二、电子课本与电子书包标准

电子书包是指“为电子课本及其他数字化学习内容提供软件和硬件应用环境，整合了学习内容、学习终端、虚拟学具和学习服务的数字化教学或学习系统”。电子课本是指“为实现特定学习目标或课程标准而制作开发的，能满足在线学习或混合式学习需求，并具有内容主页（或逐屏）呈现特征的音频、图像、文本等多媒体交互式数字化教学或学习内容”。

在数字化学习的热潮中，电子书包作为硬件设备、资源与软件、教学服务的集成体，被认为是促进基础教育信息化改革的重要抓手。目前，围绕电子书包的研究与应用已有十余年的历史，在这过程中

[1] 沙沙．中小学数字教材标准化建设的思考［J］．科技与出版，2017（7）：90-93.

形成了包括技术、服务、终端设备等方面的一系列标准。

（一）电子课本与电子书包标准体系

电子课本与电子书包的标准化工作起步较早。2010 年，全国信息技术标准化技术委员会和教育部教育信息化技术标准委员会联合组建了电子课本和电子书包标准专题组，华东师范大学上海数字化教育装备工程技术研究中心牵头组建了标准研制队伍。2017 年 11 月，由同方知好乐教育科技（北京）有限公司、中国新闻出版研究院等单位组织起草的《中小学电子课本内容与应用规范》（CY/T 162—2017）发布。2018 年以来，国家标准化管理委员会相继发布并实施了《信息技术学习、教育和培训电子书包终端规范》《信息技术学习、教育和培训电子课本信息模型》《信息技术学习、教育和培训电子课本内容包装》《信息技术学习、教育和培训电子书包总体框架》《信息技术学习、教育和培训电子书包标准引用轮廓》《信息技术学习、教育和培训电子课本与电子书包术语》六项国家标准，该系列标准由华东师范大学、中国电子技术标准化研究院等单位起草制定，由全国信息技术标准化技术委员会归口管理。至此，一套包括电子课本、虚拟学具、学习服务、学习终端和总体框架的电子课本与电子书包标准体系初步形成。

1. 电子课本标准

电子课本标准包括电子课本信息模型、格式规范、元数据、内容包装、XML 绑定以及实践指南等内容。

电子课本信息模型是指“用于表示电子课本中包含的信息及其关系的抽象模型，包括电子课本中所有必备信息元素、可选信息元素及信息结构”。国家标准层面，2018 年发布的《信息技术学习、教育和培训电子课本信息模型》规定了电子课本的信息模型，包括信息元素与结构、元数据、配置信息、页、资源与控件、元素的扩展等内容。该标准主要基于教育信息技术领域对电子课本的需求分析，同时依托对电子课本相关的电子阅读、数字化学习标准的分析来进行电子课本的定义与建模，适用于电子课本的设计制作。

电子课本内容包装以便于电子课本的生成、管理、出版、教育等系统间实现信息交互和有效应用为目的，依据电子课本定义中的基本特征和信息模型要求，在逻辑结构上划分为电子课本整体、页、资源与控件三层。2018 年发布的《信息技术学习、教育和培训电子课本内容包装》规定了电子课本内容包的逻辑结构、必备元素、可选元素、文件夹、包交换文件等方面的内容，适用于电子课本的设计制作。

2017 年 11 月，国家新闻出版广电总局发布《中小学电子课本内容与应用规范》(CY/T 162—2017)，该标准由同方知好乐教育科技 (北京) 有限公司、中国新闻出版研究院等单位组织起草，适用于基础教育阶段国家课程电子课本、地方课程电子课本的出版。标准规定了中小学电子课本的构成、内容规范及应用要求。标准规定电子课本由元数据、封面、目次、正文、辅文以及附件构成；详细规定了各组成部分的内容要求、互操作功能、排版样式要求；从应用技术要求、应用环境两大方面规定了电子课本的应用要求。例如，在跨终端要求上，标准规定电子课本应采用标准格式或通用格式，以支持电子课本在主流设备 (如：电脑、手机、平板电脑等) 上的正确解析；课本内容、样式应自适应显示；互操作功能可正常操作。

2. 电子书包终端标准

电子书包终端是指一种用于教学的数字终端产品，包括数字终端硬件、终端的操作系统以及数字终端所配套的教学功能。

在国家标准层面，《信息技术学习、教育和培训电子书包终端规范》规定了电子书包终端的技术要求、试验方法、质量评定程序、标志、包装、运输和贮存的要求，适用于各种类型的电子书包终端的设计、制造、测试和验收。教学功能方面，该标准规定电子书包的系统功能架构既要满足教师的教，又要满足学生的学，电子书包系统中教师端的教的功能将配合和支持学生端的学，两端建立耦合关系。主要考虑四个方面的功能配置要求：支持教师知识陈述、例证、情景呈现和任务布置；支持教师创设交互学习环境；支持教师进行课堂管理；辅助教师端的教与支持学生端的学。

在地方标准层面，四川省于 2014 年 5 月发布了《中小学电子书包应用系统建设规范》。该规范从电子书包应用系统的构成、教学应用、教学资源、自主学习、教学分析评价、教学管理、硬件设施及版权、安全八个方面描述了电子书包应具备的功能和应用场景，偏重于功能、资源和实践指导。

3. 电子书包总体框架

2019 年发布的《信息技术学习、教育和培训电子书包总体框架》定义了电子书包的总体框架，界定了电子书包的范围和主要内容，目的是解决电子书包的学习内容、虚拟学具、学习服务和学习终端各模块之间的互操作问题，从整体上和框架上指导电子书包系列标准的应用和实施，推动电子书包产业的发展和应用。该标准是制定电子书包标准体系的基础，适用于电子书包应用系统的设计与开发。它是从系统工程的角度抽象概括出电子书包的概念模型、功能模型、接口和安全，一方面从技术角度规定了电子书包的涵盖范围及对象，另一方面也使得技术人员及用户能直观地了解具体电子书包的实际应用场景和相互关系。

该标准规定了学习内容、虚拟学具、学习服务、学习终端四个模块的功能、互操作和接口要求。其中，学习服务是支持学习者学习的各种功能及服务，包括作业、练习、阅读、讨论、注释及测试等。学习服务模块主要从教师端和学生端对功能进行了规定。比如规定在学生端应包含（不限于）以下学习服务功能：提供上网（上传、下载、搜索等）、触屏、手写等功能；支持学生个人作业练习、阅读、注释及测试；支持班级、小组写作学习，支持通过网络进行社会化学习；使学生能在电子书包上直接进行测验，并获得及时反馈；提供学业交流、课外拓展、网络课堂等功能；支持为学生提供同步/异步答疑。

（二）电子课本与电子书包标准体系的应用情况

目前，电子课本与电子书包领域已经形成一套相对完善的标准体系，电子书包在全国各地也有较多的试点应用。但鉴于多方面的原因，电子书包尚未在全国范围内大规模应用。第一，配套电子书包的新型教学方式还未成熟，使得电子书包在课堂教学方面无法完全取代实体书包；第二，配置电子书包存在一定的硬件成本，并且家长担心使用电子书包会影响孩子视力；第三，由于技术的发展，软硬件日趋多样化，智慧教育领域也出现了多种电子书包之外的其他解决方案。

可以说，电子书包的概念或许在今日较少被人提起，但包含了电子书包理念的智慧课堂类产品仍然活跃。电子书包的标准建设为智慧教育领域相关产品的落地与使用提供了重要的参考。未来，该标准可以针对当前应用、推广中出现的新问题、新情况、新发展，不断升级完善，以此推动此类产品与时俱进，更好地适应智慧教育的需求。

三、其他相关标准

（一）AR 出版物标准

近年来，增强现实（Augmented Reality，简称 AR）技术在出版领域的应用越来越普遍，其交互阅读的视听效果给传统出版注入了新的活力，为传统出版物的数字化转型与升级带来积极的推动作用，与之相关的标准化工作也随之展开，有关单位相继制定了一批相关标准。

2019 年，国家新闻出版署发布并实施的《出版物 AR 技术应用规范》，规定了应用增强现实（AR）技术的出版物的出版、制作、管理与应用要求，适用于应用 AR 技术的出版物的出版和管理。例如，标准规定 AR 出版物要进行以下三方面的审核：一，内容审核，遵照“三审三校”制度；二，数字媒体审核，主要进行资源规范性审核；三，功能审核，包括关联的准确性，以及功能有效性审核。该标准提高了 AR 出版物的制作、管理水平，增强了 AR 出版产品的市场竞争力，加速推进了 AR 技术与传统出版的深度融合、一体发展。

AR 技术在出版领域的应用场景越来越广泛，国内教育出版单位近几年陆续推出了一系列 AR 出版物。AR 技术与出版融合已成为行业关注的焦点，但其在推广中依然存在很多障碍，如内容制作成本过高，设备之间无法互联互通，数据存储存在一定的安全隐患等。因此，推广 AR 技术在出版中应用，一方面需要在技术上取得突破，另一方面要继续推进 AR 出版物标准体系建设，以保障 AR 技术在行业应用的通用性。[1] 相关部门和单位要加强 AR 技术应用标准的实施和完善，推动教育领域 AR 数字化出版高质量、健康、快速地发展。

（二）有声读物标准

有声读物是把文字演绎成播讲的一种出版物形式，音频网络出版物近几年发展速度很快，已经产生了喜马拉雅、懒人听书等一批大型在线平台。在此背景下，新闻出版标准化技术委员会组织广东大音音像出版社、盲文出版社、人民教育电子音像出版社等出版机构，开展有声读物系列标准的研制工作，并于 2019 年发布了《有声读物第 1 部分：录音制作》《有声读物第 2 部分：发布平台》《有声读物第 3 部分：质量要求与测评》三项行业标准，该系列标准对有声读物录音制作流程、发布内容、内容平台的基本技术要求、平台服务要求、质量指标及具体评测方法步骤等方面标准作出了具体规范。该标准的制定，对于加强在线出版物的行业建设、统一有声读物制作的技术标准、提高有声读物内容质量、提升音频数字出版物的在线服务水平、强化行业规划和管理都具有很重要的意义。

（三）二维码融合出版物标准

在教育出版领域，教辅图书是应用二维码的领军力量。对于教辅图书来说，二维码最核心的功能就是在纸质教辅上进行内容延伸，通过二维码链入音频、视频、网页、动画、文档等多种形式的内容资源，以丰富图书内容的呈现形式，拓展图书内容的深度和广

[1] 杨晓新，杨海平 .AR 出版物标准体系建设 [J]. 中国出版，2018（8）：12-15.

度。[1] 例如北京师范大学出版社推出的《京师专题》、华东师范大学出版社推出的“玩转二维码”教辅图书、浙江科学技术出版社推出的《金榜学案》等丛书中，每本教辅都植入了数十个乃至几百个二维码。

2017 年，国家标准化技术管理委员会发布《商品二维码》（GB/T 33993—2017）国家标准，这一标准是我国自动识别与移动支付、电子商务以及大数据等领域的重要标准。2017 年，受广东高等教育出版社委托，南京大学出版研究院副院长杨海平教授承担了“基于二维码关联的融合出版物标准研究”的工作，在调查出版行业对发展二维码出版物的态度、看法，了解市场发展情况，总结成熟的做法和经验后，提出了一套比较适合推广使用的基于二维码关联的融合出版物标准。该标准包括：前言、范围、规范性引用文件、术语和定义、二维码出版物出版流程、二维码出版物技术标准、排版设计、二维码媒体制作标准、二维码出版物管理标准等主要内容，并设计了二维码融合出版物标识等。

（四）总结与启示

目前，教育出版融合发展领域的标准体系已经初步形成，教育出版标准化建设工作已进入中期阶段。但出版机构在标准使用率上差异明显，整体使用率不高，尤其是数字出版标准，使用率较低。调查显示，出版企业使用标准的动机主要来自提高出版物质量、规范业务、管理要求、提高竞争力等几个方面。为进一步提高出版机构标准使用率，提升标准化效果，建议出版单位、管理机构以及行业标准化机构从以下几个方面作出相关的规划和调整。

---

[1] 吉鹏云，柯积荣，开军武．二维码融合出版物标准问题研究　　以图书为例［J］．科技与出版，2018（9）：108-112.

1. 淘汰陈旧标准，补充空缺标准

标准质量是标准贯彻的基础，现行标准总体较好，标准体系也愈加完善，但仍存在个别标准内容过于陈旧、操作性不佳，部分领域标准缺失等问题。建议管理机构、行业标准化机构定期开展标准复审，重视标准应用反馈，增强标准的可用性。同时，加快研制和修订出版产品质检标准，满足实际需求。

2. 增强标准实施的政府推动力

政府的推动力是影响标准实施的重要因素。首先，要加强对出版物质量监督，尤其要加强数字出版产品质量检查工作。其次，开展标准实施的效果评价工作，定期对出版机构开展标准实施评估；增强标准制定与质量检验、出版企业评级、出版物评奖之间的关联度。同时，借鉴国外经验，提高行业规章制度和技术法规中对重要的推荐性标准的引用率，增强推荐性标准实施的强制力，使标准成为法律法规的必要补充。

3. 加强标准信息工作

标准信息工作是标准化工作的基础，也是企业生产的重要参考依据。标准信息获取难是当前困扰出版企业标准应用的突出问题。目前，国家标委会官网建立了相应的标准查询系统，中国新闻出版研究院也已经初步建成了出版领域标准数据库、标准术语库，为标准文献查询、检索、咨询提供了便利。未来还应关注拓宽标准信息的传播渠道，加强标准信息管理和动态拓展维护，提高标准学习和使用的便捷性。各出版单位也应积极关注相关部门的最新动态，积极学习最新文件。

注：本文所用标准均来自全国标准化委员会官网文件。

第七章

融合发展人才与机制

教育出版覆盖多个学科，教育类产品面向不同领域，涉及基础教育、高等教育、职业教育等，读者对象年龄跨度也很大。当前，新技术和新产品层出不穷，教育出版正朝融合发展的方向转变，读者开始向用户转变。为了开发出满足用户需求的教育产品，在人才培养和机制建设上，编辑和教育出版企业应转变思维，创新机制。

第一节　人才建设

随着信息技术和泛媒体对教育出版的冲击，教育出版一直在转型升级，探索互联网时代新型出版模式，融合发展为教育出版带来了新思维。

教育出版融合发展必然会对固有的出版工作模式和编辑能力产生影响，对出版企业是挑战，对编辑来说也是考验。首先是对出版工作模式的影响。信息技术重构教育出版的方方面面，教育产品的形态发生了变化，产生了数字教材、智慧课堂、智慧教辅和网络课程等教育融合出版产品。相应地，产品开发流程也发生了变化，从产品调研到运营维护都有别于传统出版流程。其次，是对编辑能力的影响。数字时代，编辑除了要具有出版和教育学科专业知识、职业素养和实践能力，还要有创新思维，学习出版融合发展的思路和政策，了解大数据、人工智能、AR 出版、区块链、云计算、知识服务等新知识，用新型出版理念和新技术来武装自己。传统编辑面对陌生的数字教育产品和技术、新的能力需求，有可能产生焦虑情绪，但是转型的难题不可回避。编辑不再是传统意义的文字内容加工编辑，需要逐渐向数字教育产品经理的角色转变。

在此情况下，教育出版融合发展人才的培养便被提上议程。

2015 年 3 月 31 日，国家新闻出版广电总局、财政部印发了《关于推动传统出版和新兴出版融合发展的指导意见》(简称《意见》)，《意见》中第 14 条明确提到强化人才队伍建设，“制定出版融合发展人才培养规划，支持出版单位与高校、研究机构和创新型企业联合开展出版融合发展人才培养，加大新兴出版内容生产人才、技术研发人才、资本运作人才和经营管理人才培养引进力度，进一步优化人才结构……鼓励出版传媒集团设立人才基金，鼓励出版单位加强领军人才和复合型人才队伍建设。建立健全绩效考核体系，创新项目用人机制，探索出版融合发展条件下吸引人才、留住人才、用好人才的有效途径”。[1]

《意见》对人才的需求类型、培养方式都提出了具体的办法，解决了培养什么样的人才、怎样培养人才的问题，出版企业可以根据自身情况，以《意见》为指导，培养、优化人才队伍。

[1] 国家新闻出版广电总局，财政部.关于推动传统出版和新兴出版融合发展的指导意见[EB/OL].(2015-03-31)[2020-04-10]. http://www.sapprft.gov.cn/sapprft/govpublic/6684/534.shtml.

一、专门型人才

融合教育产品的开发需要各式各样的人才，一个项目的开发往往要求团队成员拥有多学科背景，如具备计算机专业知识的技术研发人才，在产品开发、产品维护、网络安全等方面起到不可忽视的作用；具备市场营销学知识的营销人才，决定了产品的变现能力；具备管理学知识的运营人才，对产品起到保驾护航的作用；[1] 具备教育学知识的师范专业背景人才，则更熟悉教育市场政策和用户需求。广西教育出版社 2020 招聘简章中的基础教育编辑部编辑岗，便注明了有师范专业背景及具有教师工作经验者优先，要求编辑了解教育教学信息，参加相关教育调研活动。[2]

教育出版人才除了要具备多元学科背景，还需掌握融合教育产品开发所需的各项技能，如数字化战略设计、用户界面设计与测试、云平台构建、数字加密、数字化营销与传播、客户大数据分析和数字版权管理等。[3] 纵观出版机构招聘信息，发现教育出版机构在传统岗位基础上，设置了许多数字出版类岗位，对专门型人才的需求大大增加，在招聘时更加注重员工的互联网思维、新媒体编辑能力、技术能力以及数字出版能力。

2016 年，在《基于招聘信息的我国数字出版人才需求研究》一文中，作者将数字出版人才岗位划分为产品类、技术类、运营类和

[1] 王志刚 . 数字教育出版的人才队伍建设现状、不足及路径——以人教数字公司为例［J］. 出版参考，2019（9）：44-45.

[2] 百道 HR. 广西教育出版社 2020 招聘简章［EB/OL］.（2019-11-26）［2020-07-16］. https://www.bookdao.com/article/418363/.

[3] 于明明 . 美国教育出版数字化转型现状与趋势浅析［EB/OL］.（2017-03-27）［2020-05-10］. https://mp.weixin.qq.com/s/JbD7WZAaKc9bRGkCd7DKzw.

市场类四类。[1] 2017 年，李文瑛、刘华坤发表的文章《媒体融合下出版人才需求分析与培养思考——以百道网招聘专区为例》，以百道网网站上出版社的招聘信息为对象，对出版业人才需求进行分析，根据出版社招聘信息，两位作者将出版社招聘岗位分为内容生产、运营、技术、行政四类。[2] 根据以上作者对出版机构人才岗位的划分，以及教育出版融合发展特点和教育出版机构招聘信息，概括出教育出版融合发展所需的专门型人才分为内容生产类人才、营销类人才、技术类人才和产品类人才。

（一）内容生产类人才

内容生产类人才主要是负责教育类图书的编辑工作，包括选题策划、组稿、审稿、活动推广，在出版工作中处于中心环节，需与不同部门沟通，统筹规划，协调各方。教育类出版物内容涉及不同学科，读者范围广、背景多样，因此，教育出版机构在招聘时，不仅面向出版专业学生，还面向 13 个大类学科，如数学、英语、汉语言文学、管理学、经济学、法学和哲学等学科毕业的学生。应聘者的学科背景与教育产品类型息息相关，如上海教育科技出版社招聘负责科普、医学、学前类图书编辑工作的编辑时，会优先选择医学、数学、物理等专业的毕业生。[3]

外语教学与研究出版社是一家综合性教育出版机构，包括全学科出版、汉语出版、科学出版和少儿出版等领域，其中外语出版是

[1] 王晓光，王俊芳 . 基于招聘信息的我国数字出版人才需求研究 [J]. 出版发行研究，2016（10）：45.

[2] 李文瑛，刘华坤 . 媒体融合下出版人才需求分析与培养思考——以百道网招聘专区为例 [J]. 北京印刷学院学报，2017（3）：28-29.

[3] 百道 HR. 上海科技教育出版社 2020 招聘简章 [EB/OL].（2010-08-09）[2020-07-16]. https://www.bookdao.com/article/419531/.

其优势，设有英文编辑岗，要求应聘者的专业背景是英语、教育等相关专业，并对于通过英语专业八级考试和持有国才考试证书的人才予以优先录取，编辑的主要职责是选题策划、文字编校、项目执行和市场支持，围绕教材、教辅、教程等产品进行工作。[1]

除了传统文字编校岗位，出版机构还设有与数字出版相关的内容生产类岗位，包括数字出版项目策划、数字出版编辑、新媒体编辑等，出版机构对数字出版相关内容生产类岗位的人才需求也会越来越大。而教育出版融合发展要求内容生产类人才不仅要熟悉传统出版流程，还要熟悉数字出版流程，以融合出版思维策划选题、组稿、编辑加工和宣传。

（二）营销类人才

营销类人才主要负责产品运营，对融合教育产品进行运营和维护，使教育产品顺利在市场上流通，通过宣传，影响消费者的消费行为，以贴近用户、团结用户、引导用户为手段运营产品。其中，随着用户的阅读方式发生变化，且用户花在手机上的时间日益增多，越来越多的用户喜欢通过微信、微博、今日头条等 APP 获取信息，尤其是微信公众号逐渐成为人们主要的阅读载体，许多出版机构开始布局新媒体业务，因此，熟悉新媒体运营的人才显得格外重要。如四川教育出版社开通抖音短视频号，尝试直播营销，不仅邀请明星带货社内科普童书，而且社内编辑也投入到直播中。[2] 直播

[1] 百道 HR. 外研社招聘英文编辑岗位 [EB/OL].(2010-08-09)[2020-07-16]. https://www.bookdao.com/article/415639/.

[2] 四川教育出版社. 线上线下齐发力　四川教育出版社构建市场化图书立体营销体系 [EB/OL].(2020-07-01)[2020-07-16]. https://mp.weixin.qq.com/s/aL_u56Nk0EKJv7nJH-M_ZA.

卖书这种新型营销方式对编辑提出了新的能力要求，需要编辑熟悉直播营销流程，具备流畅的口头表达能力，必要时还需配有肢体表达，带动屏幕前读者的情绪，影响读者的购买行为。

清华大学出版社在2020年社会招聘信息中，招聘岗位设有市场营销类，细分岗位分为版权经理/专员、市场经理和运营助理（京东），三个岗位对应聘者的具体能力要求不一，但岗位职责都包括出版物的营销推广工作，制订并实施营销推广计划，从而引进、输出、推广出版物。[1]从中我们可以看出，教育出版机构所需的营销类人才，其能力要求紧紧围绕营销与推广。

教育出版融合所需的营销人才不仅要做好融合教育产品的运营和推广工作，还要定期维护和更新产品，收集用户的反馈信息，并对信息进行分析，营销类人才需具备以下能力：市场分析能力，熟悉教育市场的走向，通过分析了解市场对教育产品的需求；用户分析能力，分析用户的需求，根据用户需求实现精准营销；活动策划能力，具备策划营销方案、营销活动方案的能力；市场推广能力，在了解市场需求和用户需求后还需研究如何将教育产品推广给用户，提高融合教育产品的用户量；数据分析能力，对收集的数据比较敏感，能够根据数据敏锐地感知教育市场变化和用户需求。营销类人才还需具备出色的组织能力和沟通能力，在与用户沟通时，语言表达要清晰流畅，正确传递产品的信息。营销类人才需在不断的营销实践中培养、锻炼自己的能力，根据融合教育产品特征、用户需求，为用户找到适合的融合教育产品。

[1] 清华大学出版社.清华大学出版社2020社会招聘信息[EB/OL].(2020-07-12)[2020-07-16]. https://mp.weixin.qq.com/s/LMxu8P6e3W6JuS49r49C7w.

（三）技术类人才

技术类人才需根据融合教育产品的特性，找到适合其生长的土壤，运用技术将内容转换成不同形态。教育出版融合发展过程中，软硬件技术的应用和数据分析的价值日益彰显，研发一款数字教育产品，涉及计算机技术、网络技术、存储技术和显示技术等，因此教育出版企业对技术类人才的需求日益增长，设置了许多技术类岗位，包括数字产品技术主管、前端工程师、JAVA 工程师、网络工程师、高级架构师、运维工程师、技术编辑、数据编辑等等。

广西教育出版社图书板块分为基础教材与助学读物、教育理论与学术文化、阅读类图书和辞书四大类，在招聘时除了设有编辑岗和校对岗，还设有数字出版部技术开发岗，主要负责产品、平台对接等技术开发，负责 PC 端的业务功能交互开发，要求应聘者熟悉前端开发，熟悉网页、iOS 和 Android 平台的设计规范，熟悉常用的 H5 交互式网页设计工具的使用。[1] 所以，出版机构对技术类人才的学科背景要求大多是计算机、软件开发相关专业，技术类人才需熟悉各类软件的使用，参与教育产品的技术开发工作，并做好技术服务工作。

（四）产品类人才

产品类人才与营销类人才虽都以产品为核心展开工作，但两类人才工作侧重点不同，产品类人才引领产品从无到有，关注用户需求；营销类人才引领产品进入市场，关注用户的购买特征。两类人

---

［1］百道 HR. 广西教育出版社 2020 招聘简章［EB/OL］.（2019-11-26）［2020-07-16］. https://www.bookdao.com/article/418363/.

才需密切合作，共同关注产品、关注用户，确保产品信息一致。[1] 产品类人才中最重要的是产品经理，产品经理在出版社被称为数字编辑，但从互联网角度来看，这类编辑具备互联网思维，既有扎实的传统出版知识，又了解互联网技术和运营，实际上是负责知识服务类业务的产品经理，主要负责产品的研发、制造、营销、渠道等工作。互联网的产品经理与出版社的数字编辑存在一些区别，互联网产品经理只考虑软件形态，出版社的数字编辑还应考虑产品融合形态。

成功的产品经理必备的核心能力有：具备用户思维，了解互联网技术，知识结构全面，善于统筹协作和保持不断学习。[2] 产品经理需从满足用户需求出发，提供经过筛选的、具有质量保证的产品。华东师范大学出版社美慧树幼儿园课程数字平台是学前教育资源多媒体版教育软件，该平台将学前教育以“场景功能”的立体方式呈现，集音频、动画、课程教学工具为一体，为 3—6 岁儿童提供情境式、浸入式课程学习模式。美慧树数字平台开发时，项目负责人通过与产品使用者接触，从使用者角度出发，考虑用户的体验，思考产品的角度也随之发生变化，不仅要关注产品的“卖点”，还要关注与用户建立联系的“买点”，即从用户角度思考“我为什么要买这套书”。[3]

---

[1] MarTechCareer. 产品岗越来越火，是时候分清楚这两类职位了！[EB/OL].（2019-12-10）[2020-07-16]. https://mp.weixin.qq.com/s/LBMDyD7BIwsqT5EYjecSXw.

[2] 吴雪 . 一名合格产品经理需要的 5 大核心能力 [EB/OL].（2018-08-08）[2020-05-10]. http://www.bookdao.com/article/409333/.

[3] 夏仟仟 . 出版社产品经理谈转型——美慧树沈岚：用产品经理的思维干好编辑的活 [EB/OL].（2018-05-15）[2020-06-28]. http://www.bookdao.com/article/408952/.

融合教育产品是传统出版物与数字出版物的融合，设计与开发融合教育产品需要产品经理高屋建瓴，以数字化思维策划产品，包括市场研究、创建用户画像、制定产品开发战略和计划等工作环节，最终满足用户需求。教育出版机构不仅可以引进产品类人才，还可以培养传统编辑向产品类人才转变，学习产品经理需掌握的软件，在工作中培养产品思维、用户思维。

上述四类人才体现了教育出版融合发展对专门型人才的需求，具有强烈的针对性。内容生产类人才负责融合教育产品的编辑工作，是整个流程的起点，主要负责编辑、审核文字内容；产品类人才负责搭建产品，借助原型设计软件设计产品并制订产品搭建计划；技术类人才负责技术研发工作，为融合教育产品提供技术支持；营销类人才负责产品运营和推广，将融合教育产品推广到目标市场。这四类人才各司其职，一环扣一环，但不是相互分割的，而是你中有我，我中有你。在做好本职工作的基础上，各类人才之间需互相合作，多交流、沟通信息，共同打造融合教育产品，保障教育出版融合项目顺利进行。教育出版机构可以在考虑各个业务部门需求和教育融合出版项目需求的基础上，有针对性地培养引进上述四类人才。

二、复合型人才

编辑在传统的出版流程中占有十分重要的角色，他介于作者和读者（或听众、观众）的中间，是连接作者和读者的纽带。编辑工作是出版的中心环节，在教育融合产品的生产过程中也是如此。作为内容类人才，编辑不仅要熟悉本岗位的知识，还应掌握其他的一些能力。

在由中国新闻出版研究院与北京印刷学院联合举办的数字出版人才培养研讨会上，文化艺术出版社总编辑郝庆军提出："传统出版编辑不懂技术，数字出版编辑又不太懂'文化审美'，当前，我们急需数字出版复合型人才。"[1]这席话道出了许多出版企业对人才的需求，即复合型人才。复合型人才应全面发展，既要具备传统出版专业知识，也应熟悉数字类产品开发流程。总体上讲，教育出版融合发展复合型编辑应具备以下能力：

（一）层次多样的知识结构

首先，是出版专业知识。出版专业知识是开展一切活动的基础，教育出版从业人员要具备出版专业知识，熟悉出版流程和编辑工作内容。其次，是学科专业知识，专业的编辑需要相应的学科背景作为支撑。再次，是教育教学知识，这点是教育出版编辑与其他类型编辑最大的区别。

教育出版以教育为本，编辑人员需掌握教育教学相关知识。只有对现代教育学有所了解，才能发现教育市场的空缺和教学过程中存在的问题，有针对性地开发相应数字化教学产品。教育出版的宗旨是为教育改革与实践服务，教育出版人才理应熟悉包括课程体系、教学方法等方面的教育改革与实践过程，并能够将其合理地应用到教育产品和服务的设计、制作中去。[2]教育出版融合发展带来了教育形态的改变，对教育教学产生了重大影响，诞生了教育技术学等

[1] 张雪娇.数字出版人才培养亟待升级[EB/OL].（2017-03-20）[2020-04-10]. https://mp.weixin.qq.com/s/BGk9I4La0qL6uUiTQPUhyw.

[2] 汤礼军，吴鹏.信息化环境下教育出版转型及人才培养策略研究[J].合肥工业大学学报（社会科学版），2015，29（1）：141-144.

新兴学科，建构主义、学习科学、多媒体学习、自适应学习等教育教学理论不断有新的突破。编辑如果能够配合作者，将新兴的理论以及广为流行的项目教学法、情景模拟教学法、任务驱动教学法、案例教学法等经过巧妙设计应用到对应的教学内容当中去，则可以更好地满足教育需求。

近年来各大教育社的招聘信息中，学科编辑类岗位大都要求应聘者有教学、教研经历，或是有教育图书出版及授课相关工作经验，证明了掌握教育教学知识是复合型人才重要的能力要求。

（二）基于数据的分析能力

教育出版编辑需要掌握一定的数据统计分析知识，对数据进行有效分析。在大数据时代背景下，教、学、测、练的各个环节对数据的依赖程度越来越深，出版社选题策划、产品设计和市场营销需要建立在数据分析的基础之上。通过对大量数据的专业分析会促使编辑对市场进行更进一步的细分，更精准地了解读者需求，有助于教育出版企业在市场上取得竞争优势。

具体来说，基于数据的分析能力首先表现在市场主体分析方面。教育产品市场主体不仅有出版企业，还有互联网企业和教育培训机构，各市场主体之间的竞争也非常激烈。因此教育出版企业在策划产品时，要进行更加充分的市场调研，确定差异化产品定位。广东省出版集团数字出版有限公司建设运营的“南方云教育”数字出版项目，项目组十分重视项目的定位和赛道的选择，在调研时运用了 SLEPT、SWOT 等模型，收集大量数据，分析业务以及企业的优劣势、未来趋势，最终才选择在优质数字内容资源应用服务方向发力，为中小学师生提供以数字教材为核心的智慧学习整体解决方案。[1]

其次，基于数据的分析能力表现在用户需求分析方面。用户数据的收集不仅对营销、产品类人员有重要价值，对内容类人员也是如此。传统出版模式下的编辑不与用户直接接触，其产品策划是基于市场趋势，对用户知之甚少，这对于教育融合产品的开发显然是行不通的。在融合发展背景下，编辑角色逐渐向产品经理靠拢，首要的转变就是提升用户意识。例如，人教社人教数字教育研究院于2019年开展了一项我国中小学数字教材应用现状的调研，通过对3450名教师对于数字教材的使用情况进行分析，表明数字教材最主要的使用场景是课上演示教学内容，占36.9%；教师对数字教材的需求主要集中于“数字教材提供丰富资源”和“教师可添加个性化资源”两项，选择率累计高达90%；而小学生最期望的功能是“进行学习分析和推送学习内容”“能做笔记和标注”；中学生最期望的功能是“有图片、视频等丰富的资源”“能打开学习工具”“能做笔记和标注”。[2] 诸如此类的用户需求调查对于编辑优化产品内容、功能具有重要的指导意义。

（三）网络时代的创新思维

创新是引领发展的第一动力，唯有创新，才能与其他竞争对手形成差异，提高数字教育产品竞争力。传统教育出版主要是围绕纸

[1] 智慧学习整体解决方案是指出版单位根据教学需求，整合教学、评估和管理各个环节，为教师和学生设计的一整套教学解决策略和实施方案，便于教师管理、教学和学生学习知识，其优势在于提高了教育产品的附加价值，为用户提供更加优质的服务。

[2] 袁华莉，王珺燕，李如意.我国中小学数字教材应用现状调研及建议[J].中小学数字化教学，2020（7）：13-17.

质图书做文章，创新体现在策划和选题上。而教育出版融合发展过程中，创新体现在各个方面。信息技术应用于教育出版，使得出版的传播媒介、产品形态变得多样化，教育融合产品不仅需要内容创新，还要形式创新、传播创新、功能创新、应用创新，以及在服务、营销、管理等方面寻求创新。

这对于编辑来说是机遇也是挑战，编辑既需要深刻理解数字教材、智慧课堂、智慧教辅、网络课程等各类教育产品，并根据不同产品的特点选择各自的策划方案、开发方式和运营模式，也需要有敢于探索的勇气，努力发现教育出版市场新的蓝海。

教育出版企业应当对创新型人才给予积极的培育、扶持。如安徽出版集团 2011 年设立了专门支持创新项目的“翼基金”，通过资金扶持的方式鼓励青年员工立足岗位实际，结合特长爱好，根据行业热点或发展趋势，提出有利于促进本单位产业培育、业态转型升级、经营模式创新和管理模式创新、品牌形象提升等创意并组织项目实施，到 2018 年已经成功开展了 6 个批次的申报实施。

（四）灵活运用技术的能力

教育出版企业虽然设立有专门的技术岗位，但是在融合发展的背景之下，编辑人员也应当对本岗位的一些关键技术做到灵活运用。

编辑人员技术能力的缺失使得编辑主体作用未能完全发挥出来。在教育出版转型初期，传统教育出版编辑人员的专业背景以文科居多，整体数字化水平相对较弱，因此在教育融合出版工作中往往处于被动应付的状态，技术开发工作通常是简单外包给技术公司来做。随着教育出版单位在融合出版领域的不断实践，编辑人员和技术人员的矛盾问题开始突出起来。由于产品开发都是交给技术人员，在开发融合教育产品时，编辑的作用容易变得很小，仅仅是提供和审核内容，很难深入到产品的开发、更新和维护中，因而在融合产品开发中处于外沿位置。[1]

事实上，在教育融合出版中，内容和技术是不可分的。融合产品的设计与上线，都需要依靠技术支撑。教育融合出版物的制作需要借助平台，编辑必须熟练使用这些平台。例如华东师范大学出版社打造的"'智慧树'教育出版云平台"可供数字化产品的"一次制作、多次发布"，通过该平台，编辑可以拼装自己想要的融合出版产品。同时，"教育出版云平台"还能够对用户的使用数据进行收集、分析，构建用户画像，以提供精准化服务，进而衍生相应的数字产品。这些技术手段都需要编辑熟练掌握。此外，在开发融合教育产品的过程中，教育出版编辑还会用到办公软件（包括 PowerPoint、Word 和 Excel 等）、Adobe 系列软件，以及 AR 出版物编辑器等。

外研社在培养编辑时，强调传统出版与新兴出版的融合，编辑在产品策划初期就会同时从传统出版和数字出版两方面考虑，从顶层设计重视数字出版产品的发展。经过多年的实践，外研社超过 80% 的传统编辑和所有的数字产品编辑均能利用信息化软件和数字出版平台处理稿件。[2] 除此之外，编辑还可以学习使用社交软件进行营销，如微博、抖音和微信，还可以掌握一些较为简单的手机视频剪辑 APP，如剪映，随拍随剪。

综上所述，人才是教育出版企业提高竞争力的法宝，也是教育出版融合发展的基础。教育出版企业不仅要重视人才数量，还要切

---

[1] 王艳芳．教育出版社数字出版路径探索［J］．中国编辑，2018（6）：49-54.

[2] 李佳．在外研社，传统出版与数字出版早已不是两张皮［EB/OL］．（2018-02-12）［2020-05-05］．http://www.bookdao.com/article/405239/.

实提高人才质量，做到少而精，多而优。复合型编辑应以教育融合出版为核心，掌握上述能力，运用融合发展思维策划和开发数字教育产品。

三、人才培养

人才培养可以帮助出版企业打造一支复合型人才队伍，有利于提高教育出版企业核心竞争力。在顶层设计上，制订融合出版人才培养方案，列出培养对象、培养目标、培养方法和途径。在制订培养方案时，首先要明确培养对象，这是因为融合出版人才培养面向不同对象，需充分考虑各类员工的需求差异，培养侧重点理应不同。其次要设定培养目标，各类人才的培养最终目的是向融合出版人才转变。目标可列为知识结构要求和能力结构要求，知识结构包括出版专业基础知识、教育学专业基础知识、各学科专业基础知识和融合出版知识等等，能力结构包括技术运用能力、融合思维、融合出版能力、创新能力等等。第三是制定培养途径，如继续教育、短期培训、参加展会、参与融合出版项目、产学研合作。

一是继续教育。继续教育是针对出版专业技术人员进行的以政治理论、法律法规、业务知识、技能训练和职业道德为内容的教育活动，通过这种系统性的学习，出版人才可以提高出版业务技能，拓展出版专业知识，提高创新水平和专业技术水平。[1] 如地质出版社设立了“五个一”社长鼓励基金，其中“人才培训基金”即出版

[1] 国家新闻出版总署.关于印发《出版专业技术人员继续教育暂行规定》的通知[EB/OL].(2010-12-06)[2020-07-15]. http://www.nppa.gov.cn/nppa/contents/279/3064.shtml.

社每年拿出100万元用于人才培训和学习，出版社社内员工若符合条件便可以申请国内外高校继续学习，攻读硕士、博士学位，以此提高出版队伍人才职业水平。

除了为员工继续学习提供资金支持，教育出版企业可以通过办学的方式鼓励员工继续学习。安徽出版集团于2018年成立时代大学，建设学习型企业。该计划按照企业发展需要和职工成长要求来规划办学，围绕融合发展和转型升级，为安徽出版集团所属单位实施“订单培养”，为员工量身定制培养计划，采用专题培训、技能培训与学历教育、考级考证相连接方式，重点培养融合出版等急需的专业人才。[1] 凤凰出版传媒集团近年来与南京大学合作举办了多期出版专业培训班，并于2019年成立“凤凰学院”，开设“江苏出版大讲堂”，至今累计开展集中培训18次、专题讲座27讲。出版企业在办学时，首先可以优化和重视技术类培训课程，开设融合出版、媒体融合、数字出版技术等相关培训课程；其次是配备具备融合出版知识的专兼职教师，教授学生融媒体知识，提升融媒体能力；再次是丰富教学方式，如举办专题研讨会和论坛，实施案例教学，进行实地考察，在实践中加深对理论知识的理解，通过继续教育培养出版人才的融合出版视野、数字化能力和融合思维。

二是短期培训。短期培训是针对某一具体知识或技能展开，具有较强的实践性和可操作性，出版人才通过培训可以将所学知识运用于实践。2017年国家新闻出版广电总局开展了“数字出版千人培养计划”试点培训工作，面向新闻出版机构主要负责人等，开设

---

[1] 出版商务周报.培养出版人才，需要做这几件事儿[EB/OL].(2019-02-27)[2020-06-05]. https://mp.weixin.qq.com/s/FPHNPixRjwGQPxtHM1M2jA.

战略班和骨干班，分为高校学习、企业实训、境外学习交流三个阶段，目的是提升新闻出版从业人员综合素质，确保数字出版平稳发展。[1]

短期培训是很多出版机构人才培养的常规手段，虽然短期培训的深度不及长期学习，但短期培训能够使员工快速了解某一方面的知识。特别是对于刚进入出版业的年轻人才来说，短期培训可以使其快速融入行业。例如山东教育出版社针对不同业务部门需求，特别是融媒体、数字出版等部门的需求，根据实际情况，制订详细的培训计划，同时聘请专家教授进行小班授课，密切关注省外组织的各项专项培训。[2] 凤凰集团先后与中国新闻出版研究院、北京电影学院数字媒体学院、中地数媒融智库等研究机构合作，近年来每年都举办针对集团融合出版骨干的专题研修活动。每次活动为时一周，采用 20 多人的小班制，由研究机构针对集团融合发展实际专门设计课程，主要涉及出版产业融合发展顶层设计与战略思维、互联网和 IT 行业最新趋势、融合出版案例分析等内容。

三是参加展会。首先，可以组织参加各种类型的图书博览会、交易会，借此出版人才可以对图书市场有更深的了解，在与同行人交流中学习成长，同时还可以积累人脉资源。如广西教育出版社曾在 2018 年组织教辅编辑和装帧设计人员赴第二十五届长沙图书交易会，对教辅图书进行市场调研，认识教辅市场，观摩学习，这次学

[1] 国家新闻出版广电总局.关于开展“数字出版千人培养计划”试点培训工作的通知[EB/OL].(2017-09-18)[2020-06-05]. http://www.sapprft.gov.cn/sapprft/contents/6588/349032.shtml.

[2] 赵慧明.山东教育出版社社长刘东杰：与时俱进，开拓创新，保持教育出版发展活力[EB/OL].(2018-02-02)[2020-06-10]. http://www.bookdao.com/article/405137/.

习为出版社改进教辅图书质量和服务提供了借鉴。[1] 其次，还可以组织参加与融合出版、数字化技术相关的展会，了解数字化发展趋势。比如中国数字出版博览会、中国出版业网站年会、教育行业的全国教育装备展示会、信息产业的软件博览会等等。

四是参与融合出版项目。融合出版项目有很强的实践性，通过参与融合出版项目，出版人才可以深入了解融合教育产品的开发模式和流程，加深对融合出版的认识，锻炼融合出版实践能力和思维，在实践中学习和进步。

“好的课”平台是广东高等教育出版社转型升级的产物，服务于大中专学校，在平台建设时，该社较多的年轻编辑参与了该项目。在项目进行前先对参与人员提出标准和要求，工作中编写书稿、指导制作配套的多媒体资源、审校数字资源、上传并生成二维码，将纸质图书与平台相结合，在平台开发了电子书、视频课程、学习资源、教师空间和互动社区等板块，为用户、教师和出版机构等提供学习和联系机会。[2] 项目完成后，培养出了一批融合出版的编辑、营销人员。通过项目带动人才培养，让出版人才亲身参与到项目中，通过实践了解融合产品的完整开发过程，不仅有利于出版机构的转型升级，还有利于融合出版人才的培养。

五是产学研合作。产学研合作有狭义和广义之分，本文指的是狭义的产学研合作，即指企业、科研机构和高等院校之间的合作，汇集三方的资源，实现优势互补。在产学研合作中，教育出版企业

---

[1] 文熏 . 第二十五届长沙图书交易会在长沙开展，广西教育出版社组织编辑赴交易会观摩学习 [EB/OL]. (2018-04-05)[2020-06-10]. http://www.bookdao.com/article/406503/.

[2] 程天 . 融合背景下出版人才培养的思考 [EB/OL]. (2018-08-07) [2020-06-10]. https://mp.weixin.qq.com/s/vq4qa5xTuuSF0TDO3vtSsQ.

不仅可以培养现有人才，还可以发现业外具有潜力的融合出版专业学生，为融合出版人才队伍进一步储备力量。

教育出版机构可以协助高校设置专业培养方案、课程体系，并通过“双导师”制，出版机构选派资深出版人到高校任兼职教授，向同学们介绍业内信息；高校选派骨干教师到出版机构挂职锻炼，了解融合出版的具体实践工作，为融合出版人才的建设打好基础。产学研合作还体现为共同建立实践基地，包括校内实训基地和校外融合出版实践基地，为学生提供锻炼动手能力的平台。值得一提的是，新闻出版署近几年推动全国多家大型出版企业与高校、科研机构合作进行出版融合发展重点实验室建设，专门进行融合出版技术和应用的高层次研究。

中央及各地行政主管部门近年来也积极推动数字编辑专业领域的职称评价工作，相继出台如《北京市新闻系列（数字编辑）专业技术资格评价试行方法》等文件，使数字编辑专业领域职称评价得到落实，保障了数字出版领域人才的学术技术交流、人才流动和职业发展。出版企业在规划人才培养工作时，应充分考虑到教育融合出版的特性，利用不同途径、方式培养人才，发现人才，并构建出版融合人才库，面向不同层次和职位的员工，采用不同的培养方式，比如面向中高级管理人员，注重其执行力培养、绩效管理培训；面向研发人员，注重技术培训和考核。[1] 此外，还要注意合理使用人才，挖掘潜在价值，发挥其应有的作用。教育出版企业应制订与时俱进的人才培养方案，为教育出版融合发展提供人才保障。

---

[1] 王志刚．数字教育出版的人才队伍建设现状、不足及路径——以人教数字公司为例［J］. 出版参考，2019（9）：44-45.

第二节　机制建设

教育出版融合发展对传统出版单位是新课题，也是各路资本竞相进入的领域，挑战性不言而喻。为抢得先机、保持优势，传统出版企业必须在机制建设上破题。从当前实践来看，尤其需要做好四个机制的建设工作，即长效投入机制、分工协作机制、容错激励机制、风险控制机制。

一、长效投入机制

与传统出版相比，融合出版项目涉及领域多、投入强度大、回报周期长。纸质教育产品在选题的确定上具有很大的自主性，并且通常在出版前期资金投入较少，图书出版后很快就可进入回报期。而数字化融合出版项目的建设往往要以大量的软硬件和内容资源建设为基础，需要较大数额的前期投入。项目上线之后，还需要投入大量的资源进行运营维护工作，并需及时根据用户反馈进行升级、迭代。有相当多的项目，需要经过较长时间的流量和用户积累之后才能进入回报期。

当前出版企业经营中存在诸多因素，影响到对融合出版项目的长效投入。如企业对经营业绩的考核通常按年进行，单年份的投入会造成当年经营业绩的下滑，直接对企业干部员工的考核评价、绩效奖励造成影响；有些单位在领导层更换之后，经营战略发生变化，对原有项目投入力度减弱；由于环境变化，有些企业经营困难，无力支撑项目的继续投入。这些情况造成了不少有潜力的优质教育融合出版项目不达预期，有些项目尚未实质性启动就“知难而退”了。

总体上说，教育出版融合发展长效投入机制的建立，应从制订发展战略规划、保证资金投入充足、实施动态跟踪三个方面着手。

第一，要制定较长周期、一以贯之的教育出版融合发展战略，清晰规划出需要分阶段、分年度实施的重点项目。教育出版企业要主动适应信息化、数字化的新形势，按照新发展理念，不断优化融合发展的顶层设计，保持战略规划的前瞻性、指导性、引领性。在规划制订过程中，必须对自身特点和优势、外部大环境和市场需求、未来的发展趋势进行认真调研和思考，并借助外部专家力量，集思广益，共同谋划，使战略规划站位高、能落地、可持续。实施过程中，企业决策层、执行层必须保持高度的战略定力，使得战略规划不因人为因素而轻易变化，特别是当企业领导层更换时，要一以贯之地落实好战略规划，保持战略的连续性、衔接性，避免好的规划和好的项目浅尝辄止、半途而废。

第二，在融合发展项目实施过程中，要统筹做好预算安排，保证重点项目的集中投入、持续投入。从前期制订战略规划开始，就要对项目的规模、投入量力而行，并且确定合理的逐年投入方案，既能保证项目的阶段性资金需求，又不会对正常生产经营造成冲击。

除自有资金投入之外，教育出版企业要通过多种渠道引入外部资金。首先，应认真研究，用好政策，积极通过优质项目获得政府资助。同时，不少大型出版集团在上市招股时将教育出版数字化纳入募投项目，募得数千万甚至亿元以上规模的资金，使融合出版项目推进获得重要的资金保障。除此之外，出版企业还可尝试引入外部风险投资、天使投资，或通过出让股权获得增资、向金融机构贷款等方式扩大资金来源。

第三，企业对项目实施情况要进行动态跟踪评估，做好投入阶段的过程管理。对于发展前景向好的重点项目，尽管资金需求很大，也必须加大投入力度；对于实施效果不符合预期的项目，虽然勉强能够维持运转，仍需果断决策，及时调整投资方向。如果过程管理不及时、不到位，就容易陷入心中无底的焦虑，哪怕项目账面浮盈，都未必有把握持续投入；如果过程管理精准到位，哪怕实施过程中出现短期亏损，只要是为项目达到预期目标而需付出的代价，就应坚定信心、排除干扰，保证对项目的持续投入。

二、分工协作机制

教育出版融合发展是一项系统性工程，传统出版企业固有的运作机制难以适应，需要整合出版企业的内部和外部资源，分工协作，形成合力。

（一）内部分工协作

在集团层面要进行组织结构调整，这种调整应着眼于集中力量办大事，统分结合、上下联动，既有骨干主体带动，又能充分发挥下属出版社的积极性。不少出版企业专门设立了数字化专业机构或部门，与各家出版单位及编辑部分工协作，共同推动融合出版工作，在行业内取得了一定的先发优势。

数字产品不同于纸质图书，各社独自开发都势单力孤，而且资源难以集中。目前大多数出版集团采用分工协作机制推进教育融合出版项目。一方面各单体出版社立足自身专业定位进行垂直化资源开发，做好、做精资源；另一方面，集团层面的数字出版专业机构负责数字教育平台技术开发，并对各社资源进行数字化制作、加工，形成数字教材等旗舰性产品，再对外统一运营、销售，产生的销售收入由相关单位按照一定比例合理分成。

在单体出版社甚至编辑室层面，也有必要进行组织结构或岗位职能的调整，推进深层次的内部分工协作。很多出版社也成立了数字出版部，专门负责教育融合出版工作。有些出版社没有数字出版部，但融合出版工作已经渗透到编辑部、事业部的日常工作中。编辑室内部也应尝试建立以项目组为单位、以产品经理为中心的分工协作机制。项目组包括编辑、技术开发人员、运营人员、营销人员，不同角色分工协作，共同发挥作用。编辑从传统文字编辑向产品经理转变，编辑既是产品设计者，也是项目运营者，从产品设计到运营全过程，都由产品经理统筹协调。

（二）跨界合作

教育融合出版项目具有较长的产业链，并且产业链的诸多环节分布在出版业外部，包括技术公司、互联网平台等，因此建设相应机制，开展跨界合作尤为重要。目前较为普遍的做法是投资并购外部企业，或与外部资本成立合资公司。比如，2010 年中南出版集团与华为公司合资成立天闻数媒科技公司，进行电子书包等数字教育产品开发；2011 年、2012 年，凤凰传媒先后并购教育资源互联网平台学科网、职教虚拟实训软件开发企业厦门创壹公司等。此类跨界合作有效嫁接融合出版企业与技术公司的资源，取得双赢的结果。

跨界合作还包括与学校、研究机构的产学研合作，既包括数字教育高端内容资源的开发，比如凤凰传媒相关出版社与各学科凤凰版教材编写组合作开发凤凰数字教材；也包括数字出版相关技术的开发，比如新闻出版署推动建设的出版融合发展重点实验室。

三、激励容错机制

传统出版行业的考核体系一般重点聚焦于社会效益和经济效益两个方面，经济效益考核指标主要包括营业总收入、净利润、成本费用率等，社会效益考核指标主要包括出版质量、文化和社会影响等。而在教育出版融合发展的背景下，用户量、用户活跃度、行业影响力排名等指标更能反映出融合发展项目的发展潜力。特别是在互联网和资本市场的话语体系中，这些指标一定程度上更能反映融合出版项目的价值。因此必须进一步完善考核体系，发挥好这些关键指标的导向作用。

同时，教育融合出版项目往往是投入大、回报周期长的综合性项目，考核评价上不能光看一时之得失。如果年度考核压力过大，经营层往往只顾完成单个年度内的收入、利润指标，而对一个较长周期内的经营计划缺乏通盘考虑、统筹安排，不利于好项目的潜力和成长性培育。结合行业特点以及教育融合出版的特殊情况，可以以三到五年周期内的总指标为基础，以此分解确定逐年的指标，引导经营层及项目团队着眼长远，打牢基础，避免急功近利，搞短期行为。

（一）激励机制

教育融合出版项目仅靠企业内部的编辑、营销力量是远远不够的，必须引进相关专业技术人才。当前外部的技术、互联网运营人才在社会各行业中处于较高的薪酬水平，如果将他们的资历、职位简单套进出版社薪酬体系的对应岗级中，则其薪酬与他们的期望值会有很大差距。为此，一方面国有出版企业必须适当调整现有的薪酬体系，通过“一企一策”“一社两制”等市场化薪酬体系改革，增强对专业技术人才的吸引力。另一方面，必须大胆尝试股权激励。鉴于现有国有股权评估、转让程序较为复杂，可以从做增量着眼，积极尝试建立创业孵化器，鼓励员工创新思维、内部创业。在项目早期阶段，可先以项目组方式进行虚拟公司化运营，在项目形成一定基础、前景更为明晰后成立独立公司，母公司、项目团队分别按照实际出资额占有一定比例股权，增强创业团队的内生发展动力。如凤凰数字传媒公司 2017 年进行内部改革，将技术开发团队单独划出组建公司，凤凰数媒占股 51%，技术团队骨干占股 49%。公司组建三年来成效显著，现已逐渐发展为专业的教育信息化软件开发企业。

教育出版企业应该关心关爱专业技术人才的成长，畅通其高级职称评定通道。当前从事融合出版的编辑和技术人员，无论是内部培养的人才或是外部引进的人才，都面临着专业高级职称评定难的问题。现有的高级职称评定中有图书编辑、技术编辑和校对三类人员，数字编辑获得高级职称只能走传统的评审通道。但数字编辑不同于上述三类，在数字出版领域，数字编辑往往承担着内容生产、软件功能设计、内容校对等综合性工作，而他们需要另外完成图书出版项目，才能够参加高级职称评审。随着数字出版类项目越来越多，数字编辑的职称晋升这一问题迫切需要提上日程。出版机构可以联合向国家人社部门提出建议，增加相应的社会高级职称评定类目，畅通数字编辑和专业技术人员高级职称评审通道，更好地留住数字类编辑人员从事教育融合出版工作。

（二）容错机制

教育出版融合发展的实践探索越多，企业发展的活力和希望就越大，而相关的风险也随之增大。教育出版企业应该以理性的眼光、包容的心态，建立“为担当者担当”的容错机制和良好的舆论氛围，不断激发创业者干事创业的积极性和精气神。

容错机制的有效应用和落地，需要建立科学合理的容错程序，包括：当事人申请、有关部门启动调查、审议核实、作出处理意见等步骤。“调查核实”环节处于中枢位置，是还原整个事情经过、分辨“错”与“责”的关键。对于相关教育融合出版项目，教育出版企业及上级主管部门应该进行严肃、认真的调查，在综合分析各种调研素材的基础上，最后给出相应的决定。对于符合国家政策发展方向，调研、论证、风险评估充分，决策程序规范，因客观环境发生变化，项目实施效果不达预期，但并未造成不可挽回的重大后果的“探索性失误”，教育出版企业及上级主管部门应该从鼓励干事创业的角度，对相关人员审慎问责甚至免于问责。

四、风险控制机制

教育出版界对于教育融合出版工作普遍处于摸索之中，各类教育融合出版项目形态多样、各具特点，通常还涉及技术公司的投资并购等情况，在项目开展过程中难免遇到传统出版工作中没有碰到的情况，产生一定的风险。面对教育融合出版项目实施过程中的战略决策风险、价值评估风险、中期交易风险（支付方式选择风险、外部环境风险、政策变动风险、审批风险、法律风险）、后期整合风险（经营整合风险、技术整合风险、人力资源整合风险）等各类风险，教育出版企业在开展相关工作时需要建立科学合理的风险控制机制。

（一）在项目选择上，要注重与主业的协同性

开展教育融合出版项目的目的是为了做强做大出版主业，实现国有资产保值增值，促进出版企业的长期稳定发展。因而，在教育融合出版项目的选择上，出版企业要把握好与主业的协同性，充分考虑到主营业务与融合出版业务的关系，对于拟开展项目要有清晰明确的定位，聚焦出版，聚焦教育，聚焦专业，努力实现向产业链上下游延伸。教育出版企业要结合自身实际情况，立足于自己的长项，做深做精优质内容资源，在此基础上，拓展内容资源的传播渠道、平台，嫁接合适的技术力量，打造体现自身优势特点的教育融合出版项目。

（二）在项目论证上，要强调尽调主体的专业性

与同一控制人下的内部资源整合不同，通过并购方式实施的教育融合出版项目在操作程序上有着更高的要求。对拟并购标的企业，教育出版企业要开展充分的项目论证，并聘请会计事务所、律师事务所等第三方专业机构进行全面商业评估，对商业、财务、会计、税务、合同、诉讼等方面开展细致调查，最终出具调查报告，确定并购对象的资产、债务数额，提出并购建议。涉及上市公司的项目，还应聘请具有证券从业资格等相关资质的机构及相关领域专家对可行性研究报告进行论证。需要注意的是，尽调报告要尽可能向教育

出版企业充分揭示法律、财务方面的相关潜在风险。

（三）在审批决策上，要坚持流程的规范性

教育融合出版项目往往涉及投融资，需要进行民主决策、科学决策，按规范的流程履行相关审批决策程序。

一是要设立专门的前置决策机构。董事会是集团投资的决策机构。为了提高董事会决策的质量和效率，集团董事会应下设投资论证与管理委员会，重点负责前期调查论证工作，对相关事项形成论证意见提交董事会审批。投委会成员一般由常设委员和非常设委员组成。非常设委员由法律、税务、财务、产业等方面专业人士担任，根据教育融合出版项目具体情况，邀请相关领域非常设委员出席投委会会议。投委会会议的决定需全体常设委员 2/3 以上通过方能提交董事会决策。

二是要形成科学的决策流程。集团层面发起的拟投资重大教育融合出版项目，由集团投资部负责项目的初步立项、前期调研等工作，形成项目申请报告，报投委会作前置性把关后提交董事会决策；子公司发起的拟投资教育融合出版项目，由子公司负责初步立项、前期调研、内部决策等工作，形成项目申请报告后上报集团投委会。投委会对项目立项申请可做出予以立项或不予立项的决定，不予立项的项目流程终止。上市公司拟投资的教育融合出版项目，应在集团董事会对投资项目做出决策后，由集团委派的董事、股东代表按照集团董事会决策意见，在上市公司的董事会、股东大会上行使表决权。此外，须向上级主管部门报批的融合出版投资事项，在集团董事会决策后，严格履行报批手续，涉及“三重一大”的事项还应符合“三重一大”决策的相关规定。

（四）在实施策略上，要把控对赌风险的可控性

近年来，顺应教育信息化和融合发展的时代要求，诸多民营技术公司和创业团队打造了一系列具有独创性的教育融合产品和平台，其最大的优势是创意策划能力强，技术手段先进，产品形态和应用平台可塑性强，但其弱项是受资金投入等限制，难以快速地把产品技术优势转化为市场优势。对于国有出版企业而言，借助自身的资金和资源优势，通过收购其股权，可以迅速补齐自身的短板，在教育融合出版领域形成新的竞争优势。但此类项目股权转让一般均为高溢价，资产评估中无形资产占有相当大的比重，且无形资产核心价值主要体现为团队的创意策划能力。为了增强对并购项目团队的约束力，降低巨额商誉摊销的潜在风险，目前国有出版企业在实施并购的过程中大多采用对赌方式，要求被并购方在一定期限内对业绩目标做出承诺，以保证商务计划书的有效执行。然而在实际运营过程中，融资方往往将主要精力放在对赌期内任务指标的完成上，容易出现短期行为，不利于项目可持续发展。

针对对赌协议的不确定性，应该慎用对赌协议：首先，对赌的目标应明确、可考核。如果以非财务绩效如用户数等为目标，应明确以什么方式核定的活跃用户数、市场占有率等指标为最终认可的目标；如果以财务绩效为业绩目标，则应明确审计标准及审计机构。其次，对赌协议条款对股东会、董事会、经理层各自的权力与义务必须界定清楚，明确投资人在哪些关键决策上有制约能力和否决权。第三，在签署对赌协议时，投资人应充分考虑另一方的履约能力，必要时增加协议相对方和担保方，以确保对赌协议另一方的履约能力。总之，在对赌协议框架和条款的设计上，应尽可能考虑到企业的实际情况，慎用对赌协议。

在教育融合出版项目的投资方式上，应该秉持利益共享、风险分担的原则，以开放、共享的理念，引入多元投资主体，共同参股，相互借力，做大做强，增强整体抗风险能力。不把“鸡蛋放在同一个篮子里”也许不符合收益最大化原则，但这是规避系统性风险的有效途径。

第八章

新时代融合发展之路

习近平总书记在2018年全国教育大会上指出："教育是民族振兴、社会进步的重要基石，是功在当代、利在千秋的德政工程，对提高人民综合素质、促进人的全面发展、增强中华民族创新创造活力、实现中华民族伟大复兴具有决定性意义。教育是国之大计、党之大计。"

教育出版是国家教育事业和文化产业的重要组成部分。教育出版企业作为教育的内容服务提供商，必须紧随教育发展步伐。2020年，疫情引发的全国"停课不停学"活动就让教育4.0提前演练，加速了教育信息化进程。新时代教育出版企业应该认真研究国家教育发展新形势，主动适应、积极调整，为教育教学的发展提供更好的服务。

第一节　融合发展迎来黄金期

一、信息化时代的教育新发展

（一）教育信息化引领教育现代化发展

教育信息化始终引领着新时代教育现代化的发展。在教育行政管理层面，国家教育主管部门将进一步推进教育治理方式变革，创新信息化时代教育治理新模式，加快形成现代化的教育管理体系，充分运用5G、大数据等技术推进教育管理精准化和教育决策科学化。在教学组织层面，国家将进一步支持各级各类学校充分利用人工智能等技术加快推动人才培养模式改革和教学方法改革，实现规模化教育与个性化培养的有机结合，促进信息技术与教育教学深度融合，建设智能化校园，统筹建设一体化智能化教学、管理与服务平台等。在教学服务层面，国家将创新教育服务业态，建立数字教育资源共建共享机制，完善利益分配机制、知识产权保护制度和新型教育服务监管制度。此外，在一些试点项目上，将加快推进智慧教育创新发展，设立“智慧教育示范区”，构建“互联网＋教育”支撑服务平台，开展国家虚拟仿真实验教学项目，实施人工智能助推教师队伍建设行动等，逐步实现信息化教学的师生全覆盖。

教育出版企业要密切关注信息化时代的教育变革，密切关注教学变革带来的课程形态、教学流程、教学活动组织方式的变化，主动开展相关研究，深入开展基于自身内容优势的融合出版工作，进一步增强服务意识，创新教育服务模式，不断升级产品形态，服务教育教学变革需求。

（二）基本公共教育服务均等化发展

实现基本公共教育服务均等化，努力让人民享有更公平的教育，是教育现代化的基本要求。今后一段时间，我国将进一步深化教育均衡发展，提高义务教育城乡一体化发展水平，缩小县域内城乡教育差距，扩大城镇学校学位供给，在实现县域内义务教育基本均衡基础上，进一步推进优质均衡。

提升各级各类学校办学基础条件是实现公共教育服务均等化发展的基础，经过国家多年持续不断的教育经费投入，各级学校的硬件设施已得到明显提升，先进的硬件基础设施、教学工具成为助力教育公平、促进优质教育资源辐射和共享的有效手段，智慧课堂、双师课堂、远程教学得到越来越广泛的应用，云南禄劝中学和成都七中就是双师课堂的典型案例。2019 年，教育部发布了初中物理等 6 个学科教学装备配置标准和《基础教育装备分类与代码》等 22 项质量标准。2020 年，教育部推动各地完善公办幼儿园生均财政拨款标准或生均公用经费标准，健全普惠性民办园补助标准；修订出台小学科学装备配备标准、普通高中学科教学装备配备标准；推动各地落实普通高中不低于 1000 元的生均公用经费拨款标准；完善中小学课后服务经费保障政策等。

今后，国家将持续出台促进教育公平和教育均衡的系列政策，为学校基础设施建设、师资培养、装备配备等方面提供经费保障。这些政策将在更大范围助力更多学校，实现基础教育优质均衡发展。各级各类学校在硬件设施提升的基础上，对教学资源内容和支撑平台将产生较大需求，教育出版企业应把握历史机遇，立足自身内容资源优势，开发更多适应现代化教育教学需求的内容产品和教学应用。

（三）中国特色各类优质教育体系逐步建立

基础教育方面，我国将坚持“五育融合发展”，更加注重对学生核心素养的培养，在健康成长的教育理念指引下，着力增强学生的综合素质，弘扬劳动精神，培养学生的实践动手能力、合作能力、创新能力。教育部门将以“统筹为主、统分结合、分类指导”为原则，进一步健全国家教材制度，增强教材的思想性、科学性、民族性、时代性、系统性，完善教材编写、修订、审查、选用、退出机制。教育出版企业要充分参与到国家的课程教材体系建设中，在国家规划的中小学课程和分类制定的课程标准指导下，充分利用现代信息技术，进一步丰富并创新课程内容和服务形式。

职业教育方面，国家将进一步深化职业教育产教融合，健全职业教育人才培养质量标准，深化推动1+X证书（学历证书+职业技能等级证书）制度建设，大力推进中国特色高水平高职学校和专业建设计划，建设一批高水平职业教育实训基地。《国家职业教育改革实施方案》[1]提出，将遴选认定一大批职业教育在线精品课程，建设一大批校企合作开发的国家规划教材，专业教材将随信息技术发展和产业升级情况及时动态更新，每3年修订1次。[2]为适应“互联网+职业教育”发展需求，将更多的VR、AR等技术融入教学活动，推进虚拟工厂等网络学习空间建设和普遍应用。在职业教育第三方评价组织的遴选上，将通过公开招募形式，优先从制订过国家职业标准并完成标准教材编写的具有专家、师资团队、资金实力和5年以上优秀培训业绩的机构中选择。教育出版企业可以在与社会评价组织合作的基础上，努力成长为某个垂直行业（专业）的社会评价组织，开展职业能力证书授予等方面的业务。

高等教育方面，将进一步推进一流本科教育建设，建立健全学科专业动态调整机制，制定紧跟时代发展的多样化高等教育人才培养质量标准。值得注意的是，高等教育将更加重视基础学科的人才培养。从2020年起，“强基计划”替代高校自主招生，成为基础学

---

[1] 2019年1月，国务院印发《国家职业教育改革实施方案》，提出了7个方面20项政策举措，涵盖职业院校教学条件、职业教育标准体系、职业教育培训评价组织、产教融合实训基地、“双师型”教师、“1+X证书制度”（“学历证书+若干职业技能等级证书”）等方方面面。

[2] 这种教材要求及时将新技术、新工艺、新规范纳入教学标准和教学内容，强化学生实习实训。

科拔尖创新人才选拔培养的有效机制。“强基计划”选拔服务国家重大战略需求且综合素质优秀或基础学科拔尖的学生，重点在数学、物理、化学、生物及历史、哲学、古文字学等相关专业招生，鼓励高校单独制订培养方案，实行小班化和导师制，探索本—硕—博衔接的培养模式。“强基计划”依据考试成绩但不“唯分数”，[1] 拓展了考生评价的维度。可以预见的是，计划实施后，高中阶段的学校将深化课程研究，在重视学生基础性学习的同时，创新人才培养方式，推行启发式、探究式、参与式、合作式等教学方式以及走班制、选课制等教学组织模式。这就需要两类教学资源作为支撑：一是基础学科成课程体系的学习资源；二是培养学生创新精神、批判精神、综合素养等方面的教学内容。教育出版企业可在这两类内容上下功夫，有专业能力和相关资源的教育出版企业可以直接与对口高校合作，开展基于“强基计划”的高校招生线上线下培训业务。

二、新兴技术赋能教育融合出版

（一）5G 技术将对教育出版产生深度影响

信息化时代，最具决定性影响的技术是 5G 技术。5G 技术最直观的特点是移动网络速度更快，各类数字资源内容传输效率极高。从深层次来看，它会与当前方兴未艾的物联网、大数据、人工智能等技术紧密结合，大大提升全社会互联和智能化程度，越来越接近尼葛洛庞帝在《数字化生存》中所预言的：比特对我们就像水和空气

[1]“强基计划”把对学生的选拔过程放在高考结束、分数公布后进行，完全作为高考录取的一部分，高考成绩将占 85%，高校其他的笔试面试等成绩占 15%，最后都折算成分数排队录取。

一样重要。

5G背景下的新时代教育出版将面临“千年未有之变局”，教育出版的发展历程表明，技术从来不是发展的阻碍力量，相反推动了出版产业的转型升级。可以预见，5G技术的发展，定会开启教育出版融合发展的全新时代。畅想5G大潮对教育出版的影响，最重要的在内容、用户两个方面：

内容方面，从内容到达能力来看，5G技术将极大提升知识信息的传递能力。古人云“无远弗届”，5G技术可以使内容更便捷、更快速地到达世界的每一个角落，这对用户的学习习惯和消费方式将产生质的改变，未来高度智能化的教室将为数字化教学内容提供更多的搭载空间。从内容研发角度看，我们要善于把优质内容与先进的技术有机融合，并努力契合用户的需求。作为以内容生产为主业的教育出版企业，研发、加工并精准投送能够满足用户个性化需求的优质内容始终是不能丢掉的看家本领，对这一点我们应有清醒的认识和定力。

从用户方面看，5G技术能让我们与用户的沟通更加实时便捷，教育出版企业可以更加快速、精准地了解用户，对用户使用产品形成的大数据进行更加有效地分析、利用，形成精准的用户数据库，从而定制化生产更多优质精准的内容资源。我们甚至可以畅想：随着5G技术带来的物联网技术的发展，一本纸质教材也有可能变成物联网工具，用户在使用教材学习的过程中，就可以非常方便地与教育出版企业及其他用户产生互动。这样，教育出版企业的用户优势就能充分发挥出来，我们出版的一本本教材将自带流量和用户资源，5G或许就是把我们的这些资源充分激发出来的助推器。

总之，内容与用户是教育出版融合发展的两大根基，教育出版企业要抓住5G技术革命带来的新机遇，努力在融合出版方面有所作为。

（二）人工智能技术助力教育出版转型发展

人工智能技术通过为教育融合出版提供技术支撑，已经对其产生了一定的影响。对教育出版企业而言，拥有人工智能技术将成为未来的突出优势，人工智能的应用亟须纳入教育出版企业相关发展规划。

人工智能技术对教育出版的影响，同样体现在内容、用户两个方面：

内容方面，从内容表现形式看，当前教育融合出版产品形态多样，远远突破了传统内容表现形式。未来以人工智能技术为支撑，与读者有较强互动性的教学内容将会成为教育出版企业重点拓展的方向，未来的产品将实现内容定制化、形式立体化、产品智能化，满足教学个性化的需求。VR、AR等表现形式的数字资源内容也会获得更好的展示空间。在内容生产方式上，当前的内容生产方式还比较传统，编辑审稿、校对依托的还是纸介质，缺乏内容资源库的有力支撑，许多内容重复组稿、重复审校，降低了工作效率，也把编辑人员大量的时间、精力牵扯在烦琐的案头工作中，影响了策划创意能力的发挥。现在虽然也有一些智能编校软件，但成熟度还不够。借助人工智能技术，我们可以使书稿的流转真正变为无纸化的操作，人工智能审稿的精准性接近人、超过人，甚至在内容资源库支撑下，智能化机器人可以承担起部分写稿任务。当发展到这一阶段，对于几千年传承下来的内容生产方式将是颠覆性的改变，对于出版业的意义将是非凡的。

从用户方面看，人工智能可以提高用户体验感，智能机器人作为人工智能的重要组成部分，直接丰富了教育出版的用户主体。在教学中，原本的教授者和学习者的主体只表现为人类，智能机器人加入后，新增了机器人教师和机器人学习者的角色，机器人教师帮助教学环节的实施，教授者组卷、阅卷等繁杂压力被机器人分担；同时，机器人学习者接受智能化的教授和批改服务，人类学习者也能随时随地得到机器人的辅导，大大节省了时间和精力成本，获得独特的学习体验，提升学习兴趣。在人工智能技术支持下，传统教育用户的感知收益大大增加，而付出的成本仅在前期经济成本投入上有少量增加，甚至在规模化后会有所减少，用户的整体感知价值在人工智能技术的支持下将得到极大提升。

人工智能技术正在创造性地改变教育出版，对教授者和学习者都将产生巨大影响。可以预见，随着人工智能技术的进步，其支撑下的内容、服务将会有更大的变革，甚至实现对整个产业的重塑。教育出版企业要加快对人工智能产品的布局，真正将人工智能技术应用纳入自身发展规划。

三、新社会理念提供新契机

（一）作为互联网伴生民的年轻家长的数字教育消费趋势

80 后年轻家长是互联网的伴生民，这个群体对于数字教育产品消费有天然的接受度。80 后家长们的教育消费观受其成长的社会环境以及经济、文化环境影响，他们经历了我国在 20 世纪 90 年代的经济开放，对新事物反应极其敏感，接受新事物的速度也较快。互联网作为 20 世纪 90 年代的新大众文化，早已渗入到 80 后生活的方方面面，作为计划生育政策下成长起来的独生子女一代，80 后从小培养的独立个性与互联网融合，并贯穿其学习、工作和待人处事的每一个细节，其生活方式与上一代人相比有很大不同：E-mail 代替了传统的信件，键盘和鼠标代替了纸和笔，浏览新闻不再通过报纸而是通过各类 APP，阅读习惯于使用电子书来替代纸质书……因此，80 后对于数字教育消费有着天然的接受度，他们对更快速便捷的数字教育产品也有更高品质的需求。

基于上述情况，我们看到教育市场终端用户、用户消费习惯、教育服务购买场景都在发生着变化。一是，教育用户年龄层在发生变化，这种变化体现在购买者和实际使用者两方面：今后 K12 教育段的学生家长主体将是互联网伴生民，互联网、移动互联网、PC、Pad、手机等每一种新技术或新形态移动终端的出现，都伴随着这批 80 后年轻家长的成长过程，这个年龄段的用户能及时掌握、应用各类新兴技术并愿意为互联网教育产品买单；K12 段的学生是教育产品的实际使用者，他们是纯正的网络原生民，这批孩子生于互联网已经普及的时代，网络对他们来说，是和水、电、煤气一样的基础设施，他们对于数字教育产品的使用驾轻就熟。二是，在用户使用习惯上，作为购买者的 80 后家长们对信息化教学产品的接纳度更高，这有利于信息化教学产品的应用推广。80 后家长们愿意将课后辅导作为一项专业服务进行购买，他们更注重教育产品的品质和自身时间成本：教育资源的不均衡带给家长们尤其是 80 后家长很强的教育焦虑，这种对子女教育的焦虑来自教育资源和教育时间两方面，年轻的家长非常愿意购买优质线上课程服务来获得大城市名师的授课，弥补自身资源和能力的不足。同时，线上教育资源和服务具有获取便捷性的特点，节约了年轻家长到线下培训点所需花费的大量时间成本、精力成本，便捷的内容获得方式也是80后父母乐于选择数字化教学资源和服务的重要因素。三是，线上各类社群关系也在强烈影响着80后家长的教育消费选择。在选择在线教育产品时，年轻的家长们非常容易受到线上社群推荐、课程宣传及促销活动等外在因素的影响，他们身边亲近的人（其他学生家长、老师、朋友等）如果建议或推荐某线上课程，会极大提高其对该课程的信任度，课程的线上宣传和促销活动，能增强80后家长对该课程的关注度，刺激其消费意愿。研究表明，网络社群等对年轻家长数字教育产品消费的意向、行为的影响效果显著。

（二）教育出版绿色发展的必要性及趋势

传统教育出版的教材、教辅以纸质为主要载体，在编辑、印刷、发行等环节消耗了大量的资源，很大程度上制约了我国出版行业的绿色发展：在传统书稿三审三校环节，为保证教材质量，需要出版社各部门信息互通，协同配合，但目前大多数教育出版企业往往还在使用传统的工作模式，未实行有效的ERP管理，沟通过程中消耗了大量的纸张等资源；在印刷环节，传统教育出版消耗大量纸张，由此带来油墨、润版液、胶片和废定影液、塑料覆膜、油性上光材料、塑料印刷废品等污染；在发行环节，传统教材教辅的发行无论是通过新华书店系统发行还是通过其他渠道零售，都需要物流支撑，教材从印刷厂到出版社（仓库）再到各级中间商最后到消费者，都伴随着物流活动，正是在这些物流过程中，运输、仓储、流通加工、包装、装卸搬运等环节，都或多或少对环境造成不良影响。

为解决上述问题，同时兼顾用户学习方式和学习习惯的变化，当前传统纸质教材教辅也越来越多地配套数字化教学资源、题库系统、智能练习系统，以在出版、印刷、发行环节尽可能地减少印刷纸张、油墨、物流运输等消耗，力求使教育出版的形态更加环保绿色。

未来的教育融合出版必然是环境优先型的出版形态，走绿色发展之路。未来教育融合出版的绿色发展主要体现在编辑、印刷、发行各个环节：在编校环节，编辑可通过运用智能编校软件、ERP 系统，使得各部门工作计划、工作进度一目了然，真正实现编辑加工、信息共享的无纸化办公，大大提高工作效率；在产品复制环节，数字出版不再像传统出版那样依赖于纸质媒介，而是通过计算机和互联网就可以实现内容产品的批量复制，使得整个教育出版产业变得更加低碳环保；在发行环节，数字出版省去了图书发行的运输配送环节，大大节省了发行成本（包括发行物流费用、图书运输损失、图书库存资金占用），减少了运输工具的碳排放。数字出版通过利用互联网、移动互联网、Pad、手机、APP 进行电子传播发行，发行速度快、渠道广、成本低、范围大，是环保的低碳发行。

随着绿色低碳环保的发展理念深入人心，数字出版为传统教育出版行业的生态友好型发展提供了新的契机。数字出版资源友好、无损重复使用等优点也为教育出版行业绿色发展打下坚实的基础。总的来说，传统教育出版企业应当加速数字出版转型，切实实现行业绿色发展，为社会主义生态文明建设做出教育出版人的贡献和努力。

第二节　全面推进融合发展

对标国家的教育发展趋势，积极拥抱新兴技术带来的发展机遇，主动适应社会理念和消费者群体的变化，做好新时代的教育融合出版工作，就要求教育出版企业立足自身优势，树立以“课程出版”为核心的出版理念，打造智能出版的服务能力，构建全媒体出版形态，形成“内容＋服务”的产业布局，不断创新融合出版机制。

一、树立以“课程出版”为核心的出版理念

传统教育出版以纸质教材教辅为主要载体提供课程教学内容产品。虽然纸质教材教辅的设计能够融入一定的课程教学理念，但由于纸质载体本身的特点，不能很好地满足数字化时代课程教学的需求，纸质教材教辅容量有限，教学内容难以拓展延伸，教材教辅修订需要一定的周期，出版后不能及时更新纳入最新最前沿的教学内容。

数字化时代，教育出版不仅仅是出版纸质教材教辅，更应注重提供课程出版和课程服务。课程是经学科逻辑或行动逻辑组织起来的学习路径，其本质是教学内容、教学设计、教学过程、教学评价等的总和。

课程出版是依托教学云平台，整合教育教学内容（如教材、微视频、在线仿真软件、题库、作业等）形成教学活动（教学内容、教学设计、教学过程、教学评价等）在时间、空间上的动态复制、公开传播、实时更新的出版活动。课程出版是覆盖教学活动全流程的融合出版活动。树立课程出版的核心理念，能满足一线教师和学生教与学的实际需求，解决传统教育出版仅复制、传播教学内容而忽视教学过程的问题，解决以纸质教材为主的传统教育出版配套内容资源不足的问题，解决教学过程和教学活动难以完整再现的问题。

教育出版企业要注重课程产品的研发，面向学校和学习者提供

课程服务。首先，树立“课程出版”的理念。教育出版的最终目标是通过提供教育教学内容服务课程教学，纸质教材教辅只是课程内容的一部分。因此，教育出版企业要注重基于先进的课程理念，整体设计包括纸质教材教辅、线上课程在内的课程内容，向教师和学生提供整体的课程教学解决方案。教育出版的重心应从单一教材教辅出版向课程出版转移。其次，不断加强课程产品研发。课程产品应坚持以服务课程教学为建设目标，加强对教师、学生、教学管理者的需求研究，发挥信息化内容和技术优势，实现提升教师教学、促进学生学习、强化教学管理的作用。课程出版应加强课程教学理念的研究。教材教辅和线上课程是在一定的课程教材理念指导下开发出来的物化成果，做好课程产品需要开发者回归课程教学本质，从教学目标、教学内容、教学组织、教学方法、教学策略、教学手段、教学评价等方面开展相关研究，进一步优化提升课程产品。第三，切实提高课程产品运营能力。教育出版企业要注重对课程出版产品的营销，可以组建专门的课程产品运营团队，团队成员应包括课程教学专家、教材出版编辑、专业技术人员。课程产品要注重吸收合适的课程教学专家参与课程建设、审核、上线、运营、反馈的全过程。团队中的课程教学专家依据课程标准、教学大纲、教材进行教学流程和活动设计，确定课程资源内容，参与建设并持续更新课程产品内容。技术人员负责课程资源的制作、平台的技术保障，配合教育出版编辑做好课程产品的推广，编辑人员作为项目负责人，负责组织协调上述活动。

课程出版能够提供给教师多样化、便捷化的整体教学解决方案，提供给学生内容丰富、形式多样的学习资料，提供给教育管理者数据化、智能化的教学评价和教学管理服务。课程出版覆盖教学的全流程，满足教育的全面需求。教育出版企业要树立以“课程出版”为核心的出版理念，形成教育出版融合发展的核心竞争力。

二、形成智能出版服务能力

智能出版是教育出版融合发展的更高阶段，是5G、人工智能、大数据、VR、AR、MR等技术助力下的下一代出版形态。在技术日新月异且深刻改变并塑造“内容＋服务”新模式的今天，教育出版企业只有真正掌握并运用新技术，不断提升智能出版的服务能力，才能为用户提供更丰富更有质量的教育产品。教育出版企业应紧盯5G等新兴技术发展动态，紧贴课堂教学网络化、智能化趋势，加快人工智能、大数据、5G等技术的应用，构建大数据支撑系统，持续优化、升级、完善现有系列产品的技术功能，打造教育融合出版业务智能服务能力，为用户提供更丰富、更有效的服务。

一是要广泛调研技术方案，立足教师、学生、教育管理者的真实需求，研究技术模型，积极探索在教育出版企业、学校、第三方技术商之间实现内容资源、学习数据、技术支撑交互共享的有效途径，实现基于不同场景的用户需求满足和服务流畅运行。例如，在产品设计上，通过针对性地融入人工智能、大数据等技术，制作覆盖校内校外，贯通课前、课中、课后的教学、辅导提优功能等系列教学产品。

二是要不断提升产品技术功能，提高产品运行和服务效率。将自适应学习技术、语音识别技术等匹配到智慧课堂、语音学习系统、在线评测系统等智能学习产品中，通过细化资源标签的颗粒度，提高智能推送的精准度，向学生提供最具针对性的个性化测试题目，为其构建知识图谱、获取学习资料、开展沟通交流以及完成学习测评提供更为便捷高效的服务。教育的核心逻辑在于“内容 + 服务”，未来的内容会越来越多地被在线化，我们应该通过 OMO 模式，将服务落到线下，一线服务人员通过在线工具支撑，进一步提升服务效率，最终形成线上线下良性互动局面。

三是要深挖数据价值，及时跟进 5G、人工智能等技术的最新发展成果。5G 技术的大规模商业运用，将进一步加速教育系统的大规模社会化协同服务形态的形成，5G 技术带来信息传输和存储效率的提高，课程化的音视频资源在线传播及 VR、AR、MR 技术的应用将得到实质性的提升，教育服务将从网络传输等方面得到大幅度完善，学生的学习需求将全方位获得满足。结合学生的学习习惯、行为偏好、所处环境等，可视化阅读将被嵌入更为广阔的学习场景中，学生可以随时随地完全沉浸在具有强烈现场感的虚拟环境中学习，并与环境产生交互，获得环境的实时反馈。在此基础之上，大量的学习数据将成为一种宝贵的生产资料，教育出版企业应深挖数据价值，研究数据分析技术方案，借助数据分析系统和工具，分析应用海量学习数据，更好地为平台运营、市场营销提供数据支撑服务。

三、打造全媒体出版形态

全媒体出版形态是线上线下深度融合的出版新形态。构建全媒体出版的目标就是综合运用新兴技术，坚持一体化发展方向，加快从相加阶段迈向相融阶段，加快构建融为一体、合而为一的全媒体出版形态。

教育出版人推进融合发展，首先，要深刻认识全媒体时代的挑战和机遇，全面把握媒体融合发展的趋势和规律。在传统纸质教材教辅出版发行已接近饱和，新技术带来教育出版融合发展多种可能，教育市场新型需求催生教育出版行业转型的背景下，要按照习近平总书记在2019年中共中央政治局就全媒体时代和媒体融合发展的第十二次集体学习时的指示，正确处理好传统出版与数字出版的关系："两者不是取代关系，而是迭代关系；不是谁主谁次，而是此长彼长；不是谁强谁弱，而是优势互补。""传媒机构需坚持一体化发展方向，加快从相加阶段迈向相融阶段。通过流程优化、平台再造，实现各种媒介资源、生产要素有效整合，实现信息内容、技术应用、平台终端、管理手段共融互通，催化融合质变，放大一体效能"，形成教育出版企业独有的内容优势和运营特点。

其次，做好内容产品的线上线下融合，开发形成全媒体系列产品。在产品开发上，建立以纸质教材为基础，以数字教材为核心，配套教学资源库、在线教学系统、题库系统、考试评估系统、智慧教育管理平台、网络课程APP、青少年数字阅读等系列产品，形成线上线下全覆盖的全媒体产品矩阵。产品以文字、视频、VR模型等多重媒体形式表现，在多终端呈现。在校内课堂学习上，线下使用纸质教材，线上使用在线教学系统和微课教学视频、课堂作业系统等。在课后校外学习中，线上通过使用配套本版教材的智慧教辅、学习系统、考试系统，引流学生参加教育出版企业多元开展的线下业务，如线下培训等。通过运营，充分覆盖校内校外、线上线下，实现全媒体产品系列的全时空覆盖。

第三，深度优化线上线下相融合的运营机制。在生产组织上，我们要充分融合并优化内容审核加工、数据管理、销售管理、反馈管理、用户管理等运营环节。要根据教育信息化的发展和数字教学产品运营的特点进行组织设计和生产流程再造。在内容生产流程上，倡导、鼓励教育出版企业向融合出版机构转型，将教材的开发与数字化技术的运用统筹策划、同步实施，逐步形成内容生产全流程的数字化优质内容生产体系。在内容开发和产品研发中，应该让老师、学生、教育管理者全程参与，既要把好知识内容关，又要考虑课前、课中、课后等多个应用场景。在营销上，我们要积极主动了解并服务教育主管部门的需求，做到教育出版企业、新华发行系统教育装备板块与各级各类学校多方联动，及时调整产品内容和形态，动态满足教师学生的教学需求。在数据管理上，我们要运用好大数据技术给用户画像，分析用户行为数据，有针对性地精准推送投放相应产品，实现精准化营销。

通过再造编印发运营流程，构建传统与数字兼备的营销体系，形成线上线下充分融合的产业模式，最终形成教育教学产品和运营线上线下深度融合、课堂教学支持与课外服务各具特色的全媒体出版形态。

四、构建融合出版产业布局

教育出版融合发展任重道远。目前，教育出版企业在融合出版转型方面刚刚起步——从提供传统纸质教材教辅，向提供电子教材等数字教学产品及相关服务转变。如果仅停留在这个层面，必然无法适应和充分满足教育信息化的需求，必须加快构建“内容＋服务”的融合出版产业布局。

一是要树立为“大教育”服务的产业意识。教育是关系国计民生的事业，亦是大产业生态。面对教育这个大产业链，教育出版企业不能仅仅狭隘地定位于只提供教学内容。在教育教学改革变化迅速、新兴技术日新月异的社会环境下，教育出版企业要树立为“大教育”服务的产业意识，加快构建“内容＋服务”的产业布局，从提供简单的内容产品和配套服务向教育产业链的多方向延伸。

二是要丰富“内容＋服务”产业布局的层次。“内容＋服务”的第一个层次是为教育信息化服务，也就是为“人人皆学，处处能学，时时可学”的大教育服务；第二个层次是为教学服务，围绕新时代的教学需求，充分应用5G、大数据、人工智能等信息技术，开发相应的内容产品，并提供对应的服务；第三个层次是内容服务本身，即为各级各类学校开发校本化的数字资源内容，提供个性化产品服务。

三是要构建层次鲜明、独具特色的“内容＋服务”产业布局。教育出版企业要从为国家智慧城市建设提供“智慧教育产品＋服务”着眼，围绕政府整体布局，与智慧交通、智慧物流等城市中枢大脑系统对接，以“人人皆学，处处能学，时时可学”为服务目标，向在校学生、技术技能人员、社会人员提供相关内容、技术、培训等“智慧教育”服务。同时，积极参与地方各级各类学校的智慧校园建设，提供覆盖课前、课中和课后教学全流程的相关教学资源、教学平台、练习平台、考试平台等。教育出版企业还可以结合自身特点，开展各级各类教育培训，比如基础教育的教师信息化应用能力培训、职业教育的社会人员专业技能培训、企业人员职业素养培训等。

教育出版企业只有树立为“大教育”服务的产业意识，深化对教育服务层次的认识，并落实到服务教育教学的具体行动和项目中去，打造“内容＋服务”的产业布局，才能增强服务教育现代化的行业影响，打破现有的市场天花板，在更广阔的天地中不断提升服务教育现代化的能力。

后 记

教育出版服务于教育，服务于民生，涉及千家万户，关乎数以亿计莘莘学子的人生未来。因此，教育出版既是产业，更是事业。如何适应新时代教育教学改革要求，推动教育出版与数字技术的结合，促进教育出版融合发展，为用户提供更加优质高效的服务，是广大教育出版工作者共同面临的课题。

自2008年以来，本人直接或间接分管凤凰传媒教育出版工作，参与了教育出版数字化方面的一些探索和实践，也与国内外同行进行过广泛交流。从总体上看，国内出版领域在教育出版融合发展方面虽然作出了诸多实践探索，也形成了许多有深度的理论文章和成功案例，但仍缺乏相对比较系统的总结和梳理，特别是一些深层次的问题值得进一步研究探讨。为此，本人结合中宣部文化名家暨“四个一批”人才自主选题资助项目研究，对“教育出版融合发展”进行了深入的调研和思考，并邀请南京大学出版研究院杨海平教授和靳帆、王亚丽、马昀、王燕娣、崔羽洁等研究人员，以及凤凰传媒宋吉述、蔡立、王左银、尹导、缪莹、郑林峰、叶子帆等从事融合出版工作人员，协助对此课题进行了研究。上述人员在本书的资料收集、文献查询、案例分析、观点提炼等方面付出了大量的精力和心血，尤其是杨海平、宋吉述参与了本书整体框架的设计、讨论、审读等工作。在本书的写作过程中，参阅了许多专家、学者的文献、论著，受益匪浅。特别让我感动的是，国家教材委员会委员、国家教育咨询委员会委员、原教育部副部长王湛和中国出版协会常务副理事长、原国家新闻出版总署副署长邬书林百忙之中为本书提出指导意见并亲笔作序。江苏凤凰教育出版社王瑞书总编辑及本书责任编辑林明等也对本书的修改完善提供了很多帮助。在此一并表示衷心的感谢！

本书只是对教育出版融合发展理论和实践的初步探索，希望对从事教育出版、发行、管理的业界同仁，以及关心教育出版融合发展的相关人士有所启发。由于水平和能力所限，一些观点难免有失偏颇，所引用的文献、案例在表述上可能存在疏漏之处，希望大家批评指正。

孙真福

2020年8月1日于南京